子ども支援とSDGs

現場からの実証分析と提言

五石敬路

［編著］

明石書店

【目　次】

第Ⅰ部　就学前を支える

第3章　保育料無償化に伴う政策効果 ………………………………… 66

（海老名　ゆりえ）

第4章　就学前教育における子どもの育ちに関する実証研究　91

（小田　美奈子）

第Ⅲ部　移行期を支える

第8章　障がい者も自ら立てる──持続可能な共生社会へ 182

（川田　和子）

第9章　高校生デュアルシステムの再構築 206

（塩川　悠）

（五石　敬路）

はじめに

本書の内容

　本書に掲載された論考の多くは、普段は現場の第一線で活躍する社会人の執筆によるものである。彼ら、彼女らは、社会人大学院で専門的な教育を受け、これまでの経験的な知見や情報を学術論文というかたちに昇華し、日頃の問題意識を世に訴えた。テーマは、地域や自治体における子育て支援、子どもの貧困対策である。対象とする子どもの年齢層は就学前から高校卒業までを含み、分野としては、教育、保育、福祉、労働等、幅広い分野を横断的に扱っている。

　本書の全体的な方針として、各章の論文は、それぞれのテーマについてデータを使って実証的に分析することを目指した。世帯が生活困窮状態にある子どもの実態については、埋橋・矢野（2015）、橘木（2017）、山野（2019）等、データによる実証が比較的多いものの、教育、福祉、保育の政策・施策や事業のあり方を論じた議論は、経験に基づいた意見を言うだけで終わることが多く、従来、エビデンスが示されることは少なかった。この傾向は現在でもあまり変わっていない。むしろ、施策や事業の成果をデータや数で表すことは困難だとして、それを忌避する、あるいは躊躇することの方が一般的だと言える。例えば、2019年10月から全国的に実施された保育・幼児教育無償化は、研究者や関係者からその賛否について様々な意見があったものの、実は実際にどのような効果をうむのか、実証的なデータに基づいた議論はあまりなかった（本書第3章を参照）。同じことは保育にも言える。近年、日本でも「保育の質」が政府内や学界で議論されてきたが、これまでの保育行政は人員配置や建物や部屋面積等のハードが監査等の基準となり、肝心の保育内容が子どもたちの健康や成長にどのような影響を与えるのかという点は看過されてきた。「保育の質」はこうした従来の傾向に対する修正を目指したものだが、実際には、それを数量化することが難しく、行政や保育現場への導入には至っていない（第4～5章を参照）。

　子どもの貧困に対する支援も同様である。阿部（2008）の問題提起以降、社

会的に子どもの貧困が注目され、2015〜16年にかけては「子ども食堂」が全国に相次いで設置、運営された。そのなかで、そもそも子どもにはどのような支援が必要なのかについての実証的な研究はあまりなく、成果指標と言っても、学校の進学率や就職率等の一面的なものが多い（第6〜7、9章を参照）。

　また、近年の福祉の現実として、どう支援するかを考える前に、そもそも地域のどこに支援を必要としているかがわからず、そうした人々が役所や支援窓口に相談に来るのを待つのではなく、相談員が地域にでかけていく「アウトリーチ」をどうやったら良いのかが、現場を悩ます大きな課題になっている。しかし、「アウトリーチ」を必要とする人々がどういった生活を送り、どういった課題を抱えているのかを実証的に明らかにすることは、問題の性質上そもそも難しい（第8章を参照）。

　本書の各論文は以上の問題をそれぞれの独自の視点で分析しているが、同時に、本書を通じ、2015年に国連サミットで採択され、近年は自治体においても注目されているSDGs（Sustainable Development Goals：持続可能な開発目標）における17の目標のどれと関係しているか、その目標は自治体行政や地域での活動と具体的にどのように関係しているのかを論じた。SDGsの各目標は一見途上国を対象にしたもののように見えるが、実は日本の現実にも密接に関係している（NPO法人人間の安全保障フォーラム［2019］、佐藤・関・川北［2020］）。また、政府による「自治体SDGsモデル事業」等の補助事業の実施や、その目標設定のわかりやすさから、行政計画等にSDGsを取り入れる自治体もでてきている（北海道下川町のSDGs未来都市計画、北九州市の環境基本計画等）。

本書の特徴

　本書は九つの論文から構成されるが、全体を通じたいくつかの特徴を紹介しておきたい。まず、執筆者9名のうち7名が社会人大学院の修士課程を修了しているという点である。普段は、自治体の公務員、NPOの代表、特別支援学校の教員、認定こども園や保育所の保育士として働きながら、大学院で学術的な分析方法を学び、現場の問題意識をもとに、普段の仕事から得られた知見や情報を活かして分析している。

　例えば、第8章は、特別支援学校の卒業生へのアンケート調査を実施してい

る。本章によれば、こうした調査は1990年代から実施されていないとのことである。調査を実施した動機としては、特別支援学校の教員としての経験から、障がい者が生活上の危機に陥り、自宅に閉じこもる場合があることから、こうした人々とどうつながり、支援をどう届けるかという問題意識が根底にあった。先述したアウトリーチの問題である。引きこもった人々への調査は困難だが、ここでは、特別支援学校の卒業生に対しアンケート調査を実施し、これまでの経験を問うことで、引きこもりに至った経験の有無やその実情をうかびあがらせている。

次の特徴として、現場で働く者ならではのデータの発見やデータの分析手法があげられる。例えば、第3章は保育・幼児教育無償化がどのような影響を及ぼすかを分析するにあたって、先行的にこれを実施した自治体を対象に保育所・幼稚園の在所・在園児数を独自に収集した。こうすることによって、待機児童が増えている問題は、実は無償化ばかりが原因ではなく、もっと構造的な社会変化に基づいていることが見出されたのである。

第4章は、保育所の子どもたちの育ちを指標化するにあたって、「児童原簿」という児童福祉法に根拠を持つ児童の記録簿を使っている。「児童原簿」には家族構成や発育歴等が記録されているが、いわゆる「統計」ではなく、保育のために使われることが本来の目的である。ところが、保育所で働いている経験から、この原簿の存在を知っており、またそれが「保育の質」の分析に使うことができると判断できたため、これを研究の対象として採り上げるアイディアを思いついた。原簿を使おうということは、プロパーの研究者はなかなか思いつかないに違いない。原簿は、どの認可保育所でも使われているものであることから、ここでの研究だけでなく、他の保育所でも十分に応用可能なものである。

三つ目の特徴として、各章ではそれぞれの分析結果に基づき、提案、提言を行っているが、それは第三者的な立場から事業や政策を評価するという、いわば上から目線のものではなく、今ある現実から具体的にどうすれば、より良い支援、仕事ができるかという問題意識に基づいているという点である。これは、現場の最前線で活躍する人間ならではの研究と言えよう。

近年、教育や福祉の分野では、行政が直接事業を行うよりも、民間事業者へ委託に出す割合が増えている。行政の立場からは、委託事業が適切に実施され

ているかどうかの評価や、あるいは、議会向けの説明や予算取りの際の説明資料として、数値等でわかりやすく事業成果や実施状況を表す指標が欲しいと考えている。また、事業実施者の立場からは、自分たちの事業を行政や市民に説明するための資料や、自分たちの活動がどれほどの成果をあげているかを自分自身で確認するための資料として、やはり指標が欲しいという思いがある。

　本書で扱う事業の評価手法は、行政が関心を持つ事業評価としても使うことはできるが、執筆者の意図としては、むしろ、現場の事業者、職員、支援員の仕事の助けになるような、励みとなるような研究をしたいという思いが強いし、実際そのように研究を行った。例えば、第5章では、地域子育て支援事業が本当に役にたっているのか、役にたっているとしたら事業のどの部分か、第6章は子ども食堂の本来の役割は何なのか、社会には誤解もあるのではないか、第7章は、生活困窮者自立支援制度における子どもの学習支援事業について、その実施率をあげるためには何が必要なのか等、事業実施者ならではの問題意識につらぬかれている。また、第9章は、行政職員が執筆者であるが、高校生の生活、就職支援にあたって、若年者のニーズに即した支援体制を組むためには、行政の縦割りが壁となっているのではないか、という問題意識が研究の根底にある。

各章の概要

　第1章と第2章は本書の総論部分にあたる。

　第1章は、学校の視点から地域の子ども・子育て支援のあり方を論じている。SDGsの精神及び教育と福祉の連携の観点から鑑みた場合、日本の子ども・子育て支援をめぐる状況には深刻な側面が見受けられる。今日の学校は、「子どもの貧困」や「教育支援」、そして「子どもの居場所」といった様々な課題への対応を求められており、地域ぐるみで子ども・子育てを支援する仕組の具体化が目指した「学校のプラットフォーム化（学校プラットフォーム構想）」と、それに伴う多職種との協働（連携）や「チーム学校」を中心とした理念の実質化が展開されようとしている。一方で、その際、教員の単一文化（モノカルチャー）や学級をベースにした教育実践の負の作用、さらには、学校・教員の「多能化」による弊害とそれに起因する「多忙化」の難題を克服することが、今日の学校

が喫緊に取り組むべき課題となっている。

第2章は、子ども・子育て支援に関する財政、特に家族関係社会支出の動向を検討する。SDGsでは包括的なアプローチが提唱されているものの、財政は所掌事務毎に予算を編成する傾向にあるため、狭い政策領域で分立しやすい。このように分立した財政構造の中で増大する現金給付（主に育児休業給付、児童手当）、一般財源化しても十分に住民ニーズに対応できない現物給付（主に保育所運営費、就学援助）について、経年変化を念頭に考察する。

第3章から第5章までが第Ⅰ部であり、就学前に焦点をあてる。

第3章は、幼児教育・保育料の無償化に伴う政策効果、特に人口問題への影響について統計分析を用いて分析した。その結果は次のとおりである。①保育料無償化を実施した自治体では0～5歳児人口及び待機児童数が増加し、保育料無償化を実施していない自治体では減少した、②無償化を行った自治体においては待機児童も0～5歳児人口と同様に減少している自治体が多かったが、待機児童が0人ではない自治体が多かった、③保育料の無償化実施有無を問わず調査した4自治体すべてにおいて、保育施設の利用者数が増加していた。

第4章は就学前教育の分野ではほとんど取り上げられてこなかった「児童原簿」というデータに基づく実証研究である。近年日本で起こっている子どもの育ちの問題は社会の変容とともにより複雑化、深刻化している。データ分析により子どもの育ちの現状を明らかにすることで、人間形成の重要な土台となる就学前教育について長期的な視点と科学的なエビデンスをもって論じることの重要性や、子どもや子育て家庭を支援していくために必要となる施策や保育の質について論じている。

第5章は、少子化の中で孤立に陥りやすい親と子が気軽に集い、情報を得たり相談したりできる「場」として、全国7259か所に「地域子育て支援拠点」が設置されている。この章では、これらの拠点が、親たちの支援にどう役立っているか分析し、育児不安を軽減するメカニズムを明らかにする。同時に、親子の「つながりづくり」に向けた試みを検証し、多様なニーズにこたえ、ダイバーシティの推進を見据えた拠点の将来像について提言する。

第6章と第7章は第Ⅱ部で、放課後の子ども、子育て支援がテーマである。

第6章は子ども食堂をテーマにしている。2008年以降日本においても子ども

の貧困問題が広く認知されるようになった。その中でも子ども食堂の広がりは他のどの取り組みよりも大きな広がりを見せている。2016 年から 2018 年の間に約 300 件以上の子ども食堂が新たに誕生した。しかし、子どもの貧困問題の対策の一つとして子ども食堂は広く認知されているが、実際は子どもの居場所としての役割を担っている子ども食堂も多く存在している。今回は、全国の子ども食堂に対する独自の調査に基づき、その組織や運営のあり方を数値化することによって子ども食堂が実際にどのような役割を果たしているかについて明らかにし、今後の子ども食堂の課題を考えることにある。

第 7 章は生活困窮者自立支援における学習支援事業がテーマである。日本においては 7 人に 1 人の子どもが貧困状態にあると言われている。そのような状況のなかで、経済的に厳しい家庭に生まれた子どもは、成長後も貧困状態に陥る可能性が高いという「貧困の連鎖」も指摘されている。「貧困の連鎖」を解消するためには、子どもに対する学習支援が有効であるとされ、生活困窮者自立支援法においてもその支援策の一つとして「学習支援事業」が定められた。しかし、同事業は各自治体が実施の有無を判断することができる任意事業に位置づけられており、その実施率は 6 割弱にとどまっている。本章においては、貧困の連鎖解消のための学習支援事業に着目し、その実施の状況や今後の課題などについて展望する。

第 8 章と第 9 章は第Ⅲ部で、卒業後の移行期を扱う。

第 8 章は、障がいのある人の社会自立の現状と課題を明らかにするため、ここ 15 年の法整備や施策をふまえて、支援学校の卒業生にアンケート調査を実施した。通い先が変わる、親など直接の支援者を失うという二つのタイミングを社会的孤立に陥りかねない危険な移行期と捉え、分析を行った。結果は以下の通りであった。相談支援事業の充実や支援学校への納得感は増しているものの、公の窓口がまだ遠く身内で抱え込む現状がある。地域への定着はグループホームの整備などハード面が追い付いていない。ニーズの高い支援学校の同窓会等を地域の資源と捉え、福祉と教育と家庭の連携で活用できれば、と考える。

第 9 章では、子どもの就労移行期に着目し、「学びながら働く」という実践型のキャリア教育について検討する。1990 年代以降の若者の働き方の変容に着目し、円滑に若者を迎え入れることができる産業社会の構築という観点で、海外

においてはオランダの MBO 教育、国内の例として大阪府立布施北高等学校における「デュアル実習」に着目し、日本における高校生デュアルシステム再構築の可能性を検討した。実践型キャリア教育は、生徒だけではなく企業においても教育力の向上や労働環境の見直しなどの気づきと変化が段階的に訪れることが確認された。産学が連携するこのシステムを地域において持続可能なものとするために、地方自治体の関与が必要であると結論づけている。

　「おわりに」では、以上の論考における提言、提案を整理し、全体として、今後の自治体や地域における子ども・子育て支援や、子どもの貧困対策に関して得られた示唆点を得る。執筆者の間で議論を重ねた結果、SDGs の 17 番目の目標である「パートナーシップで目標を達成しよう」が、共通の課題としてうかびあがった。近年、自治体では「協働」という一般にはあまり見られない言葉が頻繁に使われるようになっているが、本書で取り上げたいずれの分野においても、官と民の間ばかりでなく、官の中、民の中でもパートナーシップもしくは協働をいかに形成し発展させていくかが今後の大きな課題となっているというコンセンサスが得られた。各章では、それぞれの分野でどのようなかたちでこの問題が立ち現われ、どのような改善方法が考えられるかを論じているので、その点に留意しつつ読み進めていただければ幸いである。

2020 年 6 月

五石敬路

参考文献

阿部彩（2008）『子どもの貧困——日本の不公平を考える』岩波新書。

NPO 法人人間の安全保障フォーラム編（2019）『SDGs と日本——誰も取り残されないための人間の安全保障指標』明石書店。

佐藤真久・関正雄・川北秀人（2020）『SDGs 時代のパートナーシップ——成熟したシェア社会における力を持ち寄る協働へ』学文社。

橘木俊詔（2017）『子ども格差の経済学』東洋経済新報社。

埋橋孝文・矢野裕俊編著（2015）『子どもの貧困／不利／困難を考える——理論的アプローチと各国の取組み』ミネルヴァ書房。

山野則子編著（2019）『子どもの貧困調査——子どもの生活に関する実態調査から見えてきたもの』明石書店。

総　論

〈各章の問題意識〉

第1章

地域ぐるみで子ども・子育てを支援するため「学校のプラットフォーム化」が提唱されている。その課題は何か？

第2章

子ども・子育てに関連した自治体の財政はどのような仕組みになっているのか？

第1章

子ども・子育て支援をめぐる状況と課題

——教育と福祉の連携の観点から

森　久佳

はじめに

　2015 年 9 月に国連サミットにおいて全会一致で採択された SDGs（Sustainable Development Goals：持続可能な開発目標）は、2001 年に策定された MDGs（Millennium Development Goals：ミレニアム開発目標）の後継として位置づけられ、2030 年を年限とする 17 の国際目標を掲げている（図表 1）。

　SDGs は「誰一人取り残さない」持続可能で多様性と包摂性のある社会の実現を目指しており、その特徴は五つにまとめられる（図表 2）。

　この精神は当然のことながらわが国の子ども・子育て支援でも求められ、展開される必要がある。実際に、日本国憲法では、個人の尊重と公共の福祉に関

図表 1　SDGs（UNESCO）

図表 2　SDGs の特徴

普遍性	先進国を含め、全ての国が行動
包摂性	人間の安全保障の理念を反映し「誰一人取り残さない」
参画性	全てのステークホルダーが役割を
統合性	社会・経済・環境に統合的に取り組む
透明性	定期的にフォローアップ

（出所）外務省 HP より（https://www.mofa.go.jp/mofaj/gaiko/oda/sdgs/pdf/about_sdgs_summary.pdf）。

しては「すべて国民は、個人として尊重される。生命、自由及び幸福追求に対する国民の権利については、公共の福祉に反しない限り、立法その他の国政の上で、最大の尊重を必要とする。」（第13条）と定められ、さらに、生存権及び国民生活の社会的進歩向上に努める国の義務に関しては、「すべて国民は、健康で文化的な最低限度の生活を営む権利を有する」こと、そして「国は、すべての生活部面について、社会福祉、社会保障及び公衆衛生の向上及び増進に努めなければならない」（第25条）と規定されている。

　しかし、改めてこのSDGsや憲法の理念を踏まえながら検討してみると、わが国の子ども・子育て支援の現状は少なからず深刻な課題を抱えていることが見えてくる。例えば、保坂（2019）は、わが国では「子ども」から「大人」へと成長・発達する養育環境は非常に多様であり、十分な保護を受けることができない子どもたちが存在していると指摘し、いわば教育と福祉の連携が今後は肝要であると主張している（保坂［2019］pp.236-238）。

　教育と福祉の連携というテーマ自体は今日に始まったことではないが、現在新たな社会的課題を引き受けた上で、このテーマをさらに掘り下げた研究及び実践（取り組み）の展開が期待されている。本章では、こうした視点を念頭に置いた上で、教育機関としての学校の今後のあり方をめぐる諸課題を検討する。

I　子どもの貧困問題と教育支援

1. 子どもの貧困の再発見と影響及び対策

　まず、教育と福祉の連携を検討する上で欠かすことのできない、かつ最たる

課題として挙げられるのが、「子どもの貧困」であろう。近年主要な政策課題の一つとして提示されている子どもの貧困の問題にとって、2008年は「子どもの貧困元年」と言われている（鈴木［2019］など）。この年を境に、子どもの貧困に関する書籍の出版やメディアで特集として取り上げられることが目立つようになる。

ここでいう「貧困」とは、絶対的貧困だけでなく、相対的貧困（ある国や地域において、所得分布の中央値の半分以下しか所得がない人の比率の全人口に占める比率）も含まれている。わが国では、近年の相対的貧困率が15～16％代で推移しており、6～7人に1人が相対的貧困状態にあると言われている（図表3）。

ただし、実際にはそれ以前にも子どもの貧困の現状は存在していたのであり、この問題は2008年前後から突如誕生した現象ではない。第二次世界大戦後の戦争孤児をめぐる「浮浪児」や「長欠（長期欠席）児童」問題は、わが国の貧困問題として、当時社会的に注視されていたが、1950年代以降に高度経済成長期を迎えるとそうした関心は次第に低下の一途を辿り、経済大国で豊かな日本において貧困（問題）はもはや過去の課題とみなされるようになったという（松本他［2016］）。そのため、正確に言えば、子どもの貧困は「再発見」された。

この「貧困の再発見」自体は、世界的に展開していた状況である。松本（2019）によると、例えば、19世紀末から20世紀初頭にかけて、当時最も豊かな国だとされていたイギリスにおいて、貧困者が大量に存在していた点が種々の調査結果から明らかとなり、貧困が「発見」された。そこから、社会保障制

図表3　相対的貧困率の推移

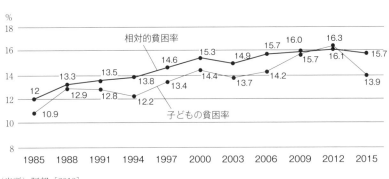

（出所）阿部［2018］

度の確立をはじめとする福祉国家としての諸政策が成功を収め、貧困がある程度解決したとの見方がなされていた。しかしながら、1960年代に、貧困が未だ大きな社会問題であるとする研究成果が示され、子どもや子育て世帯、普通の労働者世帯を含めた「貧困の再発見」がなされてきたという（松本［2019］pp.29-33）。この観点からすると、わが国の貧困の再発見は、世界的に見て非常に立ち後れた形でやってきたとも言えよう。

　こうした子どもの貧困にとって最大の問題は、経済的困窮としての貧困が様々な困難や不利が複合的に累積する現状を引き起こす点であり、その解消に向けた取り組みが、現在喫緊に求められている。すなわち、図表4で示されているように、経済的困窮が子どもに与える影響は、衣食住や健康・発達に止まらず、虐待・ネグレクトや低学力、低い自己肯定感といった深刻なダメージとなって顕在化する。さらにこうした諸々の不利や困難な状況が複合的に形成されることによって、学習や教育の機会及びライフチャンスが制約されるに至り、その子らが成長するとともにその不利や困難は累積される（長期化する）。結果として、次世代の子どもの貧困という結果に陥るのであり、まさしく貧困の世代的再生産が生じることになる（佐々木［2019］pp.20-21）。子どもの貧困は、「生まれ育つ家庭が低所得であることだけでなく、低所得に起因して複合的な困難が発生し、大人に至る成長や教育のプロセスで多くの不利に置かれる状況まで含みこんだ現象」（末冨［2017］p.20）のことを指すのである。また、子どもの貧困はあくまで貧困の一側面であって、その緩和や解決を目指す政策と実践は、広く反貧困政策・実践の一部として位置づけられるべき状態でもあるとの指摘（松本［2013］p.5）も忘れてはならないだろう。

　そうした子どもの貧困をめぐる諸課題への対応に向けて、わが国では2014年に「子どもの貧困対策の推進に関する法律」が施行され、それに基づく政府の「子供の貧困対策に関する大綱」が示されるとともに、子どもの生活の実態を把握するための大規模な調査が、自治体のレベルで実施されてきた。そうした代表的な調査の一つとして挙げられるのが、「大阪府子どもの生活に関する実態調査」（2017）である。この調査では、貧困は①物的資源（経済的資本）、②ソーシャルキャピタル（社会関係資本）、③ヒューマンキャピタル（人的資本）の三つの資本が欠如している状態として捉えられている。社会関係資本には様々な定

図表 4　経済的困窮が子どもにもたらすもの

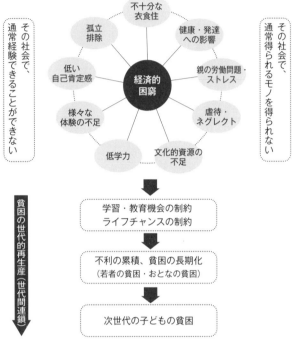

複合的困難・累積する不利

その社会で、通常経験できることができない

その社会で、通常得られるモノを得られない

不十分な衣食住

孤立排除

健康・発達への影響

低い自己肯定感

経済的困窮

親の労働問題・ストレス

様々な体験の不足

虐待・ネグレクト

低学力

文化的資源の不足

貧困の世代的再生産（世代間連鎖）

学習・教育機会の制約
ライフチャンスの制約

不利の累積、貧困の長期化
（若者の貧困・おとなの貧困）

次世代の子どもの貧困

（出所）佐々木［2019］図 2

義があるが、ひとまずは稲葉（2011）の定義である「人々が他人に対して抱く『信頼』、それに『情けは人の為ならず』『お互い様』『持ちつ持たれつ』といった言葉に象徴される『互酬性の規範』、人や組織の間の『ネットワーク（絆）』」（稲葉［2011］p.1）として捉えておく。

　この調査を主導した山野（2018）によれば、この調査から経済的資本の欠如が社会関係資本（ソーシャルキャピタル）の欠如に影響していく様子や、いわゆる貧困の再生産（貧困や孤立⇒児童虐待⇒非行や不登校⇒学校において学習する機会の減少⇒学力低下⇒中退など）の現象が明らかになったという（山野［2018］pp.20-26）。

　こうした子どもの貧困に対する対策は、様々な形で実施されている。特に教

図表 5　大阪府子どもの生活に関する実態調査のスキーム

これまでの学識者等による貧困研究においては、次の①〜③に焦点を当てることが基本的な枠組みとなっている。
①物的資源や生活に必要な資源の欠如（現金やサービス、住宅、医療などを含む）
②ソーシャル・キャピタルの欠如（つながりの欠如、近隣、友人との関係性、学校、労働市場への不参加）
③ヒューマン・キャピタルの欠如（教育レベル＞雇用の可能性＞自分の能力を労働力（稼働）に転換する能力の欠如）

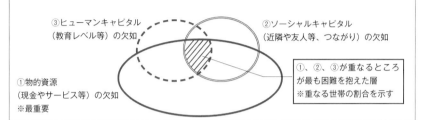

③ヒューマンキャピタル
（教育レベル等）の欠如

②ソーシャルキャピタル
（近隣や友人等、つながり）の欠如

①物的資源
（現金やサービス等）の欠如
※最重要

①、②、③が重なるところが最も困難を抱えた層
※重なる世帯の割合を示す

（出所）大阪府立大学［2017］

図表 6　教育支援の類型化

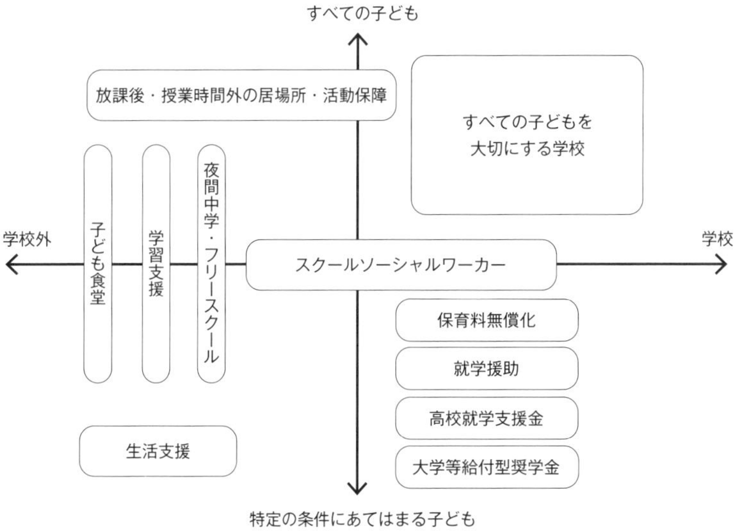

すべての子ども

放課後・授業時間外の居場所・活動保障

すべての子どもを
大切にする学校

学校外

子ども食堂

学習支援

夜間中学・フリースクール

スクールソーシャルワーカー

学校

保育料無償化

就学援助

高校就学支援金

大学等給付型奨学金

生活支援

特定の条件にあてはまる子ども

（出所）末冨［2017］図1

育分野における支援（教育支援）は、貧困をはじめとする子どもの困難や不利を解決する重要な取り組みとして、その展開が注目されている。末冨（2017）は、こうしたわが国の教育支援を「すべての子どもを対象とした普遍主義的なサービス」と「特定の条件にあてはまる子どもに対する選別主義的アプローチ」、そして「学校内で行われる支援」と「学校外で行われる支援」の四象限に分けて類型化し整理している（図表6）。

2. 教育支援と子どもの居場所問題

　子どもの貧困の問題とともに注視されているのが、学力の向上をめぐる教育支援である。耳塚編（2014）によれば、わが国は、親の富（学校外教育支出、世帯所得）と願望（学歴期待）が子どもの学力を規定する「ペアレントクラシー（parentcracy）」社会の道を歩んでいるという。それ以前は、能力と努力を合わせた業績によって選抜が行われる「メリトクラシー（meritocracy）」の社会の様相をわが国は帯びていたとされており、その功罪はあるとしても、「公平な競争の結果として生まれる富や地位の不平等な配分を正当な不平等として承認する『業績主義的不平等社会』」としてのメリトクラシーをある意味信奉していたのは、身分や地位によって生涯が確定されていたような前近代的社会と比較すると、「少しはまLな」社会だったからだという（耳塚［2014］pp.3-4）。しかし、ペアレントクラシーの社会では、「機会の均等」化を社会維持の善とするメリトクラシーと異なり、すでに親が有している富の多寡でその子（ら）の学力（そして、ひいてはそれに関連する社会的成功の度合い）が一定程度規定されることになり、平等な競争という前提が保障され得ない状況となっている（耳塚［2014］pp.13-14）。実際に、今日の教育格差や学力格差は、個々の子どもの能力にのみ帰される問題ではなく、家庭の経済的・文化的格差など、様々な格差によって強度に反映されていることは、すでに幾多の研究によって明らかとなっている（松岡［2019］など）。そのため、「経済的困窮家庭の子どもに対する教育支援は……就学援助などの経済的支援に留まることなく、家庭教育では十分に期待できない学力育成とともに、そうした家庭の文化的格差などから生じる非認知能力の育成までを視野に入れた幼児教育段階からの厚い教育支援が必要になっている」（小川［2016］p.29）のである。[2]

図表 7　学校年代の子どもたちが集う場所のイメージ

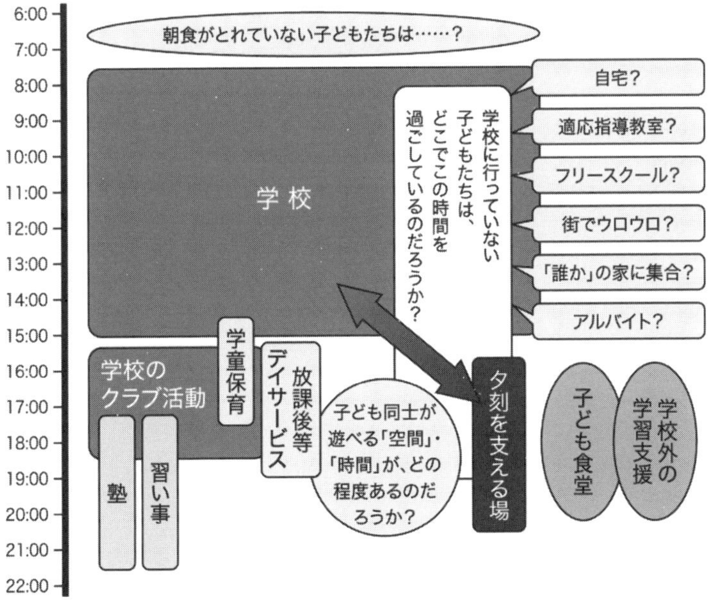

（出所）金澤［2019］図 9 より

図表 8　就学年代の児童生徒たちが物理的に過ごす場所

①	住む場所	家庭・社会的養護など（が行われる場）
②	（子どもたちが日常的に）通う場所	「学校」に代表される、教育を受ける機会を保障する場（フリースクールや適応指導教室等も含む）
③	「住む場」でも「学校」でもない場所	塾、習い事、放課後等デイサービス、友人の家、近所の家、子ども食堂、など

（出所）金澤［2019］p.239 より筆者作成

　また、子どもの居場所という問題も着目すべき課題であろう。これは貧困対策に止まらないテーマであり、学校との関係の中で子どもの居場所の在り方を問う視点である。例えば、金澤（2019）は就学年代の児童生徒たちが物理的に過ごす場所のイメージを図表 7 のように整理して示し、それらが三つの要素から成り立っていると指摘している（図表8）。

　金澤（2019）の指摘によれば、図表 8 の①「住む場所」以外の子どもたちの

学びが保障される場が圧倒的に欠如しており、加えて、放課後に子どもたちが過ごす場所は有料で利用できるものが多い状況であるという。すなわち、「どの子どもたちも混ざりながら集える場がほとんどない」状態で、「中学、高校ではクラブ活動が果たす役割も多いが、その費用も保護者負担で成り立っている」ため、「子どもたちは社会階層ごとの集団にわけられ……学校に居場所を見いだせず、家庭の経済状態が厳しい場合、『物理的に行く場所がない』という状態に陥り、様々な人たちとの人間関係を形成する機会を奪われ続ける」（金澤［2019］p.240）事態に陥るのである。

Ⅱ　子ども・子育て支援のプラットフォームとしての学校

1．学校のプラットフォーム化（学校プラットフォーム構想）

　こうした課題に対応する上で、教育機関としての学校の役割が再考され、それに伴う形で、後述するスクールソーシャルワーカーの重要性が注目されている。その主唱者の一人である山野（2018）が提案しているのが、学校のプラットフォーム化（学校プラットフォーム構想）である。この構想の根幹である問題意識は次の通りである。

　　児童相談所や市子ども家庭相談室、児童福祉施設において支援される子ども、接することができる子どもはごく一部にしか過ぎない。それに対して学校は、すべての子どもたちを視野に入れることができる。だからこそ、……悲惨な子どもや家庭の状況をいち早くキャッチできる可能性がある。この早期発見は……貧困、孤立、虐待、不登校、非行すべてに対してである。日常、子どもを見ている教師はちょっと気になることをいち早くキャッチしている。しかし、非常に苦しい思いをしながら、自分では対応しきれない、家庭の問題だからとやむをえずにふたをすることもある状況である。……つまり、学校における発見はすでにかなりの数なされている。しかしそれを拾って対応する、つないでいく仕組みが現状の学校にはない。（山野［2018］pp.31-32）

学校プラットフォーム（プラットフォームとしての学校）構想は、内閣府による「子供の貧困対策に関する大綱」（2014年）でも、次のような教育支援の方向性として示されている。それは、①学校教育による学力保障、②学校を窓口とした福祉関連機関との連携、③経済的支援を通じて、学校から子供を福祉的支援につなげ、総合的に対策を推進するとともに、教育の機会均等を保障するため、教育費負担の軽減を図る、というものである。こうした学校プラットフォーム構想は、対象を貧困に限ることなく、子どもが抱える様々な困難や課題に対応することが必要であり、そのために学校という場を活用しながら支援する体制づくりが求められている。

　また、学校プラットフォーム構想の背景には、現在わが国が抱えている深刻な課題の一つである、就学前と就学後をめぐる子どもたちの情報等の切断に関する課題が横たわっている。山野（2018）によると、わが国では義務教育に就学すると、子どもや家族の把握、そしてサービスの提供が困難になるという実状があるという。現在の行政の仕組みにおいて、わが国では就学前の子どもたちは、保健所や保健センター等での乳幼児を対象とする健康診断（健診）を通して、子どもたちの全数を把握し、発達を保障する観点から様々な支援を講じることが可能な体制となっている。実際に、わが国の健診の受診率は95％前後であり、未受診の世帯には保健師が訪問等を繰り返すことで情報等を把握し、多様な支援策を講じることが可能となっているという。ところが、こうした全数把握を基本としたサポートシステムは、子どもたちが義務教育年齢になると支援の対象外となるために、子どもたちに関する現状の把握等が一気に困難となる。いいかえれば、「せっかく毎日ほぼすべての子どもが通っている〔学校という〕場があるにもかかわらず、発達という観点で追っていく、網にかける仕組みが就学後にはない」（山野［2018］p.33）ということになるのだ。そのため、就学前からつながる仕組みづくりが求められるのであり、「学校を社会的存在としてとらえ、課題を抱える子どもや家庭を早期発見できるようアプローチすること」（同書、p.35）が肝要となる。そこ提唱されたのが、学校のプラットフォーム化（学校プラットフォーム構想）なのである（図表9）。

図表 9　学校のプラットフォーム化のイメージ

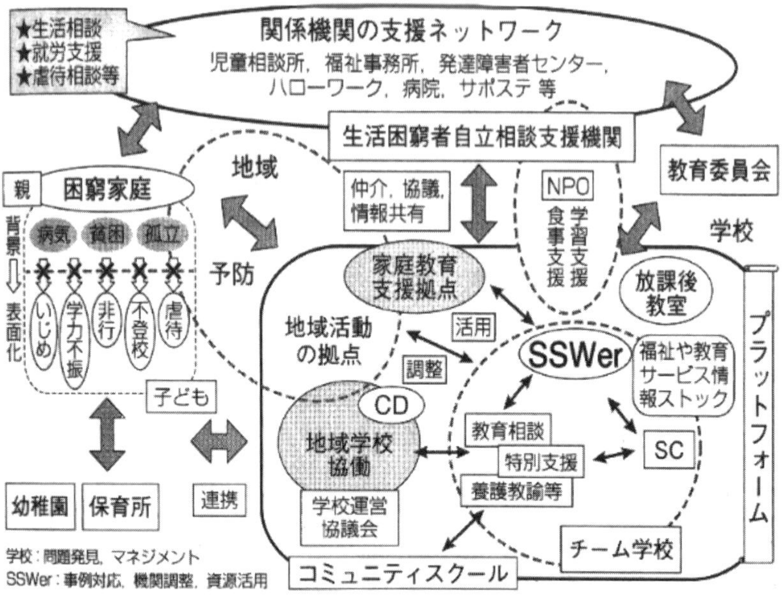

（出所）山野［2018］図 6-1

2. 多職種との協働（連携）

　ここで重要な役割を担うのが、スクールソーシャルワーカー（School Social Worker：以下、SSW）となる。先の末冨（2017）でも教育支援においてキーパーソンとして位置づけられている SSW（図表 9 では SSWer）とは、虐待や家庭支援、経済的貧困等による諸問題や課題を抱える児童生徒に対して、その心理的側面だけでなく、そうした子どもたち自身がおかれた環境への働きかけを福祉の専門家として行うことや、関係機関等とのネットワークの構築、連携・調整、学校内におけるチーム体制の構築・支援などを担当する専門職のことである。山野の学校プラットフォーム構想では、すべての子どもが通う学校という場に、様々な支援を投入する発想の下で、子どもの最善の利益に照準を定めて、厳しい状況の子どもたちを一人もこぼさない仕組みにおいて、SSW は教育と福祉の結合による学校改革を推進する人材として期待されている。そのことを念頭に置きながら、以下では図表 9 に示されているいくつかの用語等を確認しておく。

（1）チームとしての学校（チーム学校）

2015（平成27）年に出された中央教育審議会による「チームとしての学校の在り方と今後の改善方策について（答申）」（以下、「チーム学校」答申）で示された方針が、「チームとしての学校（チーム学校）」と呼ばれるものである（図表10）。その理念は、①社会や世界の状況を幅広く視野に入れ、よりよい学校教育を通じてよりよい社会づくりを目指すという目標を持ち、教育課程を介してその理念を社会と共有していくこと、②これからの社会を創り出していく子どもたちが、社会や世界に向き合い関わり合っていくために求められる資質・能力とは何かを、教育課程において明確化し育んでいくこと、③教育課程の実施に当たって、地域の人的・物的資源を活用したり、放課後や土曜日等を活用した社会教育との連携を図ったりし、学校教育を学校内に閉じずに、その目指すところを社会と共有・連携しながら実現させること、に集約される。そうした中で、SSWや後述するスクールカウンセラー（SC）といった多職種との協働（連携）が視野に入れられている。加えて、「チーム学校」方針では、「求められる資質・能力を多様な子供が確実に習得できるよう『学校組織全体の総合力の向上（学校組織の機能拡大）』を図りつつ、他方では『教師の長時間勤務の是正（教員の機能縮小）』を図るという2つの政策目標を両立させる」（藤原編［2019］p.11）ことが目指されている。

（2）スクールカウンセラー

スクールカウンセラー（School Counselor：以下、SC）とは、心理の専門家として、児童生徒等へのカウンセリングや困難・ストレスへの対処方法に資する教育プログラムの実施を行い、児童生徒等への対応について教職員，保護者への専門的な助言や援助、教育のカウンセリング能力等の向上を図る研修を担当する専門職のことである。1995年に文部省（当時）の「スクールカウンセラー活用調査研究」事業を皮切りに、2001年度から全国の公立中学校に、そして2006年度からは小学校や高等学校にもカウンセラーが派遣されるようになった。そして、これまでの様々な実績から、「SCは心理学の領域に関する高度な知識及び臨床経験を有する専門職であるとともに、児童生徒にとっては、評価者と

図表 10 チーム学校のイメージ

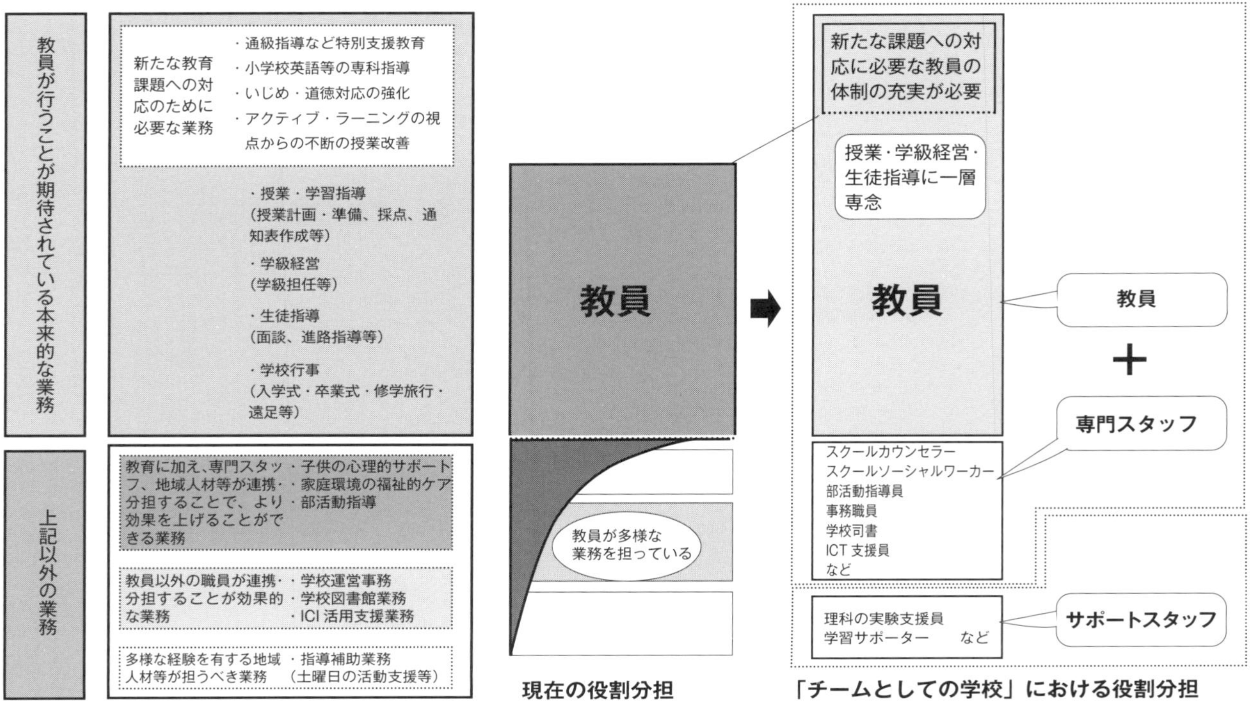

教員

＋

専門スタッフ

サポートスタッフ

「チームとしての学校」における役割分担

新たな課題への対応に必要な教員の体制の充実が必要

- 授業・学級経営・生徒指導に一層専念

教員

- スクールカウンセラー
- スクールソーシャルワーカー
- 部活動指導員
- 事務職員
- 学校司書
- ICT支援員
- など

- 理科の実験支援員
- 学習サポーター
- など

教員

教員が多様な業務を担っている

現在の役割分担

教員が行うことが期待されている本来的な業務

新たな教育課題の対応に必要な業務

- 通級指導など特別支援教育
- 小学校英語等の専科指導
- いじめ・道徳対応の強化
- アクティブ・ラーニングの視点からの不断の授業改善

- 授業・学習指導（授業計画・準備、採点、通知表作成等）
- 学級経営（学級担任等）
- 生徒指導（面談、進路指導等）
- 学校行事（入学式・卒業式・修学旅行・遠足等）

上記以外の業務

教員に加え、専門スタッフ、地域人材等が連携・分担することで、より効果を上げることができる業務

- 子供の心理的なサポート
- 家庭環境の福祉的なケア
- 部活動指導

教員以外の職員が連携・分担することが効果的な業務

- 学校運営事務
- 学校図書館業務
- ICT活用支援業務

多様な経験を有する地域人材等が担うべき業務

- 指導補助的業務（土曜日の活動支援等）

（出所）中央教育審議会［2015］

して日常接する教職員とは異なることで、教職員や保護者には知られたくない悩みや不安を安心して相談できる存在であること、教職員にとっては、児童生徒やその保護者と教職員との間で第三者としての架け橋的な仲介者の役割を果たしてくれる存在である」（教育相談等に関する調査者研究協力者会議［2017］）として評価されてきた。

（3）コミュニティ・スクール

わが国において「コミュニティ・スクール」（Community School：以下、CS）とは、「学校運営協議会制度を導入する学校」を意味する通称となっている。学校運営協議会とは、2004（平成16）年度に、地方教育行政の組織及び運営に関する法律の一部改正によってその設置に関する規定が盛り込まれた合議体の組織のことであり、2017（平成29）年度にすべての公立学校においてその設置が努力義務化された。設置自体は教育委員会によって各学校になされるものであり、学校運営協議会は学校と保護者・地域住民等が学校運営の基本方針の承認や様々な課題の共有を図り、学校運営への必要な支援等について協議する場とされている。この組織を軸としたCS制度は、地域とともにある学校づくりの有効なツールであり、育てたい子ども像、目指すべき教育のビジョンを保護者や地域と共有し、目標の実現に向けてともに協働していく仕組みとして位置づけられ、その推進が図られている。

（4）地域学校協働活動

CSの推進において欠かせない活動として取り上げられるのが、地域学校協働活動である。この活動は、地域と学校が相互にパートナーとして連携・協働し、「学校を核とした地域づくり」を目指して行う様々な活動の総称である。そこでは、地域の高齢者や成人、学生、保護者、PTA、NPO、民間企業、団体・機関等の幅広い地域住民等が参画して、地域全体で子どもたちの学びや成長を支えることも目的とされている。

この活動は、2017年3月の社会教育法の改正により法的に位置づけられ、同法では、地域と学校をつなぐコーディネーターとしての役割を果たす人材として「地域学校協働活動推進員」も規定された（教育委員会が委嘱）。また、その

推進にあたっては、「地域学校協働本部」の整備が有効だとされ、この整備を教育委員会が積極的に支援して行うことが期待されている。

3. つながる仕組みを通した子ども・子育て支援

以上のような取り組みを包含することで、学校プラットフォーム構想では、学校を軸としながら地域ぐるみで子ども及び子育てを支援する仕組み作りが目指されている。ただし、このような学校プラットフォームの構想が子どもを包括的に支援する上で抱える課題として、長谷川（2018）は主として二つ挙げている。

一つは、乳幼児期から就学、さらに就学後にあっては少なくとも高校卒業後に至るまで、支援を要する子どもを一貫して見守り続け、把握した情報を共有し、状況次第では必要な手立てをいつでも講ずることのできる子どもの包括的な支援システムの構築である。そのためには、地域における教育・福祉の関係機関・担当者が定期的に情報を共有し、事例の検討を重ねる機会が必要になる（長谷川［2018］p.82）。この提案は、すべての子どもが通う学校という場に、様々な支援を投入し、すべての子どもたちが通う義務教育の学校という場、平等、特別扱いをしない文化のなかで、子どもたちの最善の利益の視点をもって、個別の子どもに焦点を当て、子ども中心に考える視点（山野［2018］）の導入と結びつくだろう。すなわち、支援をする側の視点にすべてを合わせるのではなく、学校の視点と共存する可能性を探ると同時に、子どもの最善の利益に照準を定めて、厳しい状況の子どもたちを一人もこぼさない仕組みを作ることを学校プラットフォームの構想は目指す必要がある（山野［2018］p.9）。

また、二つめとして長谷川が提示しているのが、「学校教員以外で、子ども支援に関わって学校内外の関係者・機関との連絡調整や専門知識を有し具体的な支援活動ができる人材を早期に育成する」（長谷川［2018］p.82）ことである。山野も指摘するように、学校プラットフォームの構想で示されている仕組みも、持続して機能しなければ意味がない。単に協働（連携）という言葉だけで済ますのではなく、情報の共有を図るための会議や各機関を連携する組織及び人材とその育成も必要となるのだ。

図表 11 学校からつながる仕組み

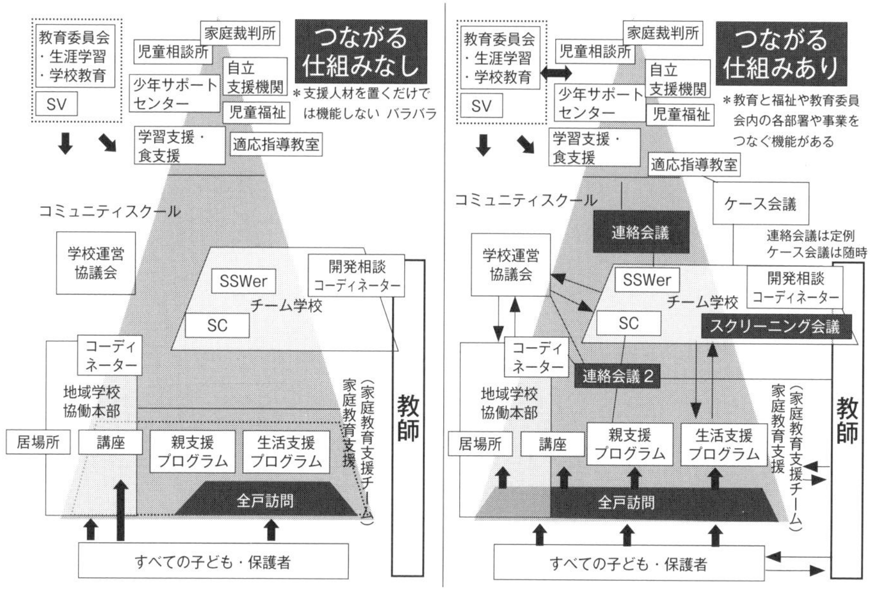

（出所）山野［2018］図 6-2

Ⅲ 学校プラットフォーム構想における多職種協働（連携）をめぐる課題

　以上述べてきたように、学校プラットフォーム構想は大きな可能性を備えているビジョンであるが、こうした仕組みを実現するためになし遂げなければならない諸課題も厳然として立ちはだかっている。それは、教育機関としての学校と多職種（機関）との連携・分担・協働をめぐる諸課題と言い換えることができるだろう。こうした学校と多職種（機関）とが協働（連携）する際の主たる阻害ないし抑制の要因について、以下で説明する。

1. 教育関係者と福祉関係者の発想の違い：教員の単一文化（モノカルチャー）の克服

　まず無視できないのが、教育関係者と福祉関係者の発想の違いである。いわ

ゆる「多職種協働」の役割が、チームとしての学校に求められているが、こうした協働のあり方は、従来よく見られていた教員同士の協力関係とは異なる性質を持つものでもある。わが国の学校は、「教員という単一（モノカルチャー）的な組織で運営されてきた」のであり、「学内外において他の専門・支援スタッフや福祉機関等と連携・分担・協働するノウハウやシステムを有してこなかった」のである（小川［2019］pp.133-141）。戦後のわが国の教育は、経済成長とともに国民の教育水準を押し上げたとされてはいるが、一方で福祉的な対応は学校外の個別の問題として対処されてきた側面も併せ持っていた。この点について、小川は次のように述べている。

　　戦後日本の学校制度においては、そうした経済困窮など福祉の対象となる問題を抱えた家庭・子どもの格差問題やそれに関わる教育指導は、個々の家庭・子どもの格差の問題として扱われてこなかった。教育の格差は、まずは、地域間格差（その派生としての学校間格差）の問題として扱われ、学校内においては学級の集団的教育活動に包摂・解消され教育指導の実践的課題として取り組まれてきた経緯がある。その意味では、家庭・子どもの個々の格差は学校教育では見えにくいシステムであったといえる。（小川［2019］pp.136-137）

　「チーム学校」構想の実質化を展開するためには、小川の指摘する「モノカルチャー」的な特性の克服が目指される必要があり、それは、荊木・淵上（2012）が提示する「専門性協働（連携）」の構築を目指すこととも言える。荊木・淵上は、新たに教員とスクール・カウンセラー（SC）やボランティア等の他の背景を持つ者同士の協力関係については「専門性協働（連携）」、教員同士の協力関係については「均質性協働（連携）」と定義して整理している（図表12）。
　この枠組みからすると、わが国の教員は、まさしく「均質性協働（連携）」の実績をこれまで蓄積してきた一方で「専門性協働（連携）」には不慣れな状況で過ごしてきたと言えよう。藤原（2016）が述べているように、「日本の学校教育の世界は長らく、（正規）教員を主たる構成員とする『均質的協働』というイメージで運営されてきた」のであり、「今後とも、同職種間の『均質的協働』の

図表 12 「専門性協働（連携）」と「均質性労働（連携）」

特性	専門性協働（連携）	均質性協働（連携）
協働の構成員	他職種間（教員−他の専門家や学校ボランティア等）の協働（連携）	同職種（教員−教員）間の協働（連携）
構成員の個々の特徴	異なる専門教育課程や職業観、背景を持つ。	ほぼ同じ専門教育課程、職業観を持つ。
役割分担	相互の専門性に基づいて役割が比較的固定している。職域が重なる部分があるが、その場合、役割分担等の取り決めが欠かせない。異なる職種の人が能力的に可能でも、役割交代はしない。	教務主任や生徒指導主事等、職能や個人的資質（能力）によって、その範囲内であれば、取り決めをしなくても、比較的流動的に役割を変えることが可能である。
関係性	専門性によるヨコの関係	能力や経験年数によるタテの関係
相互理解	異なる背景を持つために、互いの専門性を理解しあわないと話自体が通じないことがある。	ほぼ同じ背景を持つために、綿密なやり取りがなくとも、ある程度の協働が可能。
課題解決のあり方	個々の専門性に応じて部分的（限定的）に関わる。課題の特性によって、それに応じた成員が選ばれ、チームを組むことが可能である。	教職の範囲の中で、その時の状況や地位によって、流動的に役割や位置付けを変えて対応することが可能であるが、教職の範囲外の課題には対応が困難になる。

（出所）荊木・淵上［2012］表1

意義に変わりはなく、『答申』〔「チーム学校」答申〕でも教員のチームの重要性について強調している」。しかし、「チーム学校」で求められている協働（連携）はまさしく専門性協働（連携）のスタイルであり、「多くの職種が存在することを前提に、それぞれの専門性が生かされた『多職種協働』をこれからの新しいマネジメントモデルの姿」でもあるのだ（藤原［2016］pp.16-17）。

2. 教育と福祉における「教育」・「学校」の捉え方の違い：学級をベースにした教育実践

　また、学校教育と（児童）福祉との間にある基本的スタンスの違いも無視することはできない。保坂（2019）は、「学校教育はゼロからプラスへの方向であるのに対して、児童福祉はマイナスからゼロの方向である」（283）と特徴づけている。すなわち、学校教育は「今までできなかった状態（ゼロ）からできる

図表 13　教育関係者と福祉関係者の「教育」・「学校」の捉え方の違い

捉え方	教育関係者 （教育の専門家）	福祉関係者 （ソーシャルワークの専門家）
「教育」もしくは「教育」における子どもと大人の関係性	意図的・計画的に、先行世代が次世代に働きかけ、その社会の成員にふさわしい能力を育てたり価値を内面化したりする営み	「人」に寄り添いながら、「人」とそれを取り巻く環境の相互作用に介入し、環境の中に埋め込まれた社会資源と「人」とを結びつけることによって、当人が直面する生活課題を解決しようとする
「学校」	子どもの社会化が展開される主要な場	社会資源の一つ

（出所）髙田［2019］p.174 より筆者作成

（プラス）状態へと支援していく」スタンスであるのに対して、（児童）福祉は「経済的に困窮する家庭（いわばマイナス状態）を何らかの制度（生活保護や児童扶養手当）を使ってプラスの状態へと支援していく」スタンスだと指摘する（保坂［2019］p.283）。この点は、学校そのものの捉え方の違いとも関連する。例えば髙田（2019）は、教育関係者（教育の専門家）と福祉関係者（ソーシャルワークの専門家）の間には、「教育」や「学校」の捉え方には大きな違いがあると述べている（図表13）。

　特に学校には特有の文化（学校文化）が、良くも悪くも子どもの不利や困難に気づきにくい構造の形成に寄与していた可能性も指摘されている。これに関して盛満（2019）は、日本の学校では様々なニーズをもった子どもも学級の一員として「平等」に扱われ、学級の集団的教育活動によってそのハンディを克服させていくという教員の教育的技量（学級づくり、学級経営力）が特に重視されていたために、結果として、個々の子どもがもつニーズが見えにくくなり、学級に包摂できない子どもの個別的ニーズは長い間学校教育の埒外の課題として扱われてきた、と論じている（盛満［2019］p.203）。さらに、それゆえに、「実際には子どもの状況を一番把握しやすい、そして、貧困層の子どもが常に一定数存在し続けていたはずの学校現場で、貧困の問題がこれまでほとんど立ち現れてこなかった背景には、『特別扱いしない』学校文化と、差異を見えにくくするための『特別扱い』が影響を与えていた可能性がある」（同書 p.206）とも盛満は指摘している。

この学級をベースとする指導体制は、第二次世界大戦後に確立した学習指導要領による学校教育システム制を併せ持つ形で展開されてきた。「組織的には『学級』を単位にし、カリキュラム的には『全国一律』に学習指導要領をベースとする、日本型の平等主義的な学校教育制度がつくられていく」（小玉［2013］p.16）、いわゆる「面の平等」（苅谷［2009］）による体制が展開することによって、わが国の学校は学力の格差の問題を地域間格差（さらには学校間格差）としてとらえ対応していった。その功罪をめぐる議論は未だ決着しているとは言えないが、こうした体制が諸外国のモデルになるほど国民全体の基礎学力を向上させたとして意義付けることは可能である。

3．学校・教員の「多能化」と「多忙化」

　こうしたわが国の学級をベースとする学校教育体制において、小川は、「ルースカップリング（loose coupling）論」による学校組織論の影響を看取している。「ルースカップリング」は「緩やかな結合（つながり）」を意味する用語であり、1980年代にわが国の学校経営を分析する概念として取り入れられた。これは、従来、学校組織の分析枠組みとして主要であった官僚制モデルに対して疑義が呈され、それとは異なる学校組織の独自性に着目した概念であった（佐古［1986］）。小川は、このルースカップリング論による学校組織論を図表14のようにまとめている。

　このような特性をもつ組織である学校に勤務するわが国の教員（教師）たちは、子ども（児童生徒）の生活全体に関わる教育活動を担うことで、学習指導の専門家という側面に留まらない役割を担ってきたのである。これは、わが国の教師が勤務時間の区切りがはっきりしていない点を大きな特徴とすることから見えてくる。例えば、臼井によると、アメリカが「時間拘束型」の労働形態だと解釈すると、わが国の場合は「作業拘束型」、すなわち、「ひとまとまりの仕事を片づけることを労働の一つの単位とするので……このタイプの労働では、作業時間中の自由度はある程度許されるが、まとまった仕事を終えるまでは家に帰ることができない」（臼井［2009（2001）］p.52）労働形態であるという。そのため、結果として、教職の職務の範囲も無限に拡大していくことになる。このことは、「指導」という言葉一つとってみてもわかるだろう。学習指導、教科

図表 14　ルース・カップリングの学校組織論

①学校の教育活動の目標は一義的に定義することが難しい	個々の教員の属性や学校が置かれる環境等により教育活動の目標は複雑で非定型的にならざるを得ない
②学校は状況依存的	・教育科学・技術の水準等の理由もあって、どのような教育活動がいかなる効果を生み出すかといったことを事前に知りえない ・学校の教育活動は、教育目標の多義性、技術の不確実性、成果の予測と評価の困難性等といった特徴を伴って進められざるを得ない
③諸要素が「緩やかに結合」	・学校は、目的と手段、過程と結果、教師と教材、教師と教師、教師と児童生徒等の諸要素が「緩やかに結合」（ルース・カップリング）されている組織 ・そのため、教員の専門的裁量を保障し、それに基づく個々の教員の教育活動を尊重して様々な不確実で不測性のある諸課題に対応していくことが望ましい

（出所）小川［2019］pp.150-151 より筆者作成

　指導、体育指導、生徒指導、進路指導、給食指導……というように、学校教育現場のすべての場面（行為）に「指導」という用語を付けることが可能と思われ、「『指導』が教師の仕事である以上、教師の仕事の範囲はこうして果てしなく拡大していく」（臼井［2009（2001）］p.53）。しかも、こうした傾向は最近に始まったことではなく、日本の小学校制度が始まった明治期からすでに見られていたと臼井は指摘している。つまり、「〔明治期より〕教師は読み書き算数などの知的学習の責任を負うばかりでなく、親のしつけの支援も行うなど、子どもの朝から夜までのすべての生活について指導する責任を持ってい〔た〕」（臼井［2009（2001）］p.54）のであり、それらの点に関して何かひとたび問題があれば、すべて教師の責任に帰せられていたのである。

　こうした性質を備えているわが国の教職は、「無境界性」ないし「無限定性」（久冨［2017］）の性質を帯びていると言い換えることもできる。この場合の「無境界性」とは、教師の仕事が一つの単元の完結によって終わることはなく、およそ子どもの生活に関わる問題のすべてが学校教師の責任としておおいかぶさる性質（佐藤［1997］pp.12-16）のことである。また「無限定性」とは、いわゆる「献身的教師像」がもつ特色として位置づけられる「責任の無限定性」＝教

師の責任範囲の境界区分が不分明であることを意味し、責任の範囲をあらかじ
め限定したり局限したりせず、子どもへの責任範囲が緊急の必要の中で変わり
うる状況のことを指している（久冨［2017］p.120）。この特性をわが国の教師
（教員）たちは"ウリ"にしてきたとも言える。つまり、裏を返せば、「教『師』
のプライド」や、担任・教員として「我が児童・生徒」、「我が学級」意識と責
任感（小川［2019］p.153）を、ある種の誇りとしてわが国の教師（教員）は抱い
てきたとも言え、まさしく、わが国の教師（教員）は「スペシャリスト」では
なく「ジェネラリスト（オールラウンド型）」の教師像をある種の理想としてき
た。そして、モノカルチャー的な風土の中で、「学校教育をめぐる変化や課題に
対して新たに要請される業務とそれに必要な能力は、OJT や研修、自己研鑽で
身に付け教員自らが『多能化』することで対応してきた」（小川［2019］p.141）
のだ。

　しかし、今まさに学校教育の現場が晒されている多忙化の荒波は、こうした
「無境界性」・「無限定性」と連動する「多能化」の方策が招いているとも言え
る。2018 年に実施された OECD（経済協力開発機構）による教員環境の国際比
較調査（国際教員指導環境調査：TALIS）によると、わが国の中学校教員が 1 週
間当たりに仕事にかける時間は 56 時間（参加国平均は 38.3 時間）、小学校教員は
54.4 時間で、いずれも調査対象国の中で最長だった。しかもそのうち、学校内
外において個人で行う授業の計画や準備にかける時間は、中学校で 8.5 時間（参
加国平均が 6.8 時間）、小学校で 8.6 時間であり、この点は他の参加国と大きな違
いはない。つまり、わが国の教員は、授業やその準備以外に費やす業務が多く、
そのために総労働時間が長時間化していた（国立教育政策研究所［2019］）。こう
したわが国の教員の労働時間が調査参加国の中で最長という状況は、2013 年に
示された結果（このときは中学校のみ）（国立教育政策研究所［2014］）と同様であ
り、少なくとも労働時間という点からみたわが国の教員の労働環境は、残念な
がらこの 5 年間でほとんど改善されていないと評価されても仕方のない状況で
ある。こうした学校や教職員が勤務する労働環境の多忙は、保護者や地域住民
／団体・諸機関と連携するということを実に至難の業とする。学校や教職員と
しては、やはり学校内での業務の遂行が優先されるが、その業務自体が増大・
増加しているため、学校外の人たちや団体等とじっくりと関わる時間的・精神

的余裕がなくなるからだ。

　また、長時間労働や多忙化を引き起こす無境界性・無限定性の改善を図るべく、教職の業務を単純化・個人主義化することによって教育労働の分業化を基軸に連携・協働を進めると、教職の業務自体の矮小化とその専門職性・専門性の変質をもたらすことになる。教師（教員）を教育専門職としての主体性と自律性を有した教育活動全体の統括者と位置づけずに、全体管理体制のなかに包摂された一特定部門の従事者へと教師（教員）の位置を低下させると、教職の「非専門職化」を推し進める結果となる（安藤［2016］；山崎［2017］）。

　何より今日のわが国の教師（教員）には、「長時間勤務とともに専門性の発揮が必ずしも必要とされない業務にも従事しているという二重の負荷がかかっている」（藤原［2019］p.15）点にも留意する必要がある。待遇を改善するにせよ、そこには、給与面だけの問題ではなく、「高度専門職業人」すなわち「プロフェッショナル」にふさわしい身分保障や養成システム、職務遂行上の自律性や自由裁量・権限の保障等が必要となる（山崎［2017］p.13）。また、「自分の人生も大切にしつつ、プロフェッショナルらしく働く教職員」であることも求められ、そのためには、「教職員のワークライフ・バランスの確立が不可欠」でもあるのだ（藤原［2019］p.15）。

4．財政的措置による人員配置の必要性と課題

　最後に、「チーム学校」を推進する上で不可欠な視点として、財政的措置の観点を示しておく。

　先述の「チーム学校」答申は、学校内外に及ぶこうした同僚性の効果を最大限に発揮することを企図しているともいえる。実際に、児童生徒を巡る問題や課題が生じる際、チームとして機能している学校の教員らはその児童生徒の状況を丁寧に把握し、自身の経験や同僚教員との相談・連携の蓄積を生かし、時には地域住民や保護者、外部の医療・福祉機関等の他職種業務従事者とも協働しながら、個別の状況に応じて丁寧に時間をかけ、そこに高度な判断や知見を介在させる取り組みを展開している。しかも、こうした同僚教員や地域住民や保護者、多職種との協働（連携）の営みは、普段の日常的な関わりや交流を基盤として成り立っていることが示唆されている（例えば、大阪市立大学大学院文

学研究科教育学専修［2017］を参照）。

　しかし、こうした時間をかけた協働（連携）を基軸とする「チーム学校」の構想は、教職員の大幅な増員なしに実現する可能性は低いにもかかわらず、今日の国や地方自治体の財政逼迫状況を鑑みると、「チーム学校」の具体化は楽観視できない状況にあるという（小川［2019］）。またSSWやSCに関しても、「チーム学校」答申において、「国は、将来的には学校教育法等において〔スクールソーシャルワーカーを〕正規の職員として規定するとともに、公立義務教育諸学校の学級編制及び教職員定数の標準に関する法律（以下、「義務標準法」という）において教職員定数として算定し、国庫負担の対象とすることを検討する」と記されているが、実際のところ、SSWやSCの雇用はほぼ非常勤であるのが実状である。[3]

　このような不透明な人員配置は、小川（2019）が指摘する教員（教師）と多職種の専門スタッフ間の地位や身分、勤務形態、そして権限といった関係の「非対称性」をもたらしかねない。すなわち、「非正規職員として週一回から数回の訪問等の限られた勤務態勢の中で、他専門スタッフが学校組織全体への関与を期待されず、その専門性や存在感を周囲に示すことが難しい」（小川［2019］p.153）状態を引き起こす可能性が高くなるといえる。

　もはや、教育や福祉、行財政といったそれぞれ固有の領域で問題や課題を対処する局所的ないし個別的なアプローチは、限界の様相を呈している。冒頭で示したSDGsの17の目標において、「17 パートナーシップで目標を達成しよう」は他の16の目標すべてに関連するものであり、より良い社会をつくる当事者として、今日の私たちには、あらゆる領域や境界に閉じることのない実質的な協働（連携）の展開が求められているといえるだろう。

注
1　松本他（2016）によると、1965年に低消費水準世帯の推計を厚生省（当時・現厚生労働省）は取りやめており、2009年に相対的貧困率を公表するまで、わが国は貧困率を国家として公表していなかったという。
2　「非認知能力（non-cognitive skill）」と「認知能力（cognitive skill）」は、対比的では

あるが相互補完的な関係にある。認知能力がIQに代表されるような「知識、思考、経験を獲得する精神的能力」、また、「獲得した知識を基に解釈し、考え、外挿する能力」とするならば、非認知能力は、「目標の達成（忍耐力、自己抑制、目標への情熱）」や「他者との協働（社交性、敬意、思いやり）」、「情動の制御（自尊心、楽観性、自信）」といったパフォーマンスに影響を与える特性やパーソナリティ等を指す概念であり、「社会情動的スキル（social emotional skill）」とも呼ばれる（OECD [2018] p.52）。

3　この点に関して川口（2019）は、SSWやSCの配置に関する財政的措置やその実現に向けた行程は不透明であり、しかも義務標準法においてはSSWやSC自体は教職員定数（児童生徒数・学級数に基づいて算出される）に含まれることなく、国庫負担の対象とはなっていないと指摘している（川口 [2019] p.37）。しかし、こうしたSSWやSCの財政的負担を国家的対応に求めるか、それとも地方自治の自律性を重視する各自治体による裁量を活かした上での対応を模索すべきか否かという点は、追究すべき課題だと考えられる。

引用・参考文献

阿部彩（2014）『子どもの貧困Ⅱ：解決策を考える』岩波新書。

阿部彩（2018）「日本の相対的貧困率の動態：2012から2015年」科学研究費助成事業（科学研究費補助金）（基盤研究(B)）「「貧困学」のフロンティアを構築する研究」報告書（https://www.hinkonstat.net/　2019年11月18日確認）。

安藤知子（2016）「『チーム学校』政策論と学校の現実」『日本教師教育学会年報』第25号、pp.26-34。

臼井博（2001）『アメリカの学校文化　日本の学校文化：学びのコミュニティの創造』（認識と文化9）金子書房。

臼井博（2009[2001]）「日本の教師文化の特徴」広田照幸監修『リーディングス　日本の教育と社会15　教師という仕事』日本図書センター。

OECD（2018）『社会情動的スキル：学びに向かう力』無藤隆・秋田喜代美監訳、明石書店。

大阪市立大学大学院文学研究科教育学専修（2017）「住吉区の不登校に関する調査・研究調査結果報告書」。

小川正人（2016）「子どもの貧困対策と『チーム学校』構想をめぐって：教育行政学の立場から」スクールソーシャルワーク評価支援研究所『すべての子どもたちを包括する支援システム：エビデンスに基づく実践推進自治体報告と学際的視点から考える』せせらぎ出版。

小川正人（2019）『日本社会の変動と教育政策：新学力・子どもの貧困・働き方改革』

左右社。

小口将則（2018）「子どもの貧困と子ども育成支援：経済的・社会的・文化的剥奪に立ち向かう社会的包摂」伊東良高・牧田満知子・立花直樹編著『現場から福祉の課題を考える　子どもの豊かな育ちを支えるソーシャル・キャピタル：新時代の関係構築に向けた展望』ミネルヴァ書房。

堅田香織里（2019）「『子どもの貧困』再考：『教育』を中心とする『子ども貧困対策』のゆくえ」佐々木宏・鳥山まどか編著『教える・学ぶ：教育に何ができるか』（シリーズ子どもの貧困③）明石書店。

金澤ますみ（2019）「『学校以前』を直視する：学校現場で見える子どもの貧困とソーシャルワーク」佐々木宏・鳥山まどか編著『教える・学ぶ：教育に何ができるか』（シリーズ子どもの貧困③）明石書店。

苅谷剛彦（2009）『教育と平等：大衆教育社会はいかに生成したか』（中公新書）中央公論新社。

川口洋誉（2019）「『チーム学校』は子どもの困難に向き合う学校をつくれるのか：子どもの権利条約の視点から考える」吉住隆弘・川口洋誉・鈴木晶子編『子どもの貧困と地域の連携・協働：〈学校とのつながり〉から考える支援』明石書店。

教育相談等に関する調査者研究協力者会議（2017）「児童生徒の教育相談の充実について：学校の教育力を高める組織的な教育相談体制づくり（報告）」。

国立教育政策研究所（2014）『教員環境の国際比較：OECD 国際教員指導環境調査（TALIS）2013 年調査結果報告書』明石書店。

国立教育政策研究所（2019）『教員環境の国際比較：OECD 国際教員指導環境調査（TALIS）2018 報告書：学びつづける教員と校長』ぎょうせい。

小玉重夫（2013）『学力幻想』（ちくま新書）筑摩書房。

佐古秀一（1986）「学校組織に関するルース・カップリング論についての一考察」『大阪大学人間科学部紀要』12、pp.135-154。

佐々木宏（2019）「『子どもの貧困ブーム』をふりかえって：本書の問題意識と構成」佐々木宏・鳥山まどか編著『教える・学ぶ：教育に何ができるか』（シリーズ子どもの貧困③）明石書店。

佐藤学（1997）『教師というアポリア：反省的実践』世織書房。

末冨芳（2017）「子どもの貧困対策と教育支援」末冨芳編著『子どもの貧困対策と教育支援：より良い政策・連携・協働のために』明石書店。

鈴木晶子（2019）「社会・地域を変える生活困窮者自立支援法と子どもの貧困対策法を目指して」吉住隆弘・川口洋誉・鈴木晶子編著『子どもの貧困と地域の連携・協働：〈学校とのつながり〉から考える支援』明石書店。

髙田一宏（2019）『ウェルビーイングを実現する学力保障：教育と福祉の橋渡しを考え

る』大阪大学出版会。

中央教育審議会（2015）「チームとしての学校の在り方と今後の改善方策について（答申）」。

藤原文雄編（2016）「『チームとしての学校』における学校事務職員の役割」『季刊　教育法』188。

藤原文雄（2019）『「学校における働き方改革」の先進事例と改革モデルの提案：学校・教師の業務／教育課程実施体制／生徒指導実施体制／学校運営・事務体制』学事出版。

保坂亨（2019）『学校を長期欠席する子どもたち：不登校・ネグレクトから学校教育と児童福祉の連携を考える』明石書店。

松岡亮二（2019）『教育格差：階層・地域・学歴』筑摩書房。

松本伊智朗（2013）「教育は子どもの貧困対策の切り札か？：特集の趣旨と論点」『貧困研究』第 11 号、pp.135-154、明石書店。

松本伊智朗・湯澤直美・平湯真人・山野良一・中嶋哲彦編著（2016）『子どもの貧困ハンドブック』かもがわ出版。

耳塚寛明編（2014）『教育格差の社会学』有斐閣アルマ。

山崎準二（2017）「教師の労務管理と待遇」『教師教育研究ハンドブック』学文社。

山野則子（2018）『学校プラットフォーム：教育・福祉、そして地域の協働で子どもの貧困に立ち向かう』有斐閣。

第 2 章

子ども・子育て支援に関する財政の動向と課題

水上　啓吾

　本章では、子ども・子育て支援に関する財政、特に家族関係社会支出の動向を検討する。SDGs では包括的なアプローチが提唱されているものの、財政は所掌事務毎に予算を編成する傾向にあるため、狭い政策領域毎に分立しやすい。このように分立した財政構造の中で増大する現金給付（主に育児休業給付、児童手当）と、一般財源化しても十分に住民ニーズに対応できない現物給付（主に保育所運営費、就学援助）について、経年変化を念頭に考察する。

I　包括的な支援の必要性と本章の課題

　前章において示された教育と福祉の連携という観点を引き継ぎつつ、本章では子ども・子育て支援に関する財政の動向と課題について取り上げる。SDGs に見られる包括的なアプローチは、種々の要因が有機的に結合して生じる社会問題に向かい合う際には不可欠な態度である。子ども・子育て支援についても、子どもを取り巻く保育や教育、親の労働ならびに社会保障と密接不可分であり、且つそれらが別個に論じられていては適切な施策にならない場合がある。

　さらに、現在の政府部門による子ども・子育て支援は政府部門で完結するものではなく、民間事業者との連携や市民社会とのパートナーシップを前提に実施されるものとなっている。このように人々の共同需要を充足する政府の行動指針としても SDGs の考え方は採用されるべきものであるし、政府の経済活動である財政についてもその例外ではない。

　ただしその一方で、現代の政府部門は官僚制組織としての特徴を有する。政府部門内の組織は、課題毎に各部局で所掌事務を分担し、分立することが多い。日本においては、こうした分立構造が国と地方公共団体とを通じて形成さ

れ、結果として、いわゆる縦割り行政が行われてきた。そうした政府の組織構造は、財政面としては、各省庁の国庫支出金ならびに所管する特別会計制度等にあらわれてくる。

　当然ながら、子ども・子育て支援についても、このような分立構造と無関係ではない。子ども・子育て支援について包括的なアプローチを採用するためには、関連する分野の分立構造を認識するとともに、ボトルネックとなる制度をとらえなければならない。ただし、こうした構造を把握するのは容易ではない。というのも、分立しているがゆえに、子ども・子育て支援に関する財政を総体的にとらえられる統計が十分に整備されていないのである。そこで、子ども・子育て支援の財政面について包括的に把握することが本章の第1の課題である。

　他方、子ども・子育て支援のあるべき姿について言及しようとすれば、近年の制度変化を的確にとらえる必要がある。制度の経路依存性を考慮すれば、これまでの経緯を踏まえることは、実現可能性の高い制度を構想する上で欠かせないためである。そのためには子ども・子育て支援の関連施策や制度の特徴とその特徴が形成された要因を明らかにしなければならない。そこで以下では、政府の役割の変化の因果プロセスを示し、日本の実際の動向との共通する点、異なる点について確認する。さらに、その特徴が生まれる原因について検討する。これが本章の第2の課題である。

　以上の二つの課題のため、まず次節（Ⅱ）では、2000年代以降の子ども・子育て支援に関する財政の特徴について家族関係社会支出の変化からとらえる。その上で、第Ⅲ節では現金給付の増大要因となっている児童手当等の制度の変遷を概観し、現金給付増大過程について考察する。続く第Ⅳ節では、現物給付の中心である保育サービスや地域子ども・子育て支援事業等について概観し、上記因果メカニズムとの乖離について言及する。第Ⅴ節では、本章のまとめとして現在のサービス供給の隘路について検討する。

Ⅱ　分権化による家族関係社会支出の変化

1．地方政府の裁量性の増大による現物給付の増大

前章で示されたように、「子どもの貧困」を客観的にとらえる指標として、相

対的貧困率がある。相対的貧困率は、可処分所得をもって計算される。その可処分所得については社会保障制度を通じた現金給付が含まれる。こうした給付は財政を通じた所得再分配機能の一部である。ただし、現金給付のみでは広義の再分配機能の実態を知ることはできない。というのも、可処分所得以外にも、保有する資産や種々のサービスによって人々の生活水準は左右されるため、こうした要素も配慮しなければならないのである。

　そもそも所得再分配機能は、政府の経済活動である財政を通じて現れるものである。このような財政を通じた機能は次の三つに分類される。第1に経済安定化機能、第2に所得再分配機能、第3に資源配分機能である（Musgrave［1959］pp.5-6）。経済安定化機能は「子どもの貧困」と間接的に関わるものである。景気が悪化し、長期間不況が続けば、所得の低下にともなって貧困問題が深刻化するためである。こうした状況を防ぐために、財政金融政策等を通じた経済の安定化がはかられる必要がある。

　所得再分配機能ならびに資源配分機能は、より直接的に影響を与えうるものである。例えば、所得再分配機能の社会保障給付によって対象世帯の可処分所得が上昇すれば、相対的貧困率は低下することとなる。他方、資源配分機能の強化は、市場における供給では不足しやすい財・サービスの供給が拡充されることを意味する。具体例としては、市場での供給では不足する保育サービス、子育て支援サービス、学校教育や学童保育、職業訓練などを挙げることができる。必要とされながらも不足するサービスの充実させることも、資源配分機能の強化としてとらえられよう。

　これらの機能は、政府の経済活動を通じて作用するものである。もちろん、政府といっても、中央政府と地方政府とでは担うべき機能は異なる。日本であれば、国と地方公共団体とで果たす役割が異なる。一般的に、上記の経済安定化機能と所得再分配機能は中央政府、資源配分機能は地方政府が担うことが適しているとされている（Oates［1972］）。経済安定化機能は金融政策とのポリシーミックスが重要であるため中央政府が担うことが適当であると考えられている。所得再分配機能についても、行政区域を越えた人の移動が生じる場合には作用しづらいため、経済安定化機能と同じく中央政府が担うことが求められるのである。

その一方で、資源配分機能は、人々が欲している内容が何であるかが重要である。人々が欲するものを政府部門の意思決定に反映するには、中央政府よりも地方政府が適している。したがって、資源配分機能については主として地方政府が担うことが求められる。こうして政府レベルと財政の機能とを結びつけて考えれば、地方分権によって地方政府の権限が強化されることは、資源配分機能の重要性が高まることにつながると考えられる。

　以上のような機能の違いに加えて、中央政府と地方政府については、供給する公共財の種類をめぐっても差異が存在する。公共財は、その供給をめぐって通貨を直接給付する現金給付とサービスを給付する現物給付に分けることができる。現金給付の目的は、所得再分配機能を果たすためである。したがって、現金給付に適した政府レベルは中央政府である。他方、現物給付について考えれば、その内容を中央政府が決めてしまうと地方政府毎に異なる需要を見誤る可能性が高くなる。結果的に現物給付については中央政府ではなく地方政府が適していることになる。そのため、資源配分機能を果たす地方政府の役割が重要になれば、必然的に、社会問題を解決する方法も現金給付を通じたものよりも現物給付を通じたものを重視するようになる[1]。

　このように分権化した社会においては地方政府の役割が高まり、地方政府に適した資源配分機能が重要になる[2]。資源配分機能は現金給付よりも現物給付が適しているため、結果として地方自治体による現物給付が増大することとなる。したがって、上記の因果律や前提をもとに考えれば、日本における子どもや子育て支援に関しても、現金給付から現物給付へと移行する過程が想定されるだろう。

2．2000年代以降の現金給付と現物給付の増大

　以上のように、財政の論理からすれば分権化とともに資源配分機能を果たす地方政府の役割が重要となり、より具体的には現物給付を中心とした公共サービスの供給が行われることが予想される。ただし、十分な財源保障がなされていなければ地方政府が本来の役割を果たすことは困難である。

　では、実際の日本の状況を把握するためにはどのような方法があろうか。残念ながら、予算、決算書から体系的に上記のような公共サービスの種類をと

らえることは困難である。そこで、全ての子ども・子育て関連の政策領域がカバーされるわけではないが、以下ではOECDの社会支出（Social Expenditure）を用い、家族関係社会支出（Family）の指標を用いて日本の状況把握を試みる[3]。

　家族関係社会支出の推移を図表１で確認すると、2000年度以降は増大傾向にあることが確認できる。2000年度時点では３兆2598億円であったが、2015年度時点では６兆9822億円と２倍以上に増加していることを確認できる。このように規模が増大しているところで、その内容の変化について見ると、同期間に現金給付は１兆2623億円から３兆9553億円に増大し、現物給付は１兆9975億円から３兆269億円へと増加している。

　なお、現金給付については児童手当や育児休業給付・介護休業給付の規模が大きく、2000年度以降の増加の程度も大きい[4]。他方、現物給付については、就学前教育・保育のうち、特に保育所運営費等の規模が大きく、顕著に増加している。

　以上のように、2000年代以降の日本の家族関係社会支出は、現物給付も増大しているものの、それ以上に現金給付が増大してきた。この間、周知の通り分権改革が進められてきた。したがって、前項（Ⅱ1.）で確認した通り、理論的な整理に基づいた因果律から推論を行えば、現物給付が増大することが予想される。しかし、家族関係社会支出に関する実態としては、予想に反して現金給付の伸びが顕著であり、現物給付の伸びは相対的に小さいものであった。

　このように、想定される変化と異なる結果が生じる原因はどこにあるのだろうか。指標の変化の原因と影響について考察を進めるために、次節（Ⅲ）では、現金給付の変化をもたらした支出について、その変遷と制度的特徴について検討する。

Ⅲ　社会保険制度下における現金給付の増加

　以上のように、2000年代の日本における家族関係社会支出は、現物給付が増大する一方で現金給付がそれ以上に増大した。本節ではこうした変化がもたらされた背景に何があったのかを確認し、さらにそれらの制度の特徴について考察していくこととしよう。第１に育児休業給付についてである。

図表 1　家族関係社会支出の推移

（単位：億円）

	2000年度	2001年度	2002年度	2003年度	2004年度	2005年度	2006年度	2007年度	2008年度	2009年度	2010年度	2011年度	2012年度	2013年度	2014年度	2015年度
現金給付	12,623	14,447	14,947	15,125	17,266	17,585	19,936	22,153	22,900	24,069	39,655	41,547	38,560	38,491	39,894	39,553
家族手当	7,192	8,659	9,049	9,259	11,323	11,661	13,597	15,302	15,657	16,195	30,592	32,141	29,361	29,030	28,284	28,010
うち児童手当	2,928	4,074	4,326	4,376	5,921	6,311	8,095	9,769	10,024	9,983	24,656	25,976	23,143	22,827	22,175	21,901
出産・育児休業	5,346	5,697	5,798	5,758	5,827	5,804	6,218	6,731	7,090	7,646	8,786	9,129	8,920	9,215	10,021	10,860
うち育児休業給付	379	609	720	775	840	909	970	1,224	1,528	1,727	2,318	2,649	2,582	2,830	3,473	4,143
介護休業給付																
その他の現金給付	85	91	100	109	116	120	121	120	152	228	277	277	279	245	1,589	682
現物給付	19,975	20,770	21,608	21,582	21,995	23,410	20,588	18,723	19,503	20,297	21,806	22,162	22,994	23,836	26,232	30,269
就学前教育・保育等	15,336	16,051	16,446	16,683	16,670	16,165	16,611	16,773	14,676	15,480	17,272	18,273	18,886	19,260	21,089	23,388
うち保育所運営費等	10,245	10,986	11,349	11,603	11,693	11,200	11,676	12,053	9,880	10,487	11,731	12,657	13,142	13,286	14,764	17,460
うち就学前教育費等	4,799	4,710	4,705	4,736	4,669	4,671	4,632	4,601	4,625	4,782	4,817	4,859	4,904	5,044	5,335	5,179
ホームヘルプ、施設	83	85	90	109	117	1,056	768	947	3,701	3,572	3,468	2,790	3,052	3,374	3,841	4,691
その他の現物給付	4,556	4,634	5,071	4,789	5,209	6,189	3,209	1,003	1,126	1,244	1,066	1,098	1,055	1,202	1,302	2,190
計	32,598	35,217	36,555	36,707	39,261	40,996	40,523	40,876	42,403	44,366	61,461	63,709	61,554	62,327	66,126	69,822

（出所）OECD, *OECD.Stat* より作成

1. 労働保険特別会計における育児休業給付金の増大

　育児休業給付金は、雇用保険の被保険者に対して被保険者の育児休業期間中に支払われるものである。なお、SDGs の 17 の目標のうち第 5 の目標は「ジェンダー平等を実現しよう」であるが、そのターゲットの一つに、「政治、経済、公共分野でのあらゆるレベルの意思決定において、完全かつ効果的な女性の参画及び平等なリーダーシップの機会を確保する」ことが掲げられている。育児休業給付は適切な男性保育者増強政策と組み合わせることによってジェンダー平等に資するといえよう。

　その財政は、労働保険特別会計における雇用勘定にて管理されているものである。同勘定の歳入は、雇用保険の保険収入（一般会計からの受入を含む）、積立金より受入等を中心に構成されている。一方、歳出については育児休業給付を含む失業等給付費や雇用者等雇用安定・促進費、地域雇用機会創出等対策費、等から構成されている。2017 年度予算においては、歳入総額 2 兆 4858 億円のうち保険収入が 1 兆 6327 億円、積立金より受入が 8177 億円であった。他方、歳出総額 2 兆 4858 億円のうち失業等給付費が 1 兆 7160 億円、雇用者等雇用安定・促進費が 2007 億円、地域雇用機会創出等対策費が 1014 億円であった。したがって、失業等給付費の 95％ 程度を保険収入によって賄えている状況である。

　育児休業給付は 1991 年の育児休業法成立後、1994 年に給付率 25％ の水準で開始された[5]。その後の給付率は、2000 年に 40％、2007 年に 50％、2014 年に 67％ と引き上げられてきた（厚生労働省［2016］p.61）。他方、2004 年には育児休業期間の延長がなされたり、2009 年には育児休業基本給付金と育児休業者職場復帰給付金との統合による育児休業取得の容易化がはかられたりした。このように、育児休業給付金は相対的に安定している雇用保険財政の下で、質と量とが改善されてきたのである。

　ただし、上記の通り、育児休業給付はあくまで雇用保険の被保険者に給付されるものである。育児休業給付を受給する場合には、当該休業を開始した日の前の 2 年間に、賃金の支払いの基礎となった日数が 11 日以上ある月が通算して 12 か月以上必要である。被保険者がこうした条件を満たせない場合、もしくはそもそも零細企業等で雇用保険に未加入の場合であれば、当該制度の対象とな

らない。

このように、対象者が限定された状況で育児休業給付が拡充されれば、当然ながら、受給者と被受給者との所得格差の拡大につながる。2011 年度の初回受給者は 22 万 4834 人であり、2017 年度に 34 万 2978 人にまで増大している（厚生労働省［2011b］、厚生労働省［2018a］）。受給者は 10 万人以上増加してきた。他方、2011 年度の出生数は 105 万 806 人、2017 年度の出生数は 94 万 1000 人であった（厚生労働省［2017］）。この間、出生者数は 10 万人以上減少している。受給者数と未加入者数との差が縮まる中で、その間に出生者数が減少している。少子化対策という政策目的も兼ねて給付率が引き上げられてきたことを考えれば、多様な評価が可能であり、より詳細な分析が必要である。

ただし、このように現金給付の増大が子ども・子育て支援につながった側面と、低所得者が対象とならない可能性がある側面には留意しなければならない。

2. 年金特別会計における児童手当の増大

続いて、もう一つの現金給付である児童手当について考察を進めよう。

児童手当も同じく社会保障基金政府の枠組みの中で運用されている制度である。児童手当の予算は年金特別会計の子ども・子育て支援勘定において計上されている。児童手当の現金給付額について図表 1 で確認すると、2000 年には 2928 億円であったが、2015 年には 2 兆 1901 億円にまで増大している。この間の家族関係社会支出の現金給付額の増大は主として児童手当の増大によるものと見なすことができる。

子ども・子育て支援勘定の歳入は事業主拠出金収入と一般会計からの受入を中心としたものである。他方、歳出は現金給付である児童手当等交付金と子ども・子育て支援推進費、地域子ども・子育て支援及仕事・子育て両立支援事業費が主たる内容となっている（財政調査会［2018］）。

児童手当は 1972 年の導入以降、所得制限を設けながら支給額、支給対象が拡充されてきた。2010 年には児童手当を包括する形で子ども手当が導入され、所得制限も撤廃された（厚生労働省［2011a］）。その後、2012 年に成立した子ども・子育て支援法にともない、児童手当として再編されている。このように制度変化を繰り返してきた制度ではあるものの、通常の予算編成とは異なる。特

別会計の中にあったため、安定性をもっていたと言える。

　そもそもこの特別会計において児童手当が給付されてきたことには、歴史的な経緯がある。近藤［2006］によれば、児童手当の導入時には、全額国庫負担という案も存在していたものの、それでは児童手当の事業規模が縮小される見通しであった。それに対して、事業主拠出金を含めた制度を導入することにより、事業規模の拡大と制度の安定性とが達成されると考えられていた（近藤［2006］pp.24-25）。全額国庫負担による児童手当は、それまでの経過から考えれば生活扶助との境界が明確でなかったといえよう。厚生省内部での見解としては、「社会保障制度の総仕上げ」としての児童手当に対して高まる気運とともに、全額国庫負担ではない制度を模索するようになっていたものと考えられる。事実、事業主拠出金収入が一定量含まれることによって、特別会計という形態が選択され、その後も維持されてきたのである。

　留意しなければならないのは、この特別会計では現金給付である児童手当だけでなく現物給付の財源も管理されている点である。具体的には、児童手当等交付金以外に、子ども・子育て支援推進費と地域子ども・子育て支援及仕事・子育て両立支援事業費が同会計から支出されている。

　2000年以降の現金給付の増大と結びついていた現金給付であった育児休業給付ならびに児童手当のどちらも、一般会計予算の中で直接支出されるものではなかった。一般的に個別報償性を備える社会保険制度は、一般報償性を原理とする租税を中心とした一般会計と比較して、制度の粘着性が高いことが知られている。実態として、年金基金特別会計の中での児童手当は、財政再建過程においても現金給付が減少することもなかった。このように制度が安定的に運用される一方で、一時期を除いて所得制限が設けられ、普遍的な制度とはなっていない。

　以上のように、児童手当も育児休業給付と同様に特別会計の中で管理、運用がなされ、給付の増額がはかられてきた。上記の通り、両者とも普遍的な制度とは言えない。被保険者を対象とする育児休業給付は言うまでもないが、選別的な給付が再分配機能の低下をもたらすという「再分配のパラドックス」を考慮すれば、政治過程において常に規模の抑制圧力を受ける可能性がある。

　それだけでなく、特別会計における管理は、当該制度の安定性を高めるもの

の、政策領域毎で分立した構造をつくりあげる。さらに、年金特別会計の子ども・子育て支援勘定を通じ現物給付を行うような仕組み、資金の流れを見えにくくする。他の歳出項目等との関係を単年度毎に把握することが困難になれば、子ども・子育て支援に関する歳出をどの程度増やすべきなのか判断することも容易ではなくなる。

同時にこのことは、これら現物給付について地方自治体が関与する余地を狭めることにもつながる。地方自治体にとって国の現金給付を所与とした上で現物給付を出さざるを得なかったと考えられる。

Ⅳ　国によるコントロール下での現物給付の増加と財政の硬直性

1. 保育サービスの多様化と保育所運営に関する国庫支出金の一般財源化

国の特別会計を通じた現金給付の増大に対して、現物給付はどのように推移してきたのだろうか。図表1 に戻れば、就学前教育・保育のうち保育所運営費等の規模が大きいことを確認できる。

保育所運営費は 2000 年代以降増大してきた。この間の保育サービスを取り巻く環境は大きく変化している。まず保育所の運営主体についてである。2000年時点では公立の保育所数は 1 万 2707 であったが、2016 年には 8737 にまで減少している。他方、私立の保育所数は 9492 から 1 万 4262 にまで増大している（厚生労働省［2001］、［2018b］）。すなわち、施設数のみから判断すれば、保育所は政府部門ではなく民間部門が主たる運営主体となっている。さらに、同期間を通じて進められた規制緩和の結果、保育所以外の保育施設や小規模保育も増大してきている。

なお、SDGs の 17 の目標のうち第 17 の目標は「パートナーシップで目標を達成しよう」であるが、そのターゲットの一つに、「さまざまなパートナーシップの経験や資源戦略を基にした、効果的な公的、官民、市民社会のパートナーシップを奨励・推進する」ことが掲げられている。保育サービスに関する変化、特に主体が規制の緩和とともに多様化したことは、SDGs の方針とも整合的であった。

ただし、こうした変化は保育サービスを支える財源について新たな枠組みを必要とするようになった。公立保育所が中心となって保育サービスを供給している状態ならば、保育サービスに関する規制と同時に地方自治体への財源保障や補助金を国が出すことで、保育の質と量のコントロールが可能となる。しかし、保育サービスの供給主体が多様化すれば、種々の規制や地方自治体の財政を通じた保育の質と量のコントロールが効きづらくなる。

　2003年度までの公立保育所運営費の財源は、国庫負担金、都道府県負担金、市町村の負担金、利用者が負担する保育料であった。これら財源のうち、国庫負担金や都道府県負担金は特定補助金であり、法律や施行規則、通知を通じてサービスの内容を詳細に規定するものであった。こうした状況に対して、2004年度以降には、国庫負担金や都道府県負担金は廃止され、地方交付税の基準財政需要に見積もられることとなった。その結果、公立保育所の運営費の財源は、保育料と市町村が負担する運営費になった（関口［2006］pp.45-48）。

　通常、特定補助金を一般財源化することは、住民の厚生水準を高めることにつながりうる（Ulbrich［2013］p.313）。これは、使途の決められた財源を与えられるよりも、住民の選好にそって使途を決められる財源を与えられた方が、より望ましい結果が期待できるためである。すなわち、保育所運営費に関する特定補助金を一般補助金化することによって、従来の画一的であった保育サービスではなく、住民の望むような保育サービスに変更できたり、より求められている他のサービスを供給できたりするのである。

　このような一般財源化は保育所運営費に限ったものではなく、他の政策領域においても実施された。2000年代半ばには、いわゆる三位一体改革によって、多くの国庫支出金が整理され、地方交付税の増額や地方税への税源移譲など、一般財源化が進められた。

　住民の選好がより反映されるようになったのならば、待機児童問題に象徴されるように、不足が指摘されてきた保育サービスは増加することが予想される。しかし、一般財源化された2004年度以降、2012年度までは保育所運営費が増加してきた傾向は見られない（図表1）。一般財源化が進められた結果として、直ちに保育サービスが増加したとはいいがたいのである。

　他方、2013年度以降の保育所運営費の増大は顕著である。2013年度以降は、

待機児童解消加速化プランが実施され、2015年度以降は子ども・子育て支援制度の下で保育所運営費が増大していった。いずれも市町村の単独事業で行われたわけではなく、国の補助金事業並びに公定価格の変更によってもたらされた影響が大きい[6]。

以上のように、近年増加しつつある保育所運営費の動向を考慮しても、保育サービスのように住民が必要とするものであっても、分権化の中で増加してきたわけではないことがわかる。

2. 就学援助制度の地方自治体間の差異

このように、現物サービスが増大する過程では必ずしも分権化が影響を与えてきたわけではない。以下で指摘する就学援助制度のように、地方自治体の裁量性があるが故に、抑制されているように考えられるものもある。そうした事例の一つとして、図表1における現物給付その他に含まれる就学援助制度について見ていく。

なお、SDGsの17の目標のうち第1の目標は「貧困をなくそう」であるが、そのターゲットの一つに、「各国において最低限の基準を含む適切な社会保障制度及び対策を実施し、2030年までに貧困層及び脆弱層に対し十分な保護を達成する」ことが掲げられている。

学校教育法第19条では、「経済的理由によつて、就学困難と認められる学齢児童又は学齢生徒の保護者に対しては、市町村は、必要な援助を与えなければならない」とされている。同法を根拠にし、生活保護法第6条第2項で規定されている要保護者に加えて、市町村教育委員会が生活保護法第6条第2項に規定する要保護者に準ずる程度に困窮していると認める準要保護者も就学援助制度の対象とされている。しかし、後述するように就学援助制度の認定には全国画一の基準があるわけではない。横山（2018）は、就学援助制度について詳細に分析し、市町村間の差と財源保障の不十分さについて指摘している。

そこで横山（2018）の問題意識に基づいて図表2を用いて要保護者と準要保護者の推移について異なる地域を比較して確認してみよう。全国では要保護者が2000年度から2012年度にかけて増加し、その後微減していることが確認できる。他方、準要保護者は、2000年度から2012年度にかけて増加し、その後

（単位：人）

	全国		神奈川県		大阪府	
	要保護	準要保護	要保護	準要保護	要保護	準要保護
2000 年度	92,593	888,560	5,630	46,460	13,473	126,427
2001 年度	101,824	958,166	6,292	51,382	15,530	136,968
2002 年度	110,792	1,040,577	7,217	56,857	17,388	149,767
2003 年度	123,055	1,132,543	8,322	63,423	20,238	162,720
2004 年度	130,635	1,206,192	9,076	68,301	21,762	172,590
2005 年度	132,104	1,244,759	9,805	71,639	23,298	176,679
2006 年度	133,705	1,277,367	10,313	74,178	23,637	176,259
2007 年度	132,372	1,290,110	10,334	76,379	23,375	175,229
2008 年度	131,033	1,305,128	10,293	77,325	23,020	171,730
2009 年度	136,648	1,351,465	10,821	83,501	23,722	171,611
2010 年度	147,755	1,403,328	11,846	90,104	24,801	173,033
2011 年度	152,060	1,415,771	10,492	91,241	25,360	166,453
2012 年度	152,947	1,399,076	12,499	94,326	23,600	160,281
2013 年度	148,497	1,366,018	10,281	93,819	23,644	148,245
2014 年度	143,351	1,352,134	10,214	94,834	22,630	141,967
2015 年度	136,798	1,329,336	9,728	94,193	21,481	135,238
2016 年度	129,319	1,302,699	9,323	91,833	19,837	128,105

（出所）文部科学省 2017「平成 29 年度就学援助の実施状況（市町村別実施状況）」より作成

微減している。2016 年度では、要保護者 12 万 9319 人に対して、準要保護者は 130 万 2699 人である。

　こうした全国の傾向は神奈川県においても同様に見られるものの、大阪府においては異なる。大阪府では要保護者が 2011 年度まで増加し、その後減少しているのに対して、準要保護者は 2005 年度まで増加した後に減少している。

　このように、同じく大都市圏に位置し、900 万人前後の人口規模である神奈川県と大阪府とを比較すると、準要保護者数の推移において大きな違いが出ている。要保護者の認定基準が全国一律であることを考えれば、このような差が生まれる制度的要因としては、準要保護の認定基準にあるものと考えられる[7]。

　準要保護の認定基準は図表 3 の通り、生活保護の基準額を基にしたものから、児童扶養手当の支給や市町村民税の非課税・減免に連動するもの等があり、そ

図表 3　準要保護の認定基準

認定基準の主なもの	2017 年度自治体数 （回答市町村数に対する割合）
生活保護法に基づく保護の停止または廃止	1,325 （75.0%）
生活保護の基準額に一定の係数を掛けたもの	1,318 （74.6%）
児童扶養手当の支給	1,300 （73.6%）
市町村民税の非課税	1,284 （72.7%）
市町村民税の減免	1,117 （63.3%）
国民健康保険法の保険料の減免または徴収の猶予	1,085 （61.4%）
国民年金保険料の免除	1,086 （61.5%）

（出所）文部科学省 2017「平成 29 年度就学援助の実施状況（市町村別実施状況）」より作成

れらの組合せを採用している市町村も存在する。したがって、認定基準を複数の地方自治体間で厳密に比較することは困難である。

　ただし、文部科学省の「平成 29 年度就学援助の実施状況」によれば、4 分の 3 程度の市町村が「生活保護の基準額に一定の係数を掛けたもの」を準要保護者の認定基準として採用している。そうであれば、この一定の係数がどの程度異なるかについて検討することで、認定基準の程度について推測することが可能であろう。

　図表 4 では、準要保護の認定基準として採用されている「生活保護の基準額に一定の係数を掛けたもの」についてその係数水準別に団体数を分類して示している。生活保護の基準額に掛ける係数の値が低いということは、準要保護の認定基準が厳しいことを意味し、係数の値が高いことはその逆である。同表を用いて、全国と神奈川県と大阪府を比較すると、全国と神奈川県はともに 1.3 倍以下が 4 割前後と最も多い。これに対して、大阪府では 1.1 倍以下の団体が 4 割を占めており、この層の団体が最も多い。

　したがって、大阪府と神奈川県とを単純に比較すれば、大阪府の市町村の方が神奈川県の市町村よりも認定基準が厳しいことがうかがえる。このことは、図表 2 で確認した準要保護者数の推移の比較から読み取れる傾向とも整合的である。そうであるならば、市町村の裁量によって準要保護者数が変化していることとなる。しかも、分権化とともに認定基準が厳格化している自治体がある可能性を否定できない。

自治体における基準の係数（倍率）	2017 年度 全国自治体数 （回答市町村数に対する割合）	2017 年度 神奈川県内自治体数 （回答市町村数に対する割合）	2017 年度 大阪府内自治体数 （回答市町村数に対する割合）
～ 1.1 倍以下	188 （10.6%）	3 （9.1%）	17 （39.5%）
～ 1.2 倍以下	226 （12.8%）	0 （0.0%）	9 （20.9%）
～ 1.3 倍以下	682 （38.6%）	14 （42.4%）	6 （14.0%）
～ 1.4 倍以下	38 （2.2%）	2 （6.0%）	1 （2.3%）
～ 1.5 倍以下	174 （9.9%）	13 （39.4%）	1 （2.3%）
1.5 倍超	10 （0.6%）	0 （0.0%）	0 （0.0%）
計	1318 （74.6%）	32 （97.0%）	34 （79.1%）

（出所）文部科学省 2017「平成 29 年度就学援助の実施状況（市町村別実施状況）」より作成

　本章の問題意識にそって論じれば、本来、分権化によって地方自治体の裁量性が高まれば、より住民のニーズに対応できる可能性が高まる。しかし、実態としては子どもの貧困問題への対応として考えられる就学援助制度について、必要性が高いと思われる地域でも拡充できていないのである。

3. 財政の硬直性と裁量性の低下

　では、なぜこのような現象が生じるのだろうか。仮に、子ども支援における現物給付が不足しているならば、地方自治体が現物給付を十分に供給できない理由があると考えられる。より具体的に言えば、子ども支援における現物給付を独自に増やそうとする財政的余剰がどの程度あるのかという問題が残る。

　こうした問題は、換言すれば、財政の硬直性がどの程度であるかという点にある。国や都道府県といった上位政府の影響を受ける市町村は、財政の原則である量出制入が保障されているわけではない。すなわち、必要な財政需要を充足するために財源を確保するという予算編成がなされていない。むしろ、地方交付税や国庫支出金の制約が大きい環境下では、歳入の範囲内で歳出を決定する量入制出の側面がある。したがって、財政の硬直性が低下すれば、地方自治体は財政需要に応えやすくなるものの、硬直性が上昇すれば、財政需要に応えづらくなるのである。

図表5　政令市における経常収支比率の分布状況の推移

	市町村団体数	80%以上85%未満	85%以上90%未満	90%以上95%未満	95%以上100%未満	100%以上
2001 年度	12	3	3	4	1	1
2002 年度	12	1	5	3	1	2
2003 年度	13	2	4	4	1	2
2004 年度	13	2	1	3	5	2
2005 年度	14	2	1	5	5	1
2006 年度	15	2	2	7	4	
2007 年度	17	-	4	4	9	
2008 年度	17	-	3	5	9	
2009 年度	18	-	3	3	11	1
2010 年度	19	-	4	3	12	
2011 年度	19	-	3	5	10	1
2012 年度	20	-	3	6	9	2
2013 年度	20	-	2	7	9	2
2014 年度	20	-	1	6	13	
2015 年度	20	-	1	6	13	-
2016 年度	20	-	1	6	9	4

（出所）総務省「地方財政統計年報」各年度版より作成

　そこで、本章の最後では、財政の硬直性について触れておきたい。図表5は財政の硬直性の指標である経常収支比率の水準別に政令市の分布状況を示したものである。同図表によれば、2001年度以降は徐々に上昇して2007年度以降は95％以上の団体が過半を占めるようになっている。すなわち、政令市の経常的経費のみで経常的収入の95％以上が占められるような状況の団体が多く、裁量性を発揮できない状態である。このように、財政の硬直化が進行した状況では、新たな現物給付を地方自治体の裁量性で増やそうとしても容易ではない。

　再度本章の課題との関連では、こうした硬直性がもたらす影響はどのように考えられるだろうか。Ⅱ　1.において言及したように、分権化が進むことは資源配分機能の強化につながりうる。ただし、そうした因果律が成立するには地方政府が量出制入の下で財政運営を行っているという前提が必要である。資源配分機能を強化するために現物給付を増やそうとしても、財政が硬直化してい

れば実現は困難なためである。

　図表5が示すとおり日本の都市部では財政の硬直化が進行してきたが、その結果として子ども・子育て支援に関する新たなサービスの供給は十分になされてこなかったことが予想されるのである。

V　おわりに

　これまでの考察を経て、子ども・子育て支援に関する財政を総体としてとらえた場合、次のようにまとめることができるだろう。

　Ⅱで検討したように、先行研究の整理に基づけば、分権化した社会においては地方政府の役割が高まり、地方政府に適した資源配分機能が重要になると言える。さらに、資源配分機能は現金給付よりも現物給付が適しているため、理屈の上では地方自治体による現物給付が増大することとなる。したがって、日本における子ども・子育て支援に関しても分権化の結果として現物給付の増大という傾向が想定されるだろう。子どもや子育てへの支援については、地方自治体における現物給付が増大するものと考えられる。しかし、2000年以降の家族関係社会支出の動向を見る限り、現金給付の増大が現物給付の増大を上回っている。

　こうした現金給付の増大は、主に育児休業給付と児童手当給付によるところが大きい。Ⅲでは、まず、育児休業給付について検討した。同給付は、給付率の引き上げや対象の拡大がなされてきたことによって増大していると言える。しかし、雇用保険の加入者が対象となる同給付は、社会保険であるが故に一般会計とは切り離されており、制度の安定性は重視されているものの、普遍性は軽視されている。そもそも加入の対象者でなければ同給付の増大の恩恵を受けることができないため、取り残される人々が出てくることは否定できない。他方、育児休業給付と同様に、児童手当給付も一般会計ではなく特別会計の中で拡充されてきた。児童手当の給付は、子ども手当制度の一時期を除いて所得制限が設けられてきた。そのため、普遍的な制度とは言えない。被保険者のみを対象とする育児休業給付は言うまでもないが、再分配のパラドックスの可能性を考慮すれば、児童手当も他章で取り上げられる子どもの貧困問題の解決手段

になっていないだろう。

　続いてⅣでは現物給付について考察を進めた。現物給付は現金給付ほどではないが増加しており、中でも保育所運営費が増大してきた。上述の通り、保育サービスの多様化に伴い、国庫支出金が一般財源化される過程を確認できた。こうした変化は、分権化の中で現物給付が増大する論理と整合的である。しかし、保育サービスの量や質は、各地方自治体の取組みというよりは、国が決定する公定価格の変化に影響を受けてきた。また、就学援助制度は地方自治体間の差が大きいことも確認された。このように本来分権化で想定される資源配分機能の強化は、必要性が高いと考えられる子ども・子育て支援に関しても、十分に確認できたわけではない。

　社会保険の枠組みの中で選別的に増大した現金給付と、公立保育所の画一的な規制を緩和しながらもサービスの総量をコントロールしている現物給付という側面が浮かび上がる。いずれにせよ、この間の子どもや子育てへの支援を巡る財政の動向は、分権化過程で想定されている因果メカニズムからは乖離したものである。

　以上のように、本章では、第1の課題として子ども・子育て支援について財政面からの包括的な把握を試み、現物給付を上回る現金給付の増大を確認した。その際、現金給付は一般会計とは切り離されたところで増大しており、普遍性が重視されているとは言いがたい状況が浮かび上がった。他方、現物給付については保育サービスのように、質と量のコントロールが難しくなっている状況や、就学援助制度のように地方自治体の裁量性の結果として減少しているサービスがあることを確認した。

　こうした実態については、第2の課題とも関連する。分権化の流れの中で、現金給付の増大が現物給付の増大よりも大きく、さらに地方自治体の裁量の結果として、現物給付が抑制されることは興味深い。こうした実態を説明する要因として、本章では地方自治体の財政の硬直化を取り上げた。

　第Ⅰ部における保育サービスや子育て支援に関する内容は、分権化した地方財政の下では独自に充実させる地方自治体が出てくる可能性は否定できない。第Ⅱ部で取り上げる子ども食堂なども同様である。しかし、現在のように都市部を中心に硬直化した状況では、今後も裁量性が発揮できず、住民のニーズに

対応することも困難である。

　グローバル化とそれに伴う分権化によって、中央政府による所得保障に制約が加わる中では、地方政府による現物給付の充実が代替案として示されている。他章で明らかになっている各種サービスの政策効果を考えれば、多様な政策主体とともに地方自治体による現物給付の増大が求められるところである。そのためには、本章のIV　3.で確認したように、地方財政の硬直性を低下させる制度改正が必要だろう。

注
1　本章のIV　3.において述べるように、こうした分権化過程の因果メカニズムが機能するためには、十分な財源があることを前提としている。
2　分権化は、分立した構造によって生じる問題を緩和させることができる。中央集権型の財政では、補助金を通じて地方政府の支出内容の統制が行われることが一般的であり、補助金の給付内容は中央政府内の諸部局に強く影響を受けることになる。分権化することにより、補助金を通じた中央政府の影響力が低下すれば、地方政府内の組織間連携も取りやすくなる可能性がある。
3　家族関係社会支出は、子どもやその他の被扶養者がいる世帯を支援するために提供される給付である。この指標を用いれば、一般政府における家族関係社会支出について、現金による給付（現金給付）とサービスによる給付（現物給付）とに分けて把握することが可能である。
4　育児休業給付と介護休業給付の総計のうち、その大部分は育児休業給付である。図表1の当該費目の2015年における額は4143億円であるが、2015年度の育児休業給付総額は4123億円であった。そのため、本章では当該費目の推移は育児休業給付総額の推移と同傾向を示すものとしてとらえている。
5　給付率とは育児休業給付の育児休業開始前賃金に対する割合を示すものである。
6　公定価格とは、保育の必要量などをもとにして国の基準で設定されるものであり、保育所、認定子ども園、幼稚園の施設型給付と、小規模保育事業等の地域型保育給付とに分けられる。尚、2019年から幼児教育費の無償化が取り組まれている。その具体的な対象者は3〜5歳の全ての子ども及び0〜2歳の住民税非課税世帯の子どもであり、保育所の他、認定こども園や幼稚園、認可外保育施設、預かり保育、一時預かり、病児保育等の利用料を無償化するというものである。その財源は公費で、国が1/2、都道府県が1/4、市町村が1/4を負担することとなっている。
7　就学援助制度については先行研究においても地方自治体間の差があることが指摘さ

れてきた（横山［2018］pp.29-33）。

参考文献

厚生労働省（2000）『社会福祉施設等調査報告 平成12年版』厚生統計協会。

───（2011a）『平成22年版 厚生労働白書』ぎょうせい。

───（2011b）『雇用保険事業年報』厚生労働省。

───（2016）『平成27年版 厚生労働白書』ぎょうせい。

───（2017）「平成29年（2017）人口動態統計の年間推計」。

───（2018a）『雇用保険事業年報』厚生労働省。

───（2018b）『社会福祉施設等調査報告 平成29年版』厚生労働統計協会。

近藤功（2006）『児童手当創設目録』講談社出版サービスセンター。

財政調査会（2018）『國の予算：その構造と背景』柏葉社。

関口浩（2006）「保育所運営費負担金の一般財源化と費用負担」『社会志林』第52巻第4
号，pp.35-57.

野城尚代（2017）「社会保険制度にみる「子育て支援」機能」『東洋大学人間科学総合研
究所紀要』第19号，pp.199-211.

文部科学省（2019）「平成29年度就学援助の実施状況（市町村別実施状況）」。（http://
www.mext.go.jp/a_menu/shotou/career/05010502/1401136.htm　閲覧日：2019年
11月30日）

横山純一（2018）「「子どもの貧困」と就学援助制度の動向」『自治総研』第44巻第3号，
pp.1-35.

Musgrave, R.A., (1959), *The Theory of Public Finance: A Study in Public Economy*,
New York, McGraw-Hill.

Oates, Wallace E., (1972), *Fiscal Federalism*, New York, Harcourt Brace Jovanovich.

OECD, OECD. Stat (https://stats.oecd.org/)

Ulbrich, Holley H., (2013), *Public Finance in Theory and Practice Second edition*,
London, Routledge.

第Ⅰ部
就学前を支える

〈各章の問題意識〉

第3章

幼児教育・保育料の無償化で子どもたちは増えたのか減ったのか？　それにともなう保育への影響はなかったか？

第4章

貧困や虐待は保育所に通う子どもの育ちに影響があるか？

第5章

地域子育て支援は親たちにどのように役立っているか？

保育料無償化に伴う政策効果

海老名　ゆりえ

I　はじめに

　2019 年 10 月より、保育の必要性の認定事由に該当する 3 ～ 5 歳児と、住民税非課税世帯の 0 ～ 2 歳における幼児教育・保育料の無償化が全国的に始まった。この政策は、2019 年 10 月に開始された消費税の増税に伴う「2 兆円の政策パッケージ」である、安倍晋三政権の看板政策「人づくり革命」の一つとして、幼児教育の無償化が行われたものである。保育料・幼児教育が無償になることにより、従来、保育園や幼稚園、認定こども園などに通うために、保護者が市に支払っている保育料がまったくの 0 円になるということなので、子育て世代において教育費支出による家計への費用負担は大幅に減るであろう。

　社会保障・人口問題基本調査（2015）では、若い夫婦が子どもをもうけない理由の一つとして、「子育てや教育にお金がかかりすぎるから」という理由が 1 位にあがっている。保育料をはじめとして、子育てにかかる教育費による負担が軽減されるとなると、若い世代も子どもをもうけることを考える一つのきっかけになるであろう。

　近年の少子高齢化社会において、乳幼児期からの子育てや義務教育を経て大学卒業に至るまでの教育、とりわけ乳幼児教育や保育を取り巻く状況がますます注目されている中、乳幼児教育費を無償化することで、子育て世代の生活はもちろんのこと、各自治体を取り巻く環境やそれぞれの自治体の抱える課題には何らかの変化があると考えられる。今回は、幼児教育・保育料の無償化に伴う政策効果、特に人口問題への影響について考えたい。

Ⅱ　保育料無償化を先行実施していた自治体

1．各自治体の施策について

　筆者は、大阪府守口市の保育施設に勤務している。守口市は総人口約14万人の都市で、大阪府北河内地域に位置する都市である。大阪市に隣接し、大阪市などのベッドタウンを形成する衛星都市の一つであると同時に、大阪都市圏における都市雇用圏の中心にも含まれている。隣接する門真市とまたがってパナソニック（旧・松下電器産業）の本社がある都市である。守口市では、2017年4月より0～5歳児における保育料の全面無償化が全国に先駆けて開始された。守口市における保育料無償化は、子どもの年齢や保護者の所得等に関係なく、また第一子・第二子など生まれた子どもの数にかかわらず、市内の子ども・子育て支援新制度に移行した認可保育施設の幼児教育・保育料が無償になるという制度である。守口市が保育料無償化を実施した背景には、守口市役所こども政策課によると、少子高齢化の加速により人口が減少することで市の税収は頭打ちする一方、地方交付税などにも期待ができないという危機感が増してきているという。そこで、保育料を無償化することによって、保育料という経済負担の緩和で安心の子育て・子育ちの提供をし、子育て世代の定着を狙う目的で、保育料無償化を実施した。

　また、兵庫県明石市では、2016年9月より第二子以降の子どもが保育所や幼稚園を利用する場合において保育料を無償にしている。明石市が無償化を実施した背景も、守口市と同様の理由であり、無償化実施以前は人口減少問題が大きな懸念事項となっていた。

　大阪府大阪市は、2016年度から5歳児にかかる教育時間部分（おおよそ4時間分）の無償化を実施しており、2017年度からは4歳児、2019年度からは3歳児についても教育時間部分を無料としている。ただし、大阪市の場合は、守口市や明石市とは異なり、世帯の所得等に応じた保育料のうち、教育費相当額のみを無料としているため、保育部分（幼稚園・保育施設等における教育時間以外の時間帯）については以前までと変わらず有料となっている。

　静岡県西伊豆町では、2016年4月より、町立の保育園、幼稚園の保育料と給食費が完全無償となっている。西伊豆町が完全無料化に踏み切った背景には、

守口市や明石市以上に深刻な少子高齢化問題が存在しているからである。保育料無償化をはじめ、充実した子育て支援策によって人口流出に歯止めをかけ、子育て世代の移住促進につなげる必要があるからである。県などの調査によれば、2015 年 4 月現在の西伊豆町の高齢化率は 45.5％と県内最高であるので、若い子育て層を呼び込み、子どもを安心して産み育てる町にしていくことが急務であったからだ。

2．本調査の方法について

　大阪府守口市と兵庫県明石市、この二つの自治体が先行して保育・幼児教育の無償化を実施しているので、保育料無償化による政策効果を論考できると考える。本調査では、総人口約 10 万人以上であるベッドタウン型の自治体における人口の変動を調査しようと考えている。そのため、西伊豆町は郊外の過疎地域に当たるので、今回は調査対象から除外する。また、大阪市においても、政令指定都市である点、また教育費相当額の無償化のみで保育部分については有料であるため、今回の調査からは除外する。

　無償化未実施の自治体と比較するため、人口規模・地理的に似た近隣自治体と比較を行う。今回の比較対象として、大阪府寝屋川市・大阪府大東市・大阪府門真市・兵庫県加古川市を選定した。

　本論文における具体的な調査方法としては、守口市と明石市の0～5歳児における人口データの実数と、無償化実施前の人口推移予測データを確認し、コーホート分析を利用しながら人口の推移を確認・考察する。同様に無償化を実施していない近隣都市のデータも見比べることで、無償化による人口への変動があるかどうかを調査する。また、守口市と明石市、無償化を実施していない近隣都市（大阪府寝屋川市・大阪府大東市）の保育園・こども園・幼稚園等幼児教育施設の定員数・在園児数・待機児童数を調査し、比較することで無償化についての効果測定を行いたい。今回は参考に、大阪府門真市・兵庫県加古川市の人口データと待機児童数も確認することとする。また、守口市・明石市における自治体関係者にも必要に応じてヒアリングを行いたい。

　本章の構成としては、保育料無償化をめぐる議論や諸外国における就学前教育の無償化、保育料無償化が及ぼすと考えられる影響について先行研究をまと

め、先行研究では明らかにならなかった課題点を明らかにするため、統計分析を行い考察する。

Ⅲ　先行事例等の紹介

1．海外での保育料無償化施策

　海外諸国ではどのような保育料無償化施策が行われているか調査したところ、諸外国における就学前教育の無償化について渡邊（2015）は、アメリカ、イギリス、フランス、フィンランド、韓国の５か国における就学前教育の無償化による各国の特色について図表１にまとめた。

　韓国以外の４か国は、教育時間のみの無償化であるため、日本で目指している保育料無償化の保育時間より短時間のものであり、この４か国において無償化を実施する一番の理由は「すべての子どもに質の高い幼児教育の機会を提供するため」である。一方で、韓国は日本が実施予定である保育料無償化制度と非常に酷似しており、主に少子高齢化対策による施策である。そのため、韓国における事例を研究することは、日本での保育料無償化の行く末を検討するうえでも非常に大きな役割を果たすと考えられる。

　また、裵（2014）が指摘するには、韓国では所得に関係なく保育料を無償化したことで、だれでも気軽に保育施設を利用することができるようになった。しかしその結果として、就労をしていない家庭であれば本来であれば子どもを保育施設に預ける必要はないが、そういった家庭においても０歳から子どもを預けることができるようになってしまった。保育教育施設における教育時間のみならず、日本でいう延長保育時間や預かり保育時間帯など時間も長時間保育施設に無料で預けることも可能になっているのである。

　保育料を無償化していることによって、その財源確保は非常に重要な問題であるのに、保育施設を利用する国民が仕事をして働かなければ国の経済は回らない。日本における保育料無償化の財源確保については、2019 年実施予定の消費税増税分で賄うと現時点では決まっているが、果たしてすべての財源を賄うことができるのか、今後注目すべき点である。また韓国のように、保育施設利用率と女性の就業率の割合がどう変動するのか、その点についても今後留意す

図表1　諸外国における教育保育の無償化実施状況

	アメリカ	イギリス	フランス	フィンランド	韓国
無償化範囲	公立学校で提供される教育課程は原則無償（公立小学校付設の幼稚園についても無償）。	2010年9月から3・4歳児への就学前教育の無償化（週15時間，年間38週分）を開始。2014年9月からは貧困家庭の2歳児への就学前教育の無償化を開始。種類及び設置形態の違いにかかわらず無償。	保育施設は社会福祉的サービスとして位置付けられているので保育料は有償。教育機関である幼稚園は公教育の無償性を原則とする教育制度の下、義務教育ではないが無償。	6歳児を対象として就学前の1年間提供される就学前教育が無償。	正規課程（教育時間）だけでなく「放課後課程」（保育部分）と呼ばれる保育も無償。
特徴	・貧困家庭を対象とする連邦のヘッドスタート・早期ヘッドスタートも幼児教育費は無償であるが、民間セクターで提供される保育学校や保育所などは基本的に有償。 ・アメリカでは公立私立、幼児教育施設の施設形態、州によってばらつきがあるものの、幼児教育を無償化している部分も存在。	・保育料無償化の目的は、初等教育以降の学力及び教育水準向上を図ることである。 ・就学前教育の無償化の成果は、就学前教育における教育活動を充実させることで、貧困家庭の子どもの社会における成功を促進させることができるということ。	・義務教育ではないものの3〜5歳児のほぼ100％が幼稚園に就園していることが特徴。 ・保育サービスについては3歳未満の子ども及び幼稚園の時間外の保育が中心。	・就学準備を行うと共に、全ての子どもに質の高い就学前教育を保障することで、その後の学習を支援。 ・就学前教育は、保育サービスと併用することも可能であると記載がある。その場合、保育部分については有償となり、保護者の所得と家族構成（規模）に応じて保育料を支払う。	・韓国における就学前教育の無償化政策は、深刻な少子高齢化対策として発展。 ・無償化政策の課題①「無分別な乳児保育利用」が増加して国家財政消耗につながる。②0〜2歳児がいる女性の就業率が保育施設利用率よりも低い。③乳児保育の利用者が増えて保育者の勤務が繁忙となり、乳児担当を忌避する保育者も出ている。④保育の質や適正なサービス水準維持のための保育経費と教育経費の算定が必要。

（出所）渡邊恵子2015「諸外国における就学前教育の無償化制度に関する調査研究」国立教育政策研究所、pp.1-125

る必要があると考える。

2．保育料無償化による弊害

　保育料無償化を実施することで地域や自治体に与える影響として、中山

（2018）は、保育料無償化を実施することで生じる財源に関する問題や、無償化以外に早急に取り組むべき問題はほかにもあるのではないかといったような懸念点を指摘している。保育料の無償化により、子育て世帯への経済的な恩恵は大きいが、財源確保を十分に検討しないまま無償化を推し進めれば、将来的に保育料無償化によるしわ寄せがくる可能性が高い。現時点で無償化における財源が十分に確保できないまま実施するとなると、今の子どもたちが成長したときに負担することになる可能性も大いに考えられる。子どもたちのための「子ども子育て支援新制度」の実質化を図る保育料無償化であるにもかかわらず、今を生きる子どもたちにとっての将来的な経済負担となる可能性が高いとなれば、結局子どもの保護者のための経済負担緩和のみの制度になり、子どもそのものには何の恩恵もないものとなってしまう可能性も考えられるのである。

　中山がほかにも指摘していることで、同様に田中智子（2018）も無償化の恩恵を受けるのは、中所得以上の世帯に限られる点を指摘している。現行の制度においては、すでに生活保護世帯と住民税非課税世帯は無償もしくはほぼ無償に近い状態であり、無償化政策が実施されても低所得者層についてはそれほど恩恵をうけないと述べている。

　このように、保育料無償化は良い側面ばかりがあるのではないことが読み取れる。無償化するにあたって、まだまだ検討しなければならない点や、制度整備をする必要のある点が多々あることがわかる。特に、待機児童の解消や、近年話題になっている保育士不足、保育の質の向上や保育士の処遇改善（賃金・業務負担の両面から）など、早急に解決すべき問題が現時点で多数置き去りになっている点にも目を向け、そういった問題についても一刻も早く解決すべきである。

　ただし本論文では、保育料無償化における政策効果の分析を論じるため、今回は無償化における人口変動等による側面からの効果を検討し、財源等・財政面での検討、調査及び考察は今後の課題とする。

　また、中山（2018）は無償化の影響について、幼稚園を取り巻く環境が激変する点についても指摘している。2020年4月から3歳児以上は所得に関係なく原則として無償化されたが、日本における多くの公立幼稚園は4歳児からしか受け入れをしていない。3歳児から無償化を行うことによって、3歳以下の年齢

から受け入れをしている保育教育施設に利用者が流れる可能性が高いと指摘している。その現象を回避するためには、幼稚園が子どもを3歳児から受け入れるか、認定こども園化を行うかを急いで決めなければならないため、幼稚園を取り巻く環境が大きく変わる可能性があると指摘しているのである。また、そういった背景においては、おそらく多くの私立幼稚園は認定こども園化を選ぶ可能性が高いと述べている。その場合、認定こども園が一気に増え、保育を必要とする子どもの入園先が大きく変化すると述べられている。

　中山が指摘するように、無償化によって保育園だけでなく幼稚園に大きな影響をもたらすことが考えられる。本論文では、実際に保育料無償化を実施した自治体と実施していない自治体の幼稚園数や幼稚園在園児数についても確認し、幼稚園における影響も考察することとする。

Ⅳ　地域別将来推計人口（0〜4歳児）について

　ここで、国立社会保障・人口問題研究所が2015年3月に推計した、大阪府守口市・兵庫県明石市・大阪府寝屋川市・大阪府大東市・大阪府門真市・兵庫県加古川市の将来人口推計について確認していく。本項で提示する人口推計値は、守口市および明石市が保育料無償化の実施前に発表された数値のため、これら二つの自治体において保育料無償化を実施しなかった場合の人口推計値となっている。そのため、無償化を実施した自治体において、推計値よりも人口が上昇しており、無償化未実施自治体においては推計値通りの人口推移であれ

図表2　0〜4歳人口推計数

（単位：人）

	2010年	2015年	2020年	2025年
守口市	5,448	5,203	4,455	3,946
寝屋川市	9,258	8,572	7,201	6,195
大東市	5,485	5,180	4,464	3,937
門真市	5,022	4,774	4,059	3,543
明石市	12,748	11,893	10,272	9,190
加古川市	12,042	11,283	9,878	8,886

（出所）国立社会保障・人口問題研究所

ば、無償化の効果が人口に影響していると考えられる。この点については、本論で分析することとし、本項では、人口推計値を確認する。なお、本調査における年齢別人口の枠組みが、「0～4歳」であったので、今回は0～4歳の人口推移について確認する。

先に挙げた6自治体における0～4歳児人口推計値は図表2の通りである。

守口市においては、年々0～4歳児人口が減少していることがわかるが、無償化を行った2017年以降についても、2015年時点の推計値では減少していることがわかる。

明石市においても同様に、年々0～4歳児人口が減少しており、また減少している人数もかなり大きい数となっている。

それ以外の4自治体においても、0～4歳児人口の推計値では、年々減少し続けている。

V　分析

1．保育料無償化を行った自治体について

（1）大阪府守口市の事例
①0～5歳児の人口

0～5歳における人口が、2017年まで年々減少していたが、2018年には前年と比較すると128人増加している。守口市では2017年4月より保育料無償化を行ったが、政策実施の1年後から急激に0～5歳児人口が増加に転じているため、この政策の効果が出ていると考えられる。

②保育施設及び幼稚園在園児数・充足率

無償化実施した2017年には、保育施設在園児数が前年と比較して473人増加しており、大幅に増加している。一方幼稚園においては、2017人には前年と比較して528人減少している。この点については、市役所担当者によると、無償化実施による保育施設への希望者の増加も要因として挙げられるが、守口市の市立幼稚園及び市立保育所に係る再編整備も大きな要因になっているというこ

図表3　守口市の0〜5歳児人口

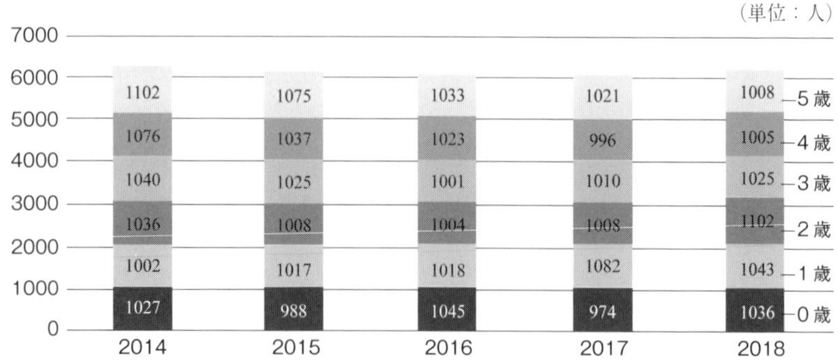

(単位：人)

	2014	2015	2016	2017	2018	
5歳	1102	1075	1033	1021	1008	5歳
4歳	1076	1037	1023	996	1005	4歳
3歳	1040	1025	1001	1010	1025	3歳
2歳	1036	1008	1004	1008	1102	2歳
1歳	1002	1017	1018	1082	1043	1歳
0歳	1027	988	1045	974	1036	0歳

（出所）守口市ホームページ　守口市の人口

とである。これは、公立幼児教育施設を廃園もしくは民間移管、統合を行う制度である。この制度によって幼稚園が減少し認定こども園に転換したり、2・3号保育の園児数が増加したことが、保育施設での在園児数増加に関係していると言える。

　保育施設における充足率は、2018年には100％を超えている年齢が多い。定員を超えて児童を受け入れている民間園が増加しているということである。充足率が上がることで、保育現場での求められる保育教育力も増加すると考えられる。園児数が増加すると、国の定める認可園における保育教諭等配置基準に合わせた職員数を配置しないといけない。そのため、保育施設では人材確保が必要になってくるので、採用活動に注力する必要が出てくるし、新規職員が増えたとしても、特に経験年数の浅い新人やブランクの長い保育士は即戦力というわけにはいかないので、そういった後輩指導の業務が増加するなど、先輩職員の業務量は増加するケースが多い。保育士の離職率が増加する今日、守口市では保育士確保の方策として、法人採用から5年目以内の職員に対して、国の補助メニューとして設定されており各自治体でも近年利用している、最大月額家賃8万2000円補助を行う「宿舎借上げ制度」を行っている。また、現役保育士に対する研修を月に1回ほど実施するなど、保育の質の向上にも貢献している自治体である。こういった施策や民間園における採用活動の強化、園内研修の充実等による様々な努力によって、守口市の保育現場は支えられているといえるであろう。

図表4　守口市における各施設在園児数

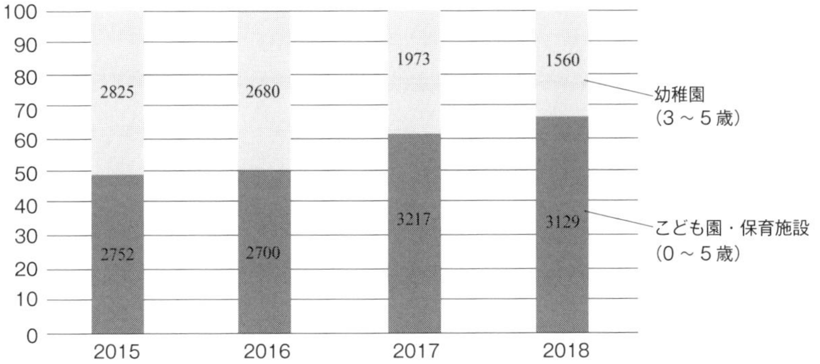

（出所）守口市役所

③待機児童

　無償化開始の2017年には前年と比較すると約3倍に増加している。厚生労働省の定義外児童、いわゆる隠れ待機児童の数は大幅に増加している。守口市においては、2018年12月現在において、小規模保育施設が25園存在する。この小規模保育施設は近年急速に増加した保育施設である。これは、保育の受け皿のさらなる増加の一環として、社会福祉法人や株式会社などが参画して行っている小規模保育事業である。小規模保育施設数の増加や、既存園における保育受け皿の増加などによって、待機児童問題に対応しているが、2018年4月現在においては、待機児童問題が解消されていない状況であるが、2019年4月に新設園を3園開園したこともあり、厚生労働省定義内の待機児童は解消した。

　ただし、少子高齢化社会において、今後は子どもの数がどんどん減ることは確実であるため、保育施設そのものをただ増やすのではなく、今後の人口予測を立てたうえで新規施設を建てたり、既存の施設を活用して適切な定員数の増加に努める必要があるのではなかろうか。

（2）兵庫県明石市の事例

　兵庫県明石市は総人口約30万人の都市である。明石市は、近畿地方の中部、兵庫県南部の明石海峡に面する都市で、中核市に指定されている。

　明石市では、2016年9月より第二子以降の児童が保育所や幼稚園を利用する

場合の保育料を無償にしている。2016年9月という年度途中での無償化の実施のため、無償化実施前後2年間に焦点を当てて検証する。

①0～5歳児の人口

保育料無償化実施以前から0～5歳児人口は増加していたが、無償化を実施した2016年移行の0～5歳児の人口の伸びは目覚ましいものがある。元々明石市は0～5歳児における人口流入が無償化実施前から生じており、子育て層にとって人気の都市であるといえるが、保育料無償化が後押しとなり、0～5歳児人口がさらに増加したと考えられる。

図表5　明石市の0～5歳児人口

（出所）明石市ホームページ　統計情報

②保育施設及び幼稚園在園児数・充足率

保育施設の在園児数が年々大幅に上昇している。特に無償化を実施した後の在園児数の増加が著しい。明石市においてはこういった人口増加の背景を受け、保育施設における受け入れ枠を年々増加する試みを実施している。2017年には786人、2018年には952人増加させた。2019年にはさらに2000人の保育施設における受け入れ枠増加を予定している。受け入れ枠を増加させるために、明石市では2018年7月に保育士の処遇を改善するべく、「保育士定着支援金」という制度を行うことを表明した。この制度は、市内の私立認可保育施設（保育所、認定こども園、小規模保育事業所）に採用された保育士が、長く働き続ける

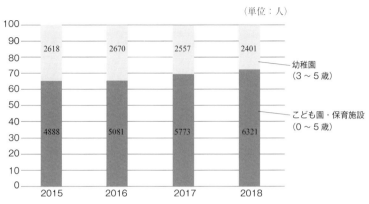

図表6　明石市における各施設在園児数

(単位：人)

幼稚園
(3〜5歳)

こども園・保育施設
(0〜5歳)

	2618	2670	2557	2401
	4888	5081	5773	6321
	2015	2016	2017	2018

(出所) 明石市役所

ことができる環境を整え、中堅保育士に至るまで、切れ目のない処遇改善を図る施策である。私立認可保育施設で、保育士（正規または常勤的非常勤）として採用されると、採用後1年経過ごとに6年経過まで毎年20万円、7年経過すると30万円の一時金を支給（合計150万円）するという。今日において、保育士の離職率が高く、若手職員が育たないケースが多いが、明石市ではそういった現状を打破するため、まずは保育士の給料面のサポートを行っているといえるであろう。2019年に2000人の枠を増やすためには、その分保育士等の数を確保する必要がある。その確保のための一つの要因として当施策が効果を果たす可能性が考えられる。明石市では、金銭的な援助だけでなく、潜在保育士の掘り起こしや、研修制度の充実など、多方面の施策が取り組まれている。保育施設における充足率が100%を超えている年齢が多いので、今後保育士の数を増やしたり、定員数を増やしたりすることで、充足率が下がり、現場保育士への負担も減少することを期待する。

　一方で、幼稚園の在園児数は緩やかに減少している。守口市と比較すると、緩やかな現象ではあるが、幼稚園の在園児数が減少しているということは、だんだん幼稚園のニーズが減ってきているといえるであろう。ただし、明石市の保育園在園児数と幼稚園在園児数には大きな乖離はないため、需要は減ってきているとはいえ、あえて幼稚園を選択する家庭も多数存在していると考えられる。

③待機児童

待機児童数が大幅に増加している。待機児童対策については、受け入れ枠を増加させたり、保育士の処遇改善を図ることで、保育士の数を増やして子どもの預け入れ数を上げるといった取り組みを行っている。様々な取り組みを行っているものの、待機児童数はどんどん増え続け、2018年12月1日現在では816人の待機児童が存在している。この待機児童を0にするのは、一筋縄ではいかないであろうが、たとえ保育料を無償にしていたとしても、保育施設に入れないのであれば、無償化の恩恵を受けられず何の意味もない。

2019年に実施した2000人の受け入れ枠増によって、明石市では2018年度では待機児童数全国ワースト1であったが、8年ぶりに待機児童数が減少した。2018年同期より159人の減少である。しかし、明石市の待機児童数は2019年4月時点では412人と、保育施設を利用したい家庭がいまだに利用できていない現状であるので、より幅広く保育施設を利用できる環境を整えるためにも、今後さらなる明石市の独自施策に要注目である（注：「待機児童、全国ワースト1から改善　明石市8年ぶり減」『神戸新聞』2019年6月5日発行　明石市ホームページ『待機児童数一覧表』(https://www.city.akashi.lg.jp/kodomo/ikusei_shitsu/kodomo-kyoiku/kosodate/hoikujo/jidosu.html)）。

図表7　こども園・保育所の充足数と待機児童数

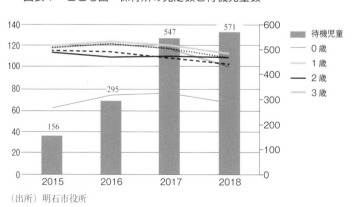

（出所）明石市役所

2. 保育料無償化を行っていない自治体について

(1) 大阪府寝屋川市の事例
大阪府寝屋川市は、大阪府東部大阪地域に位置する人口約 23 万人の市である。

① 0 〜 5 歳児人口
0 〜 5 歳児人口が年々減少し、他市への人口流出が目立っている。

② 保育施設及び幼稚園在園児数・充足率
　保育施設における定員数を年々増加させることで、保育施設の利用者数を増加させるだけでなく、充足率が 100% を超えないよう人数の調整をされているため、子育て世帯においては保育を利用しやすい環境が整えられているうえに、保育施設事業者にとっても、保育現場への負担感や採用活動の大幅な加速化を

図表 8　寝屋川市の 0 〜 5 歳児人口

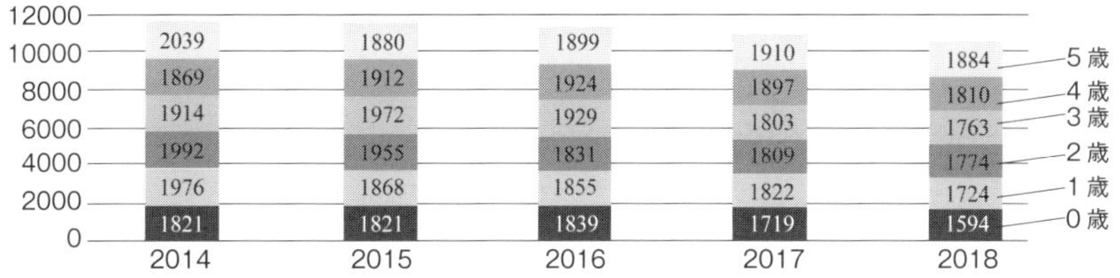

	2014	2015	2016	2017	2018	
5 歳	2039	1880	1899	1910	1884	
4 歳	1869	1912	1924	1897	1810	
3 歳	1914	1972	1929	1803	1763	
2 歳	1992	1955	1831	1809	1774	
1 歳	1976	1868	1855	1822	1724	
0 歳	1821	1821	1839	1719	1594	

（出所）寝屋川市ホームページ　人口統計

図表 9　寝屋川市における各施設在園児数

幼稚園（4 〜 5 歳）：376（2014）、314（2015）、276（2016）、252（2017）

こども園・保育施設（0 〜 5 歳）：4100（2014）、4190（2015）、4292（2016）、4301（2017）

（出所）寝屋川市役所

生じさせないように配慮されている都市であるといえる。

幼稚園については、公立幼稚園のみでの分析になるが、過去３年間でほぼ同水準の充足率を保っているものの、緩やかに幼稚園の充足率は下がっているため、寝屋川市においても今後幼稚園のニーズはさらに減っていくと考えられる。

④待機児童

待機児童数については、直近５年間の４月時点では０人であった。

寝屋川市は大阪市内だけでなく京阪電鉄を利用することで京都市内へのアクセスも良く、郊外の過疎地域ではないにもかかわらず、待機児童が０であることから保育施設を利用しやすい環境が整えられた、子育て世帯にとって非常に良い環境の都市であるといえるのではなかろうか。

（2）大阪府大東市の事例

大阪府大東市は、大阪府北河内地域に位置する人口約 12 万人の都市である。寝屋川市と隣接しており、守口市とは比較的近隣の都市である。

①０〜５歳児人口

０〜５歳児人口が年々減少している。

図表 10　大東市の０〜５歳児人口

（出所）大東市ホームページ　統計情報

②保育施設及び幼稚園在園児数・充足率保育施設の定員数及び在園児数については年々少しずつ増えているものの、大幅な増加は見られない。幼稚園の定

員数については、幼稚園の統廃合や認定こども園化によって大幅に減っているものの、充足率に大きな変化はない状況である。

③待機児童

待機児童数は若干発生しているため、待機児童の解消に向けて、利便性の高い市の中心部から、受け入れに余裕のある地域の保育施設へ送迎バスによる子どもの送迎を行ったり、保育士の処遇改善（宿舎借り上げ制度及び奨学金の一部を助成する大東市未来人材奨学金返還支援補助金制度）を行っている[7]。今後どのような施策の実施を行い、待機児童を0人にするのか、要注目である。

図表11　大東市における各施設在園児数

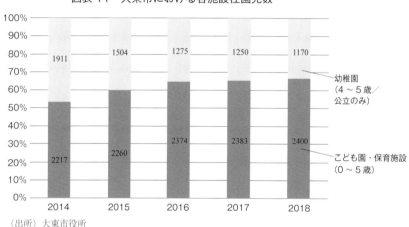

（出所）大東市役所

（3）大阪府門真市・兵庫県加古川市の事例

大阪府門真市と兵庫県加古川市においては、年齢別人口と待機児童数を確認し、比較検証する。

大阪府門真市は、大阪府北河内地域に位置する市であり大阪市に隣接し、そのベッドタウンを形成する衛星都市の一つであり、人口は約12万人である。兵庫県加古川市は、特例市に指定されており、人口は約26万人である。

①0〜5歳児人口

門真市については毎年約100名前後が流出しており、門真市にて生まれる0歳児の数についても、年度によるが全体的に減少傾向である。特に、新生児の数が、2017年と2018年を比較すると100人減少しており、その保護者も同様に流出していると考えられるため、門真市の人口全体として減少傾向にあることがわかる。

加古川市では、年々人口自体は減っているものの、他市から流入している年度もみられる。

②待機児童

門真市は2016年に待機児童数が大幅に上昇したものの、それ以降の年度では

図表12　門真市の0〜5歳児人口

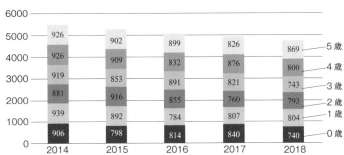

（出所）門真市ホームページ　統計

図表13　加古川市の0〜5歳児人口

（出所）加古川市ホームページ　人口統計

年々減少している。門真市では保育定員の確保については、保育所・小規模保育事業所などに対する施設整備補助により拡充してきた。2018年度も引き続き保育施設の建替えおよび新規の施設整備に対し、積極的に補助を行うことで早期の待機児童解消に努めている。[8]

　加古川市の待機児童数は年度によって大きく変動があるものの、待機児童は数多く存在していることがわかる。2018年においては、待機児童数が過年度と比較して大きく減少したが、求職活動休止中及び特定施設者希望を含んだ場合は待機している人が97人いるため、隠れ待機児童の存在があることがわかる。[9]

　加古川市は、30年度当初までに1589人分の受け入れ枠を増やした。保育枠の増加が実現した要因としては、既存の認可外保育施設が認可保育施設化されたケースや、幼稚園を認定こども園化したケース、保育事業に株式会社などが新規参入などを行った結果である。[10]

3．考察

　以上のように、保育料無償化を行っている守口市と明石市の2都市、保育料無償化の行っていない寝屋川市と大東市の2都市、また参考に用意した加古川市と門真市の合計4都市のデータが出そろった。

　ここで筆者が着目する点は3点ある。

①保育料無償化を実施した自治体では、0～5歳児の人口が増加していること。

②保育料無償化を実施している守口市・明石市では待機児童数が増加しており、特に明石市では待機児童数が大幅に増加している。無償化未実施の自治体においては、年々待機児童数が減っている自治体が多いものの、待機児童数は0人ではない自治体が多く、少なからず待機児童が発生している都市が多い。

③保育料無償化の実施有無にかかわらず、どの自治体においても保育施設の在園児数が増加し、幼稚園の在園児数が減少している。

①については、リサーチクエスチョンで予測したとおりの結果であり、無償

化実施自治体においては 0 〜 5 歳児の人口が増加していた。0 〜 5 歳児が自らの意思で他都市へ移住することはないので、0 〜 5 歳児の保護者が、保育料という家計にとって大きな負担となるものが少なくなる都市へ移住している可能性が高いと考えられる。

　また、2015 年時点での 0 〜 4 歳児人口の推計値と実際の人口推移を見比べると、推計値ではすべての自治体において、2015 〜 2020 年の人口は減少することになっていたが、実数では、保育料無償化実施自治体では、2018 年時点で人口が前年より増加している。一方で、保育料無償化未実施自治体においては、どの自治体においても推計通り、0 〜 4 歳児人口が減少している。この結果より、保育料無償化の実施有無が、自治体への人口流入の要因の一つになっていることがわかる。

　②についても概ねリサーチクエスチョンで示した通りの結果となった。無償化を実施した自治体では年々待機児童数が増えている。これは①でも述べたことと同様に、保護者が経済負担の少なくなる自治体に移住してきていることで、保育施設のキャパシティを超えた子どもの数が保育施設に入園申し込みをしていることから、待機児童が発生していると考えられる。しかし、無償化を実施していない自治体においては、待機児童数は年々減少傾向にあるものの、待機児童数は 0 人ではないことが大半である。寝屋川市・大東市においては、保育施設の在園児数が増加し、幼稚園の在園児数が減少していることからも、今日では幼稚園ではなく保育施設に需要があることが考えられる。そのため、待機することなく入園できる幼稚園を選択するのではなく、待機してでも保育施設に入りたいという保護者ニーズが存在しているため、待機児童が発生していると考えられる。詳しい考察については③と合わせて行うこととする。

　③については、リサーチクエスチョンにて想定していなかった事象である。無償化実施有無にかかわらず保育施設における在園児数が増加しているということは、保育料が高かろうが安かろうが、保育施設に預けたいという保護者のニーズがあるからと考えられる。先ほど②の項目でも記載した点ではあるが、保育施設のニーズが幼稚園よりも上回っている要因について考察することとする。

　まず、全国における保育施設使用者数のデータは以下の通りである。なお、

子ども子育て支援新制度の施行以降、保育園が認定こども園へ移行している
ケースが多々見られる。保育施設自体は減少しているが、保育園由来の認定こ
ども園が多いため、以下のデータでは、認定こども園の園児数を含んだ保育所
等利用児童数の状況である。

図表 14　保育の受け皿・待機児童数移

	2013 年	2014 年	2015 年	2016 年	2017 年	2018 年
保育施設申込者数 (単位：万人)	228.9	234.2	247.3	255.9	265.0	271.2
待機児童数 (単位：人)	22741	21371	23167	23553	26081	19895

（出所）社会保障審議会『保育所等利用待機児童数調査結果について』

　保育施設申込者数は年々増加していることがわかる。一方待機児童数は年度
によって増減が見られる。保育施設申込者数の増加数を年度ごとに比較すると、
・2013 年から 2014 年の増加数は 5.3 万人
・2014 年から 2015 年の増加数は 13.1 万人
・2015 年から 2016 年の増加数は 8.6 万人
・2016 年から 2017 年の増加数は 9.1 万人
・2017 年から 2018 年の増加数は 6.2 万人
以上のような伸びになっている。2014 年から 2015 年の増加数が一番伸びて
おり、これは 2015 年 4 月に施行された子ども・子育て支援新制度が関係して
いると考えられる。しかし、子ども・子育て支援新制度が施行される前年から、
保育施設申込者数が増加している。そのため、何か他の要因も関係しているこ
とが考えられる。
　ここで、保育施設申込者数が増加する要因を検討する。保育施設に子どもを
預け入れるということは、「預ける理由がある人が増えたから」と言い換えるこ
とができるであろう。「預ける理由」には、保護者の両親の介護や、妊産婦であ
ることなど、いろいろな理由があるであろうが、一番大きな理由は「両親とも
に仕事をしているから、日中子どもの面倒を見ることができない」ということ
であろう。かつての日本における考え方としては、母親は専業主婦である家庭
が多かったが、不況の今日においては母親も働きに出て、両親共働きの家庭が
増えている。そこで、子育て世代（25 ～ 44 歳）の労働力人口比率のデータを確

図表 15　年齢階級別労働力人口比率

（単位：%）

		2013 年	2014 年	2015 年	2016 年	2017 年
女	25 ～ 34 歳	72.9	74.9	75.3	77.1	78.5
	35 ～ 44 歳	71.4	72.6	73.4	74.0	75.3
	25 ～ 44 歳平均	72.15	73.75	74.35	75.55	76.9
男	25 ～ 34 歳	94.7	94.5	94.5	94.8	94.9

（出所）総務省統計局　『労働力調査（基本集計）平成 29 年（2017 年）平均（速報）結果』

認する。

　上記の 25 ～ 34 歳の女性の労働力人口比率を確認すると、わずか 5 年で 5.6 ポイントも上昇している。また、35 ～ 44 歳の女性の場合においても、5 年間で 3.9 ポイント上昇しており、子育て世代の女性が働いている割合は急激に上昇している。このことから、仕事をする女性が増えたことで、子どもを保育施設に預けるため、保育を必要とする保護者が増えたと考えられる。就労率が上昇し始めた年度を確認しても、子ども・子育て支援新制度が施行された 2015 年よりも以前から子育て世代の女性就労率は上昇している。

　一方で、子育て世代の男性の就労率を確認すると、25 ～ 34 歳の男性の労働力人口比率は過去 5 年間で 0.2 ポイントの上昇、35 ～ 44 歳の男性の場合においては、0.2 ポイントのマイナスになっている。子育て世代の男性の就労率は過去 5 年間でほぼ変動はないが、子育て世代の女性の就労率は大幅に上昇しており、保育施設申込者数の増加と比例しているため、相関性があると考える。

　以上より、保育施設利用者が、保育料の有償・無償問わず増加している理由は、子育て世代における女性の就労率が増加していることが考えられる。仕事をする女性が増えることで、子どもを何としても保育施設等へ預ける必要がある。そのため、無償の施設に預けることができれば、それはそれで家計も助かる話だが、家庭の事情によっては保育料無償化をしている自治体に引っ越さない家庭も数多くいるであろう。そのため、どうしても子どもを預けたい人は、有償無償問わずに女性の就労率増加に伴って、増加しているのである。

Ⅵ　今後の課題

　本調査では、保育料無償化による政策効果、特に0～5歳児という乳幼児の人口数にどう影響を与え、保育料を無償化することで待機児童問題を中心に、どのような影響があるかを考えてきた。

　保育料無償化によって0～5歳児人口に変動を与えたのか、また待機児童数や乳幼児保育教育施設等における在園児数や充足率について、各自治体からデータを収集し、また場合によっては自治体担当者にヒアリング等を行い、分析した。その結果、保育料無償化を実施した自治体では、0～5歳児人口及び待機児童数が増加し、保育料無償化を実施していない自治体では減少している。また、無償化を行った自治体においては、待機児童も0～5歳児人口と同様に減少している自治体が多かったが、待機児童が0人ではない自治体が多かった。また、保育料の無償化実施有無問わず、今回調査した4自治体すべてにおいて、保育施設の利用者数が増加していた。この結果から、保育料を無償化することで、保護者の教育保育支出にかかる経済負担が大幅に減るため近隣自治体から無償化実施自治体へ引っ越ししてくることで、0～5歳児人口は増加すると推測される。そのため、待機児童数も0～5歳児における人口流入に比例して増加していると考えられる。保育施設における在園児数の増加については、保育料無償化の実施有無問わず、どの自治体においても年々増加していた。この点については、女性の就労率の増加と比例して増加しているため、これらは相関関係にあることがわかった。子ども・子育て支援新制度施行以降、認定こども園に移行している施設が増え、幼稚園が減少し保育施設機能と幼児教育機能を併せ持った施設が増加しているが、子ども・子育て支援新制度施行前から、保育施設利用者数及び女性の就労率が比例して増加しているため、保育施設利用者数の増加は、女性の就労率増加に大きく影響を受けていると推測できる。

　以上の考察から、保育料無償化は人口流入に影響し、そして各自治体による取り組みによっては、保育施設を使いたくても使えない人が増加することがわかった。各自治体が、無償化をただ推し進めるだけではなく、公共の福祉として、どの子どもも保護者も適切なサービスを受けることができるように、保育を取り巻く現状を把握したうえで、適切な対処を行っていくことが非常に重要

である。またそのうえで、保育施設を運営する法人と協力し合いながら、お互いにより良い関係性を築き、連携していくことが重要であると考える。

　SDGs の目標 4「質の高い教育をみんなに」という項目では、2030 年までにすべての男女が無償で初等・中等教育を修了すること、また、職業訓練の平等な機会を提供し、ジェンダーと貧富による格差を解消することで、全世界で質の高い高等教育機会を提供することがこの目標である。幼児教育をすべての子どもに無償で提供することで、初等教育・中等教育の連携がますますスムーズになるのではなかろうか。

　また、SDGs の目標 5 である「ジェンダー平等を実現しよう」では、「外で働くのは男性で、家のことをするのは女性」というような先入観によるジェンダーの不平等や差別をなくすことが目標として掲げられている。子どもを預けられる環境が整えられることで、本調査でも明らかになったように、女性の社会進出を後押しし、ジェンダー平等の社会が構築される一歩となるであろう。

　さて、本題に戻るが今回の調査で、保育が無償化された場合は、人口も増加し自治体への 0 ～ 5 歳児人口の流入が認められたが、一方で待機児童も増加することがわかった。待機児童が増加するということは保育施設を利用したくても利用できず、保育料無償化の恩恵を全く受けられない人も年々増加することがわかった。

　しかし、海外事例内で韓国の事例で示されていたように、保育料無償化における財源の確保をどうするのか、そして財源の運用は適切なのかといったような問題や、無償化したことで保育現場にて生じる弊害や課題などを調査することができなかった。

　幸いにも筆者が勤務している園では今のところ無償化による弊害は出ていないが、無償化によって保育現場には少なからず影響は出てきているという話もよく聞く。よく聞く話では、子どもを預ける親が増える一方で、保育士の確保がままならない法人が多いという問題だ。このように、保育士等を取り巻く環境についてもまだまだ考察の余地があるように思われる。特に保育士の処遇改善と保育の質の関連性については今後、考察の余地のある分野である。機会があれば、それらの点についても詳しく調べることによって、さらに深い考察に

取り組んでみたい。

注

1 守口市ホームページ『「守口市特定教育・保育施設及び特定地域型保育事業の利用者負担額を定める条例」の一部改正案が可決されました』(http://www.city.moriguchi.osaka.jp/lifeinfo/kakukanoannai/kodomobu/kodomoseisakuka/musyouka/1482120338395.html)（最終閲覧日 2018/10/23）。

2 守口市こども政策課『幼児教育・保育の無償化』2018 年。

3 大阪市ホームページ『4・5 歳児にかかる幼児教育の無償化』(http://www.city.osaka.lg.jp/kodomo/page/0000349320.html)（最終閲覧日 2018/11/30）。

4 「静岡・西伊豆町が保育料、給食費を無料化　子育て世代移住促進へ」『産経新聞』2016.2.13 発行。

5 守口市ホームページ『主要な施策　平成 30 年度』(http://www.city.moriguchi.osaka.jp/ikkrwebBrowse/material/files/group/4/3054-5.pdf)（最終閲覧日 2018/12/30）。

6 広報あかし『待機児童対策』2018 年 6 月 27 日（最終閲覧日 2018/12/18）。

7 大東市ホームページ『待機児童ゼロのまちの取り組み』(http://www.city.daito.lg.jp/kakukakaranoosirase/fukushikodomo/kodomo/seisaku/taikijidou/1524620955167.html)（最終閲覧日 2018/12/30）。

8 門真市ホームページ『将来を担う子どもが育つ教育力のあるまち』(https://www.city.kadoma.osaka.jp/shisei/shiseihoshin/hoshin_h23/hito_jitsugen/hito_jitsugen_02.html)（最終閲覧日 2018/12/28）。

9 「加古川市の待機児童、3 年連続で減少」『神戸新聞』2018/5/24。

10 加古川市役所ホームページ定例記者会見『保育所等利用の待機児童数の減少について』(http://www.city.kakogawa.lg.jp/soshikikarasagasu/hisyo/hisyoshitsu/press/heisei30nenndo/1533260089211.html)（最終閲覧日 2018/12/18）。

参考文献

関係閣僚・与党実務者連絡会議『幼児教育無償化について』2017 年 7 月 31 日。

厚生労働省（2017）『保育分野の現状と取組について』。

国立社会保障・人口問題研究所（2017）『現代日本の結婚と出産─第 15 回出生動向基本調査（独身者調査ならびに夫婦調査）報告書─』。

社会保障審議会児童部会『保育所等利用待機児童数調査結果について』2018 年 9 月 21 日。

首相官邸『人づくり革命 基本構想』2018 年 6 月。

総務省統計局『労働力調査（基本集計）平成29年（2017年）平均（速報）結果の要約』平成30年1月30日。

田中智子（2018）「保育の無償化は子育ての社会化につながるのか？」『月間保育情報』2018年11月号，佛教大学，全国保育団体連絡会，p10-12。

内閣官房「幼稚園、保育所、認定こども園以外の無償化措置の対象範囲等に関する検討会報告書」2018年5月。

内閣府『新しい経済政策パッケージについて』2017年12月8日（最終閲覧日2018/12/30）。

内閣府　子ども子育て会議（第36回）『幼児教育の無償化について』2018年7月30日。

内閣府『平成30年版　少子化社会対策白書』2018年。

内閣府子ども子育て本部『子ども・子育て支援新制度について』2018年5月（最終閲覧日2018/10/23）。

中山徹（2018）「幼児教育無償化が地域に与える影響—無償化までに地域で何を検討すべきか—」『月刊住民と自治』2018年9月号，自治体問題研究所。

中山徹（2018）「保育施設のあり方を考える—新制度、公共施設等総合管理計画、無償化の影響—」『月刊保育情報』2018年6月号，p.10-15，全国保育団体連絡会。

裵海善（2014）「韓国の保育政策と保育所利用実態」pp.173-175。

守口市教育委員会『公立幼稚園の運営に係る基本方針』平成21年3月。

渡邊恵子（2015）「諸外国における就学前教育の無償化制度に関する調査研究」国立教育政策研究所，pp.1-125。

第4章

就学前教育における子どもの育ちに関する 実証研究

小田　美奈子

Ⅰ　はじめに

　2012年に成立した子ども・子育て関連3法に基づき、2015年子ども・子育て支援新制度が施行された。2017年には幼稚園教育要領、保育所保育指針、幼保連携型認定こども園教育・保育要領の改訂が行われ、「幼児期の終わりまでに育ってほしい姿」が明確化された。就学前教育施設の多様性が増す中、教育保育の質の重要性が論じられるようになっている。就学前教育の考え方やカリキュラムの中で特に注目を浴びているのは、「非認知能力」というキーワードである。

　「非認知能力」とは、新要領、新指針では「学びに向かう力、人間性等」とも呼ばれ、学力や技能とは異なり、「目標の達成（忍耐力、自己抑制、目標への情熱）」「他者との協働（社交性、敬意、思いやり）」「情動の抑制（自尊心、楽観性、自信）」など数値化されにくい特徴を持つとされている（佐々木［2018］）。小中学校以降の学力について、知識を詰め込む一方の学習方法から、獲得した知識をいかに応用できる力を培うかという議論が盛んになりつつあることと、就学前教育が学校教育の早期化ではなく、自覚的な学習に向かう前に幼児教育の三つの資質・能力（「知識・技能の基礎」「思考力・判断力・表現力等の基礎」「学びに向かう力・人間性等」）を獲得するために教育保育の質を議論していることは重要なつながりを持つ。それは日本という国が発展していくために今後どのような人材を必要とするかに大きくかかわっている。

　しかしながら近年日本では、急速に進行する少子高齢化社会を前に、子どもの育ちに関して様々な深刻な問題が起こっている。それは家族と子育ての変容によるものだと汐見（2007）は言う。有史以来の家族の形、子育ての文化（地域

や大家族が子育てを支え、子どももまた、地域や家族の中で社会のルールを獲得したり、社会の仕組みに子どもの立場で貢献する）がすっかりなくなってしまい、「家庭内化、女性化、消費化、言語化、過干渉化、過評価化」された中で、子どもの育ちは深刻な問題を起こしているというのである。子どもをめぐる深刻な問題に関してはあとの節で論じたいが、社会の変容そのものが原因であると、今や誰しもの共通理解であるといって過言でない事実に対して、私たちはその事実に向き合ってうまく対応してきただろうか。いつまでも歯止めのかからない少子化、人間関係につまずいて閉じこもってしまう若者たち、安上がり労働の中に投げ込まれ、若年層の貧困は加速化し、さらに少子化に拍車がかかるというデータもある。経済面においても、少子高齢化で労働力の減少が課題としてあげられ、女性の社会進出が解決のカギの一つであるにもかかわらず、育児と仕事の両立を図るための保育サービスの不足、ワークライフバランスが進まない現実がある。そして、厳しい財政運営の中にあって、女性に限らず非正規雇用の増大は社会保障システムの土台を揺るがしかねない。社会の変容に端を発した様々な問題はすべてがつながりあっており、それらの課題に最大限に効果を発揮する多面的な施策が必要とされている。

　複雑化する社会的課題に有効な施策の一つが子育て支援策の充実である事は、すでに様々な分野の研究者によって指摘されているが、本論文では、子どもをめぐる様々な課題に対峙するための糸口の一つとして、就学前教育の重要性を論じたい。そのための手がかりとして、大きく二つの点について取り上げる。一点目は、児童原簿という保育現場で長年蓄積されてきたデータを分析することで、子どもの育ちの現状を明らかにし、様々な子どもをめぐる問題を解決するための糸口や今後就学前教育で問われる保育の質について論じることである。二点目は、就学前教育の世界ではほとんど取り上げられてこなかった、データに基づく実証研究の役割と重要性を述べることである。諸外国では実証研究によって科学的に証明されたエビデンスをもって、すでに実施されてきた施策やこれから実施しようとする施策の有効性を検証してきた。「就学前教育」という保育者・教師と子どもの日々の営みを、何らかの形で点数化したり実測したりすることは実際には難しいものであり、これまで質議論のための調査研究が日本ではほとんどされてこなかった。しかしながら、子ども・子育て支援新制度

が施行されて5年がたとうとする今、"すべての子どもへの良質な生育環境を保障し、子ども・子育て家庭を社会全体で支援する仕組み"作りへの合意を得て、制度をさらに充実させていくためには、どんな課題があるのかを、本研究によって些少なりとも明らかにしたい。

Ⅱ　子どもの育ちをめぐる問題

1. 貧困、格差と子どもの育ち

　バブル崩壊後の1990年代後半から"格差社会"という言葉をよく耳にするようになった。経済成長期には"一億総中流社会"というキーワードに表現されるような、国民の多くが自分の暮らし向きを中程度と感じていた時代があり、比較的格差が少ない社会と言われていたが、高齢化の進行、非正規雇用の拡大など、様々な要因によって格差が広がっているといわれている。そして、"格差社会"という言葉とともに聞かれるようになったのが"子どもの貧困"という言葉である。

　ユニセフ・イノチェンティ研究所「Report Card 13, Fairness for Children」（2016）によると、日本はOECD（経済協力開発機構）加盟国を中心とする41か国中、子どもの貧困率において14番目の高さ15.8％、相対的所得ギャップ（貧困の深さを見る指標）においても8番目の高さ60.21％であった。また、厚生労働省による「国民生活基礎調査」（平成28年版）では、子どもがいる現役世帯全体の相対的貧困率が12.9％であるのに対し、大人が一人の世帯の相対的貧困率は50.8％と、約4倍を越える高い水準となっている。また、畠山（2017）によると日本はOECD加盟国中、ひとり親世帯は高い就業率にもかかわらず、相対的貧困率が非常に高く、ワーキングプアの状態にあるという。

　子どもの貧困に関心が寄せられる中で、貧困が学力とも大きな関連があることが解明されてきている。文部科学省が実施している「全国学力・学習状況調査」の結果をもとにお茶の水女子大学が行った「平成25年度全国学力・学習状況調査（きめ細かい調査）の結果を活用した学力に影響を与える要因分析に関する調査研究」では、家庭の社会経済的背景（保護者の世帯収入や最終学歴）や保護者の子どもへの関わり方（生活習慣、読書、日常コミュニケーション、文化的活

動などが積極的に行われているかどうか）が高い（良い方に働く）ほど、学力も高いことが実証されている。また、耳塚（2014）はかつて実施されていた全国学力テストと近年の全国学力・学習状況調査の結果の比較から、長年課題になっていた学力の地域間格差は日本の教育政策が格差解消に働いたことで縮小しているが、かわって新たな課題として家庭的背景による学力格差が挙げられるのではないかと述べている。そして、お茶の水女子大学教育学研究室が実施している調査結果の分析から、「学校外教育費支出、保護者の子どもに対する学歴期待、家計所得」が大きいほど、学力は高くなる傾向にあるという結果を得ている。耳塚は、学力格差はもはや教育問題ではなく社会問題であり、学力格差を緩和するためには、その基盤として所得格差の緩和や雇用を促進する政策、学齢以前の乳幼児の生育環境格差解消や保育機会の拡充政策を必要としている、と述べている。

　子どもの貧困問題に今までスポットが当てられなかった背景として阿部・側垣（2014）は、貧困という言葉のイメージが絶対的貧困（戦後すぐの日本や途上国のストリートチルドレンなど）を指し、相対的貧困（その社会において当たり前とされる生活ができない状況）が日本においても存在するという認識がなかったことや、日本は家制度の意識が強く、子育てや子どもに関することを社会全体で負担するという認識が薄いことなどを挙げている。私的負担が大きいということは、家庭の経済状況が子どもの生活や育児環境にまともに影響を与えることを意味している。

　山村（2012）は貧困がしばしば「剥奪」という語句で代替されて表現されることの意義を次のように述べている。剥奪という言葉で表現することによって、貧困は、単に個人的要素にのみ起因して発生する事象ではなく、その個人を取り巻く社会的要素との関連の中で発生する事象としてとらえることができる。それは、貧困状態が本人の意思や制御可能な範囲を超えたところで起きているという点が強調されることであり、子どもの貧困は大人の場合よりも剥奪の概念を適用させることが比較的容易になる。貧困によって物質的なものだけでなく、適切な教育や心身の発育の機会を剥奪され、さらに時には適切な親からの養育や大人としての適切な考え方や価値観を得る機会も奪われていると捉えることができ、貧困や剥奪の世代間継承が起こる。この深刻な問題は現在進行形

の課題であり、子どもの貧困問題であると同時に養育者である大人の貧困の問題でもあり、労働や子育てにおける社会的な問題も関わっている。山村も耳塚と同様、子どもの貧困にまつわる様々な問題の解決のためには、現在貧困状態にある子どもたちのケアという側面と、その社会的構造の変革という側面の両者における効果的な取り組みが求められると述べている。

2. 虐待問題と子どもの育ち

　厚生労働省「児童虐待相談の対応件数及び虐待による死亡事例件数の推移」によると、統計を開始した1990年には1101件だった相談件数は2017年には13万3778件にまで増加しており、特に近年の増加率には目をみはるものがある。年々増加し、社会問題化していく児童虐待について国は、児童福祉法、民法の改正、2000年施行の「児童虐待の防止等に関する法律」（以下「児童虐待防止法」）などによって制度の充実を図り、対応してきた。厚生労働省の平成28年度のデータでは、心理的虐待（51.5％）が最も多く、ついで身体的虐待（26.0％）となっている。虐待を受けた子どもの年齢では就学前児童が45.1％と半数近くを占めており、死亡事例のうち、6割強を0歳児が占めていることから見ても、児の年齢が低いほど死亡につながりやすく、リスクが高いことがわかる。

　児童虐待相談件数の増加の背景には、子どもの権利条約が採択され、日本も1994年に批准、国際的な子どもの権利、福祉への関心の高まりとともに児童虐待問題がクローズアップされるようになったことが挙げられる。また、児童虐待防止法制定、改正以降は通告が義務化され、医療、教育、福祉関係者など児童虐待を発見しやすい立場にある者はもちろんのこと、通告の対象が“児童虐待を受けた”から“児童虐待を受けたと思われる”に拡大されてからは、近隣からの泣き声通告なども増えている実態がある。加速化する核家族化、少子化問題と絡んで90年台以降、子育ての孤立化、負担感の増大が言われるようになったことも児童虐待増加の背景に大きく関わっている。このような児童虐待の背景とともに児童虐待問題がメディアで取り上げられることも多く、防止に向けた広報啓発の取り組み（推進月間の設定やポスター、オレンジリボンキャンペーンなど）は、児童虐待問題への関心の高まりに大きな役割を果たしている。

児童虐待問題はメディアで取り上げられる際にケースとしての個別性を強調されがちであるが、その背景には現代社会が抱える様々な問題が関わっている。児童虐待問題については、1962年アメリカ・コロラド大学医学部小児科教授ケンプが「被虐待児症候群（Battered Child Syndrome)」の存在を報告したことが大きな反響を呼び、社会問題化した。ケンプは虐待が起こる要因の一つとして生活ストレスをあげており、その背景には経済困窮、家族構成（ステップファミリーやひとり親）、夫婦不和（DV）、育児負担が考えられるとしている（小林［2012]）。日本でも、低所得や経済的資源の制約が子どもや子育て家族の社会的不利や困難と密接な関係があると指摘されており、まだまだ実証的データと研究の蓄積が少ないものの、子ども虐待問題と低所得・貧困の関連は示されている（松本［2013]）。実際にある都道府県の調査事例では、虐待ケースの多くが生活基盤の脆弱性（失業、借金、経済的困窮、生活保護受給など）、社会的孤立（公的にも私的にも支援者なしの状態）、養育者の心身の問題（精神疾患、知的障害、アルコール問題など）、子ども自身の育てにくさ（身体、知的、発達などの様々な障害、不登校、非行など）等と深い関わりがあることが数値で示されている。また、それらの不利と困難の諸要因は複合的に重なり合っていることで子ども虐待をより複雑化、深刻化していることも明らかになった。

　児童虐待問題と低所得・貧困の関係はそれだけにとどまらない。生活基盤の脆弱性により家族の支援が見込めない被虐待児が、十分な教育を受ける機会がないことや家族の経済的支援がないことで、社会的自立にも不利な状況が生み出されており、虐待の予防や生活困難層への子育ての家族支援と生活基盤の安定を図る必要があると大澤（2013）は述べている。複合的に重なり合う社会的不利はその複雑さ、深さゆえに連鎖を断ち切ることが困難であり、十分な社会的支援の構築が必要とされている。

　子ども虐待に関しての研究や報告は臨床現場からのものが多く、被虐待児一般の発達プロセスについては、日本ではほとんど研究が行われていないと数井（2003）は述べており、実証研究の盛んなアメリカにおいて実施された追跡調査などの結果から、被虐待児は学習意欲の減退や学業成果の悪化など基礎学力が大幅に低下していること、また、攻撃性が高くて仲間から拒絶や無視を受けやすいという対人関係の問題を抱えやすいことなどをあげている。日本において

は不適切な関わり（マルトリートメント）が脳の成長に大きな影響を及ぼすとして福井大学の友田らの研究が大きな関心を呼んでいる。友田（2017）によると、過度なマルトリートメントを受けることで脳が通常とは異なる適応をしはじめ、結果としてその部位や領域が変形したり、働き（機能）が変わってしまうことが明らかになっている。また、脳がダメージを受けることで子どものその後の発達に大きな影響を与え、発達に遅れがみられたり、反社会的行動を取るようになることも実証されている。一度傷ついた脳が再び回復し、子どもが社会に適応できるようになるまでには長い時間が必要であり、マルトリートメントと脳の関わりについての研究を深め、虐待をうまない子育てを支える社会づくりを友田は主張している。

3. 保育の質について

大宮（2006）、汐見（2008）らによると、保育の質は欧米を中心に80年代から90年代にかけて盛んに取り上げられ、研究が進んできた。アメリカでは貧富の差の拡大と人種差別問題が大きな社会問題化していた背景があり、教育による平等な社会の実現に向けたヘッドスタート計画をはじめとした様々な事業が早くから取り組まれており、効果的なカリキュラムとは何かを探る研究がすでになされていたことも、保育の質の研究を広げる土壌になっていたと考えられる。一方、OECDを中心とした欧米の先進諸国では、経済発展による労働人口の確保には女性の労働市場への参加を増大させることが大変重要であり、そのために女性が仕事と家庭を両立させられる環境を整えること、男女平等社会の実現に向けた改革、急速に進む少子高齢化問題への対処、などが保育教育への投資、公共政策の充実の背景にあるとされている。また、社会の変化に伴って移民の問題も大きく関わっている。移民を多く受け入れているヨーロッパ諸国では、貧困と格差の問題が様々な課題を生み出しており、子どもの貧困率の上昇や、貧困の連鎖などに対応するため、国を挙げて質の高い乳幼児期の教育とケア（Early Childhood Education and Care：以降ECECと表記）に投資することに力を入れるようになった。

ECECを推し進めるにあたり、各国はどのようなECECサービスが財政面や発達面において有効なのかを様々な研究によって明らかにしてきた。実証研究

の盛んな国では、質を測る評価基準にも数値を重視し、誰もが目で見てわかるエビデンスを示すことで共通の理解を得ようとする傾向がある。中でもアメリカはもっとも研究が進んでおり、それらは世界中の多くの国に影響を与えている。林（2014）は、アメリカではピアジェの認知発達理論と実証主義の科学観に支えられた発達心理学をベースにして保育の質研究が進んできたという。保育の質とは何か、何をもって質が高いと言えるのかをきちんと科学的に証明されたエビデンスをもって明確にすることが重視されたのである。日本では現在もECECに関する実証的な研究は少なく、質についての議論も十分ではない。OECD保育白書（2006）は各国に、ECEC政策立案のためにはECEC研究をさらに発展させていく必要があり、それは国の枠組みを超えて組織化された研究機関などで研究・政策・実践のつながりをよくすることでECEC研究をさらに促進することになるとしている。

　政策研究、国際比較研究、プログラム評価に関する研究など、ECEC研究には様々な切り口があるが、中でも各国の長期縦断研究からほとんど共通した要因として推測されていることは、知的能力は一時的に学業成績に反映されるものの、その後消失する（差はなくなる）のに対して、社会性やコミュニケーション能力、意欲や積極性などはその後の長い人生に大きな影響を及ぼすということである。ペリー就学前計画においては「動機的・情意的要素は学校教育段階においても有意差がみられる。質の高い保育を受けた子どもが自己の力を実感し、かつそのことが周囲の人からの評価・期待を高めたという経験の中で学校への意欲は作り出されたものであり、それ自体が一つの独立的変数として、その後の長期にわたる学習や社会行動の発達にプラスの効果を生み出した」（大宮［1996］）、米国の複数の幼児教育プログラムの効果に関するメタ分析では「認知能力への効果は学年と共に下がっていくものの、かなりの大きな効果をもたらすこと、認知能力だけでなく、社会情緒的な能力への効果や学校教育への効果は年齢によって変わることなく、プログラムが良質なほどその効果も大きい」（秋田・佐川［2011］）と紹介されている。また、ペリー就学前計画の研究結果をもとにアメリカの経済学者ヘックマンは「就学後の教育の効率性を決めるのは、就学前教育にある」「恵まれない境遇にいる子ども達への教育投資は、公平性と効率性を同時に促進するまれな公共政策である」と発表したことは大きな注目

を浴びた（大竹［2009］）。

　OECDを中心とする欧米諸国が幼児教育とケアの重要性に着目し、保育の質研究を深めながら質の定義を確立させてきた一方で、日本では公的保育制度が守られ、「児童福祉施設最低基準」「幼稚園設置基準」などによって一定の保育の質が保たれてきたことを背景に、質に関する議論があまりなされてこなかった経過がある。日本の保育の研究自体は専門性を高めるための実践研究の積み重ねが多く、施策決定の議論材料になるような科学的なエビデンスを示すことによって、社会全体で安心できる子育てや子どもの未来について多くの関心や賛同を得ることができるような、研究方法や評価指標の開発を含めた実証研究数が待たれるところである。

　就学前教育の有用性、重要性を問う議論から、目先の効果だけでない長期的な視点が日本の就学前教育に関する議論には必要であり、限られた財源の中で、就学前教育への投資が、少子高齢化の進む日本の社会にとってどんな役割を果たすのかを明らかにし、多くの人々の合意を得るためにも、質議論は重要な側面の一つである。

Ⅲ　分析方法

1．児童原簿について

　今回の分析では、A市で使用されている児童原簿を用い、発達の記録を数量化して分析を行っている。児童原簿とは、児童福祉法（1947年法律第164号）第45条の規定により定められた児童福祉施設の設備及び運営に関する基準（児童福祉施設最低基準）第14条[1]を法的根拠とした記録簿である。各市町村が保育所設置施行条例規則等により児童原簿の様式を定めており、多くは家族構成、発育歴、身体的状況、健康記録などで構成されている。

　A市では1980年代に公立保育所職員が児童原簿検討委員会を立ち上げ、0歳から6歳までの発達の特徴をおさえ、保育のポイントを確認しながら、数年かけて児童原簿作成に当たっている。そして、児童原簿を「全入所児に共通でかつ小学校卒業年齢まで保存するものであり、入所から退所まで継続使用するものである。」として、家族構成、家庭の状況、児童記録、健康記録の構成で定

図表1．記入例：Aちゃん（H18.7生まれ）

記入する時：5歳6か月　6歳0か月（24年1月、7月）

	5歳	記入	
健康	食事のマナーを守る（挨拶、姿勢など）	○	24年1月と7月の
チェックで項目のよ
うな姿が見られた場
合に○を記入
	身体と食物の関係を知って食べる	○	
	便所を正しく使う	○	
	汚れたら顔や手足をきれいに洗う	○ ◄	
	身体の各部の役割に関心を持ち大切にすることがわかる	○	
	避難訓練の意味がわかり確実に行動する	○	
	危険な物や場所に近寄ったり遊んだりしない	○	
	バウンドしたボールを両手で受ける	25.1 ◄	
	上手投げで投げる	○	
	顔をつけて浮く	25.1 ◄	24年1月と7月の
チェックでは項目の
ような姿は見られず
空欄になっていた
が、さらに半年後
（25年1月）のチェッ
クではできていたた
め、形成月齢を記入
人間関係	良い悪いの区別がわかり考えて行動する	○	
	自分たちで役割を決めてごっこ遊びをする	○	
	外国の人など自分とは異なる文化を持ったさまざまな人に関心を持つようになる	25.3	
環境	身近な動植物をいたわり大切に世話する	○	
	気象、天体などの自然現象に関心を持つ	○	
	物の大中小や重い、中くらい、軽いの区別をする	○	
	ひし形と四角の区別がわかり描く	◄	
	生活に必要な時刻がわかる	○	24年1月と7月の
チェックでは項目の
ような姿は確認でき
なかったため空欄の
ままにし、半年ごと
に姿は確認したが、
修了時点においても
獲得できなかったた
め空欄のまま
	月、日、曜日がわかる	○	
	昨日、今日、明日の区別の関連がわかる	○	
	身近な交通機関や公共施設などに関心を持つ	25.1	
	自分の家とよく知っている場所との道順がわかる	○	
	行事の意味を理解し、よろこんで参加する	○	
言葉	人の話を最後まで注意して聞き内容がわかる	○	
	絵本、紙芝居など見聞きした後内容について話し合う	○	
	身近な標識や記号などがわかる	○	
表現	ハサミを自由自在に使う	○	
	友だちの演奏（歌・楽器）を静かに聴いて楽しむ	○	
	はっきりした言葉で音程、リズムに注意して歌う	◄	
	楽器の正しい扱い方を知り分担奏、合奏をする	25.1	
	経験したり、想像したことを意図的に描いたり作ったりする	○	
	木片、空き箱などを使って立体物をつくる	○	
	グループで協力して共同製作を楽しむ	25.3	
	のこぎりや金づちなどを使って木工製作をする	25.3	

（出所）A市児童原簿

めている。また、幼稚園教育要領との整合性や、保育所保育指針の改定などに伴ってその都度文言や項目の見直しが実施されてきた。

　A市の児童原簿においてもっとも特徴的なことは、A市が保育の質の向上を目指して児童原簿検討委員会を立ち上げ、児童記録を作成したことである。それは他の市町村ではあまり例のない詳細な子どもの発達の記録であるが、A市では児童記録を、子どもを評価するためでなく、一人ひとりの成長発達の積み重ねとして0歳児から就学までを系統的にとらえ、保育を振り返るための記録としてとらえている。個々の子どもの発達や内面の育ちを確認し、発達課題を明らかにしながら次の保育につなげていくためのものとして作成され、児童記録は活用されている。

　「できる」「できない」の結果だけで子どもを見ると、できないことが問題で、できる子にするにはどうしたらよいかという視点が働くが、「できる」「できない」の背後にある要因をつかみ、今後の保育に必要な環境、手立て、関わり方を考えるきっかけにするために児童記録は活用されている。児童記録には成長の目安として年齢別、五領域に設けられたチェック項目と、記述式の総合所見を書く欄が設けられている。項目については次節で詳細を説明するが、発達検査法（乳幼児精神発達診断法・日本版デンバー式発達スクリーニング検査［JDDST-R］・遠城寺式乳幼児分析的発達検査法・新版K式発達検査2001）を参照にして0歳～就学前まで計304項目が設定されている。総合所見については、項目を結果だけでとらえてしまうことなく、その時期の子どもの特徴的な姿や変わりつつある姿などを保育の手だてやクラス集団の様子、今後の課題なども含めて総合的、かつ肯定的にとらえて記録することが求められている。

2.　使用データと分析

　A市では、児童原簿は入所時点から修了または転所、退所になるまですべての子どもについて必ず記載されるものである。児童記録は0歳児からあり、その子の誕生月と半年後の年2回チェックすることになっており、日ごろの様子からおおむね到達できていれば○、到達できていなければ空欄のままにし、半年後にチェックする際に空欄の箇所を振り返って、到達しているかどうかを確認することになっている。振り返った際に到達していれば、確認した年月を記

入することになっている（図表1参照）。今回の研究では、A市の公立保育所19か所に在籍する児童のうち、2012年度（2013年3月）修了児童を対象にした。A市の2012年度修了児童のうち5か所計159名の児童原簿から、｜3歳6か月｜、｜4歳｜、｜4歳6か月、5歳｜、｜5歳6か月、6歳｜、｜6歳6か月、修了時｜の5段階すべてについて、それぞれの項目を月齢相当に通過していれば0点、遅れて獲得していれば1点、修了時点においても未獲得のままだった場合は2点で点数化している。今回のデータでは、入所年齢を保育年数として計算しなおし（例：0歳児入所なら6、5歳児入所なら1）変数として使用している。

　また、児童原簿には記載されていないが、資料として159名の児童の家庭環境についても調査し、点数化した。家庭環境とは、次のとおりである。

①保護者の状況

　　両親がいるか、ひとり親家庭か

②保育料

　　A市では保育料をA～Dまでの4階層に分けている。生活保護世帯はA階層、非課税世帯はB階層、課税世帯はC階層、D階層。

③家庭の状況

　　要支援家庭：障害児や外国籍の家庭のほか、養育に何らかの困難を抱えており、見守りや支援を必要とする家庭。

　　要保護家庭：虐待または虐待の疑いで子ども虐待防止ネットワークの見守りリストに掲載されている家庭。

　　一般家庭：要支援、要保護いずれにも入らない家庭。

今回の実証研究では、児童原簿に基づく子どもの発達得点と調査による家庭

図表2．家庭状況の点数表

保護者の状況	両親がいる	0点
	ひとり親	1点
保育料	課税世帯（C、D階層）	0点
	生活保護、非課税世帯（A、B階層）	1点
家庭の状況	一般	0点
	要支援	1点
	要保護	2点

環境を用いて「保護者の状況」「保育料」「家庭の状況」「保育年数」を独立変数、159名の子どもの発達得点を従属変数として重回帰分析を行った。

　重回帰分析における独立変数として家庭環境を選んだ理由は、日本でも貧困や虐待の問題が就学後の学力に影響を与えている（2章）ことや、諸外国による先行研究でも、家庭環境が子どもの発達に大きな影響を及ぼしていることがすでに実証されてきている（OECD［2006］：日本子ども学会［2013］）という点があげられる。

　日本では就学前の分野での実証研究がほとんどないため、実際の子どもの育ちに家庭環境がどのような影響を与えているのかを見ることや子どもの育ちの現状を見ることは今後の就学前教育や、その質を考える上で大きな役割を果たすと思われる。

Ⅳ　分析結果

1. 記述統計量
　今回使用したデータの発達得点の記述統計量は図表3のとおりである。159名の発達得点を、独立変数（「保育年数」「保護者の状況」「保育料」「家庭の状況」）ごとに表している。

2. 分析結果
　「保護者」「保育料」「家庭」に関しては、様々な社会的不利な状況が発達にマイナスの影響を与えるのではないかと仮説を立てた。また、「保育年数」に関しては、保育を早くから受けることで発達にプラスの影響があるのではないかと仮説を立てた。分析の結果、領域ごとの発達得点をすべて合計し、全年齢の発達得点合計で総合的に分析した結果、すべてにおいて有意な差が確認できた。しかし、年齢ごとに分析すると結果にばらつきがみられた。「保育年数」「保育料」に関しては、3歳6か月時点で有意な差が確認できたのみで「保護者」では有意な結果が得られなかったが、「家庭」はすべての年齢で有意な結果が得られ、発達にマイナスの影響があることが明らかになった。

　「保護者」で仮説と一致しない結果が出たことについて、家庭環境に関する

図表 3. 発達得点の記述統計量

【入所年齢別に見た発達得点】

入所年齢	平均値	人数	標準偏差	最小値	最大値
0 歳	12.47	32	8.179	0	32
1 歳	16.72	43	15.505	2	64
2 歳	14.76	33	12.730	0	60
3 歳	14.93	30	10.744	0	42
4 歳	13.17	12	15.403	0	46
5 歳	21.00	9	15.232	4	46
合計	15.09	159	12.795	0	64

【保護者別にみた発達得点】

保護者	平均値	人数	標準偏差	最小値	最大値
両親がいる	15.64	126	13.267	0	64
ひとり親	13.00	33	10.727	0	47
合計	15.09	159	12.795	0	64

【保育料別にみた発達得点】

保育料	平均値	人数	標準偏差	最小値	最大値
課税世帯	14.62	122	12.446	0	64
生活保護 非課税世帯	16.65	37	13.953	0	60
合計	15.09	159	12.795	0	64

【家庭別にみた発達得点】

保育料	平均値	人数	標準偏差	最小値	最大値
一般	12.16	131	9.055	0	47
要支援	34.35	17	19.824	0	64
要保護	20.27	11	10.919	8	36
合計	15.09	159	12.795	0	64

調査の際、あくまでも書類上の母子、父子世帯を"ひとり親"世帯としてカウントしているが、ひとり親の状況の中にも、親族や身近な支援のあるなしで発達への影響度が違っている可能性が考えられる。また、「保育年数」では、4、5歳児はサンプルが少ないが、入所までの過ごし方（家庭保育だった場合は家庭の状況、何らかの保育サービスを受けて転所してきた経過がある、等）が発達に影響を与えている可能性も考えられる。

「保育料」「保育年数」については、サンプル数の大きさによって結果が変わっているとも考えられる。保育料などの影響が発達にまったく関係がないとはいえないが、今回の分析結果をさらに検証するための実証研究が必要になる。また、あくまで推測であるが、さらなる仮説として次の二点が考えられる。一つは、今回の調査では0、1、2歳の調査を実施していないため明らかにできないが、低年齢ほど家庭の経済力の影響があるのではないかということである。二つ目は、集団生活に入ることで格差の広がりを押さえ、緩やかに影響がなくなっている可能性が考えられる。秋田（2014）によると、アメリカ国立小児保健・人間発達研究所（NICHD）のデータでは、世帯の年収により保育の質や保育を受けたかどうかが子どもの発達に影響を与えるという。保育の質が高いほど収入ごとに見た子どもの発達を示すグラフの傾斜が緩やかであり、幼稚園や保育所などの就学前施設に行かなかったり、質の低い保育を受けた子どもの発達線は年収によって差が大きいという結果が実証されている。今回の分析結果をさらに検証するためには、さらに多様な保育施設での調査や保育施設を利用せず家庭で育つ子どもとの比較など、実証研究を重ねることでより明確になる可能性がある。

「家庭」についてはどの分析においてもかなり強い結果が出ており、要支援、要保護の子どもは、家庭の影響力が強く、保育だけでは低年齢からの積み重ねが難しいという事ができる。

V　結論

今回のデータはA市の公立保育所に在籍する子どもとその家庭のデータである。一人の子どもの得点をすべて合計した得点は四つの独立変数すべてにおい

図表4. 発達得点と家庭状況の重回帰分析

	3歳6か月 4歳	4歳	4歳6か月 5歳	5歳6か月 6歳	6歳6か月 修了時	全年齢
保育年数	0.027*** (0.010)	0.007 (0.010)	0.003 (0.009)	0.007 (0.010)	-0.005 (0.010)	-0.016*** (0.003)
保護者	0.056 (0.031)	0.025 (0.030)	0.034 (0.029)	0.056 (0.037)	0.062 (0.036)	0.049*** (0.015)
保育料	-0.064** (0.029)	-0.036 (0.028)	-0.048 (0.029)	-0.051 (0.036)	-0.035 (0.035)	-0.055*** (0.015)
要支援	-0.304*** (0.039)	-0.366*** (0.037)	-0.312*** (0.037)	-0.323 *** (0.046)	-0.348*** (0.045)	-0.352*** (0.019)
要保護	-0.116*** (0.042)	-0.113*** (0.041)	-0.125*** (0.043)	-0.119* (0.055)	-0.132** (0.054)	-0.114*** (0.022)
決定係数 サンプル数	0.426 138	0.451 141	0.362 153	0.291 159	0.314 159	0.347 749

（注）カッコ内は標準偏差　　　*** は1％水準、** は3％水準、* は5％で有意

て結果に有意な差が認められたが、得点を細分化していくと有意な結果が得られない項目もあった。子どもの発達が保育の質（施設の種別や保育者（教師）の経験年数、カリキュラムの内容など）によって影響を受けることは諸外国の先行研究によって既に言われているが、今回の研究が公立保育所のみの狭い範囲のデータであったことから、この研究によって四つの独立変数が子どもの育ちに与える影響をすべて説明できるとは言いがたい。しかし、結果にばらつきが見られたとはいえ、特に家庭の状況（要支援、要保護家庭）についてはどの分析においても有意な差が確認できている。今回の結果だけを見ても、家庭の経済力や家庭の状況が子どもの育ちに何らかの影響を及ぼしている可能性は大いにあり、それをさらに検証するためには、今回調査の対象にならなかった0、1、2歳児や認可、認可外を問わずあらゆる就学前施設での調査を実施し、実証研究によって明らかにしていく必要がある。子ども・子育て支援新制度において、給付の一体化と地域型保育給付の創設は大きな特徴の一つであるが、地域型保育給付においては、都市部における待機児童解消を担う役割として主に0、1、2歳児の保育の受け皿になっている現状がある。新制度によって多様な保育サービスが拡充される中、保育に関する実証研究で家庭の影響や保育の質が子どもの育ちとどう関連しているのかに着目し、少子高齢化が進む中で社会を発展させていくにはどのような人材育成が必要なのか、またそのために子どもを

育てる社会や教育システムに必要とされている改革とは何かという、将来を長期的に見据えた議論が求められている。

　21世紀に求められる汎用的な資質・能力を定義し、それを基礎にカリキュラムを開発する動きは世界の潮流であり、「キーコンピテンシー」「21世紀型スキル」などの定義のもと、知識、技能だけでないこれからの社会に求められる資質能力が模索されている。日本においても「生きる力」の基礎として思考力、実践力を養うカリキュラムが求められているとされており（VIEW21 ［2014］）、子どもの育ちに様々な課題が見えている今、就学前教育で何に重点を置くのか、長期的な視点と科学的なエビデンスを伴った教育保育の質の追求が、社会の変遷に伴う子育て文化の衰退に歯止めをかける一つのきっかけになると考える。

　家庭環境が子どもの育ちに影響を与えていることが間違いないとすれば、子どもたちへの支援は子どもの分野にだけ限定されるものではなく、家庭への支援の必要性を意味することになる。ところが、日本では子どもの分野の支出も家庭全体への支出も諸外国に比較して非常に低く抑えられている現実がある。日本では、多くのOECD諸国と比較して、貧困や格差によって引きおこされる社会的不利や教育の問題を解決するための様々な施策に対する公的支出が極端に少なく、私的負担が大きい。例えば家族関係給付の対DGP比（2009年）ではOECDの平均以下、33か国中27番目、就学前教育への投資では公的支出はメキシコに次ぐ2番目の低さである（Social Expenditure Database, 2013）。また、図表で見る教育（2018）によると就学前教育に対する支出の対GDP比（2015年）において34か国中2番目の低さ（OECD平均0.6%に対し日本0.2%）である。公的支出が低く、私的負担が大きいことは貧困と格差の問題でも、家庭の状況によって子どもたちが置かれる立場にますます格差が生まれることを意味している。

　ユニセフ・イノチェンティ研究所の『レポートカード14　未来を築く：先進国の子どもたちと持続可能な開発目標（SDGs）』は、国連で2015年に採択されたSDGsのうち、子どもに最も関連が深いと考えられる10の目標に焦点をあて、先進国の子どもたちの状況を比較、分析している。その中で日本は高い経済力にもかかわらず、貧困率や格差（貧困の深さ）では依然としてOECD諸国の中でも目標達成率が低い。また、基礎的学習習熟度が非常に高いにもかかわら

ず、社会経済階層による学力格差を示す指標では格差が大きいことを示している。OECD 諸国の国家間の経済力の差だけでなく、一つの国においてもこうした格差が生まれている現状について、早急な課題解決が求められると『レポートカード 14』は主張しており、SDGs の観点から「誰一人取り残さない、子どもたちの状況を改善し、公平性と持続可能性を達成する」ことを提言している。

　エスピン - アンデルセン（2008）は、強い家族主義の伝統をもつ日本でも、社会構造の変化、女性の社会的地位の変化によって家族主義による政策が機能しなくなった今、保育や介護の問題を「脱家族化」する必要があると述べている。保育サービスの充実、ワークライフバランスの推進、非正規雇用の問題による就労の不安定化解消など、子どもと家族を取り巻く課題は大きい。限られた財源の中で費用対効果の高い仕組みづくりを構築していくためには、一部の教育保育関係者や、子育て世帯のみの関心や議論にとどまらない、広く社会全体の問題であるという意識を私たちは持つべきであり、強い家族主義から "社会で子どもを育てる" ことが当たり前の社会へと変わっていくためには、だれもが納得できるような科学的エビデンスを示し、それを施策に活かしていくことが重要になる。本研究により、子どもの育ちに明らかな家族環境の影響が確認できたことは、日本においても貧困、社会的不利の状況から生まれる機会不平等のための施策が大変重要であることを示している。本研究を実証研究の小さな一歩として、さらなる実証研究が進むことを期待したい。

注

1　児童福祉施設最低基準 14 条（児童福祉施設に備える帳簿）

　　「児童福祉施設には、職員、財産、収入および入所している者の処遇の状況を明らかにする帳簿を整備しておかなくてはならない。」

　　なお、2012 年児童福祉法の改正により、「児童福祉施設最低基準」は「児童福祉施設の設備及び運営に関する基準」に名称が変更された。

参考文献

秋田喜代美（2014）「就学前教育や保育の質が与える子どもの発達への影響」『ソーシャルアクション』No.2、p.30-31。

秋田喜代美・佐川早季子（2011）「保育の質に関する縦断研究の展望」『東京大学大学院

教育学研究科紀要』（51），pp.217-234。

阿部彩・側垣一也（2014）「子どもの貧困とは」『月刊福祉』June, pp.12-21。

エスピン‐アンデルセン，G（2008）『アンデルセン、福祉を語る～女性、子ども、高齢者』NTT 出版。

OECD（2006）『OECD 保育白書～人生の始まりこそ力強く：乳幼児の教育とケア（ECEC）の国際比較』明石書店。

OECD 編著（2018）『図表でみる教育　OECD インディケータ』明石書店。

大澤真平（2013）「被虐待児の教育機会と社会的自立」松本伊智朗編著『子ども虐待と家族──重なり合う不利と社会的支援』明石書店，pp.126-141。

大竹文雄（2009）「就学前教育の投資効果から見た幼児教育の意義─就学前教育が貧困の連鎖を断つ鍵となる─」『BERD』No16, pp.30-32。

大宮勇雄（1996）「保育カリキュラムの『構造化』と子どもの生活経験の質～欧米における『保育の質』研究の到達点（1）」『福島大学教育学部論集』（60），pp.91-110。

大宮勇雄（2006）『保育の質を高める』ひとなる書房。

数井みゆき（2003）「子ども虐待─学校環境に関わる問題を中心に─」『教育心理学年報』Vol.42, pp.148-157。

厚生労働省「国民生活基礎調査」（平成 28 年版）。

厚生労働省「児童虐待相談の対応件数及び虐待による死亡事故事例件数の推移」。

国立大学法人お茶の水女子大学（2014）「平成 25 年度全国学力・学習状況調査（きめ細かい調査）の結果を活用した学力に影響を与える要因分析に関する調査研究」pp.1-70。

小林美智子（2012）「虐待はなぜおこるのか？　保育所の役割を考える」A 市職員研修資料。

佐々木晃（2018）「0～5 歳児の非認知的能力」チャイルド社。

汐見稔幸（2007）「現代の家庭と子育て」『日本の子ども家庭福祉──児童福祉法制定 60 年の歩み』明石書店，pp.81-90。

汐見稔幸（2008）「日本の幼児教育・保育改革のゆくえ」泉千勢・一見真理子・汐見稔幸編著『世界の幼児教育・保育改革と学力』明石書店，pp.335-359。

友田明美（2017）『子どもの脳を傷つける親たち』NHK 出版。

日本子ども学会編（2013）『保育の質と子どもの発達～アメリカ国立小児保健・人間発達研究所の長期追跡研究から』赤ちゃんとママ社。

畠山勝太（2017）「ひとり親世帯の貧困緩和策～OECD 諸国との比較から特徴を捉える」シノドス国際社会動向研究所（http://synodos.jp/society/19382　最終閲覧日 2020 年 5 月 24 日）。

林悠子（2014）「保育の『質』の多様な理解から見た『質』向上への課題」『福祉教育開

発センター紀要』（11），pp.1-15。

林悠子（2014）「保育の『質』として語られてきたこと」『佛教大学社会福祉学部論集』
　　（10），pp.49-65。

ベネッセ教育総合研究所（2014）『VIEW21』vol.4, pp.42-47。

松本伊智朗（2013）「子ども・家族が直面する複合的困難」松本伊智朗編著『子ども虐
　　待と家族——重なり合う不利と社会的支援』明石書店，pp.20-36。

耳塚寛明（2014）「学力格差の社会学」耳塚寛明編著『教育格差の社会学』有斐閣アル
　　マ，pp.1-17。

耳塚寛明（2014）「教育格差を考える：だれが学力を獲得しているのか？」『お茶の水地
　　理学会講演要旨』pp.102-106。

山村りつ（2015）「子どもの貧困をどうとらえるべきか」埋橋孝文・矢野裕俊編著『子
　　どもの貧困／不利／困難を考えるⅠ』ミネルヴァ書房，pp.47-67。

ユニセフ・イノチェンティ研究所（2016）『Report Card 13, Fairness for Children』

ユニセフ・イノチェンティ研究所（2017）『Report Card 14, Building the Future』

Social Expenditure Datebase（2013）https://www.oecd.org/social/expenditure.htm
　　（最終閲覧日 2020 年 5 月 24 日）

第 5 章

親子の多様なニーズにこたえる地域子育て支援拠点事業

I　はじめに

　保育所等の利用率は年々増えており、2019 年 4 月現在、ゼロ歳児の 16.2%、3 歳未満児では 37.8% に達している。とはいえ、裏返せばゼロ歳で 8 割以上、3 歳未満でも 6 割以上が在宅で育てられていることになる。日本でも、少子化が進む中で孤立に陥りやすい在宅子育て家庭の育児困難に目が向けられるようになり、民間および行政による支援が進められてきた。その中心的な役割を果たす「場」として、ふだんは家にいる親と子が気軽に集い、情報を得たり相談したりできる「地域子育て支援拠点」が、全国 7259 か所（平成 29 年 4 月時点）に設置されている。

　この章では、こうした「拠点」が、子育てを始めたばかりの家庭の支援にどう役立っているかについて、利用者アンケートを通じて分析し、「拠点」が親たちの育児不安を軽減するメカニズムを明らかにする。また、地方、ニュータウン、外国人の多い地域など、様々な特色を持つ地域の「拠点」のヒアリング調査をもとに、親子の「つながりづくり」に向けて各「拠点」が取り組んでいる試みや配慮などについて分析・検証する。そして、多様なニーズにこたえ、ダイバーシティの推進を見据えた地域子育て支援拠点事業の将来像について提言する。

Ⅱ　「地域子育て支援拠点事業」の展開

1．地域子育て支援拠点事業の沿革

　「地域子育て支援」が児童福祉の中に位置づけられたのは、さほど古いことではない。戦後日本の児童福祉施策は、基本的には「保育に欠ける児童」を含めた要保護児童を対象としており、家庭で保育されている児童に対する支援は、1980年代まではほとんど実施されていなかった。1980年代後半に入って、ようやく園庭開放などの保育所の地域に向けた活動が求められるようになり、1987年には「保育所機能強化費」の予算措置が始まり、1989年には「保育所地域活動事業」が創設された。1993年には、地域全体で子育てを支援する基盤を整備するために「保育所地域子育てモデル事業」が創設された。これが、地域子育て支援拠点事業の原型となる。実施主体は市町村だが、保育所などの社会福祉法人への委託で展開され、①育児不安等についての相談指導、②子育てサークル等の育成・支援、③特別保育事業の積極的実施を事業内容としている（橋本［2009］p.19）。

　1994年に策定された「今後の子育て支援のための施策の基本的方向について（エンゼルプラン）」の中では、社会全体で子育てを支援していくことが提起され、「子育て支援」という文言が初めて施策に登場した。1995年には、「保育所地域子育てモデル事業」が「地域子育て支援センター事業」に改められ、同年に策定された「緊急保育対策等5カ年事業」にも在宅子育て家庭に対する子育て支援の整備が盛り込まれた。1999年に策定された「重点的に推進すべき少子化対策の具体的実施計画について（新エンゼルプラン）」では、保育事業だけでなく雇用、母子保健、相談、教育等の事業も盛り込まれ、子育て支援のための幅広い計画が策定された。

　「地域子育て支援センター事業」が保育所の事業として展開された一方で、1990年代以降、全国各地で子育て当事者による子育てサークル活動や、子育てネットワーク活動が活発になった。2000年に入ると、子育て当事者がNPOを設立し、民家や空き店舗、公共スペースなどを活用して親子のつどいと交流の場を開設する、という動きが各地でみられるようになる。2002年には前述した「少子化対策プラスワン」に盛り込まれた「すべての子育て家庭の支援」の具体

策として、「つどいの広場事業」が国の補助事業として始まった。2004年には全国で171か所だったが、同年策定の「子ども・子育て応援プラン」では5年後に1600か所、地域子育て支援センターと合わせて6000か所を整備し、全国の中学校区の6割で実施するという数値目標が設けられている。

2007年には「つどいの広場事業」と「地域子育て支援センター事業」が統合され、「地域子育て支援拠点事業」となり、2008年には児童福祉法に明記され、第二種社会福祉事業として法定化された。2010年に策定された「子ども・子育てビジョン」では、「社会全体で子育てを支える仕組み」の一つとして拠点事業が位置づけられ、より充実が図られることとなった。2012年8月に成立した子ども・子育て支援法では、地域子ども・子育て支援事業の一つとして市町村が実施する事業と位置づけられ、2018年度において7431か所で実施されている。

2. 地域子育て支援拠点事業の内容と目的

子育て中の親子が気軽に集い、相互交流や子育ての不安・悩みを相談できる場を提供し育児不安を解消することが、地域子育て支援拠点事業の主たる目的である。実施主体は市町村で、地域の子育て支援機能の充実を図る取り組みを実施することとしている。基本事業の内容は、乳児又は幼児及びその保護者が相互の交流を行う場所を開設し、子育てについての相談、情報の提供、助言その他の援助を行う事業とし、週3日以上1日5時間以上の常設の場を設け、おおむね3歳未満の就園前の子どもと保護者を対象に①子育て親子の交流の場の提供と交流促進、②子育てに関する相談・援助、③地域の子育て関連情報提供、④子育て・子育て支援に関する講習等、を実施することが規定されている。従事者は、子育て支援に関して意欲があり、子育てに関する知識・経験を有する者を2名以上置くことになっている。実施場所は、保育所、公共施設の空きスペース、商店街の空き店舗、民家、マンション・アパートの一室等の活用や児童福祉施設等での実施も想定されるようになっている。

厚生労働省によると、2歳未満の乳幼児を在宅で育てている子育て家庭は、全体の約8割となっている。言い換えれば、拠点事業の利用者は、未就園の子どもと、その子どもを在宅で育てている親、と考えられる。概ね中学校区に1か所を整備する、という目標数値をあげている拠点事業は、子育て中の親子が

ベビーカーを押して気軽に訪ねられる身近な相談場所であり、子どもと親が集まる居場所である。さらに、NPOなど多様な主体の参画による地域の支えあい、子育て中の親子の支えあいにより、地域の子育て力を向上させていくことも期待されている。

　こども未来財団の委託で渡辺顕一郎らが作成した「地域子育て支援拠点ガイドライン」では、「地域子育て支援拠点は、親同士の出会いと交流の場であり、子どもたちが自由に遊びかかわりあう場でもある」と位置付けている（渡辺［2011］p.88）。親は親で支えあい、子どもは子どもで育みあい、地域の人たちが親子を温かく見守ることが、子育ち・子育てにおいては必要不可欠な経験となる。すなわち、地域子育て支援拠点は、親子・家庭・地域社会の関わりをつくりだす場である、と説明されている。

　さらに、1990年代以降急増した児童虐待への対策としても、地域子育て支援事業の果たすべき役割が期待されている。2004年の「子ども・子育て応援プラン」では、「児童虐待により子どもが命を落とすことがない社会になる（児童虐待死の撲滅を目指す）」として、児童虐待防止ネットワークの全市町村での設置をはじめ、児童虐待対策のメニューが位置づけられた。児童虐待防止ネットワークは、2004年に「要保護児童対策地域協議会」として法定化された。代表者会議、実務者会議、個別ケース検討会議の3層で組織され、福祉、教育、医療、保健、司法など、子どもに関わる様々な分野の人や機関がネットワークを組んでおり、地域子育て支援拠点が参加している市町村も多い。

　加藤曜子（2010）は、児童虐待は特定の人が行う特別なことではなく、育児不安などのストレスとなる諸条件が重なる延長線で発生する現象であり、できるだけ早期に発見し、ストレスの軽減や相談体制をとること、支援を行うことが予防に効果的である、と指摘する。その観点から、①出産前からの情報提供・支援②子育ての情報提供③子育ての相談④子育ての仲間づくりなどの応援や場の提供⑤子育ての子どものニーズに応じた相談や社会資源紹介・利用⑥積極的な家庭訪問、家事サービス利用、の6つを虐待発生予防の支援領域として掲げ、対象となる親子をエンパワメントする形での地域子育て支援の重要性を強調している。例えば大阪府茨木市では、市内に12か所ある地域子育て支援拠点（名称は「つどいの広場」）で、要保護児童対策地域協議会で対応していたケー

スの親子を受け入れ、子育て支援総合センターや幼稚園・保育所と連携して日々の見守りや相談にあたってきた事例が報告されている。

3. 地域子育て支援拠点事業の実際

　厚生労働省の 2018 年度のまとめ（交付金ベース）では、常設の地域子育て拠点を設ける「一般型」6555 か所、児童福祉施設などに親子が集う場を設ける「連携型」が 876 か所、計 7431 か所の地域子育て支援拠点が整備されており、前年度から 172 か所増えている。0 ～ 4 歳人口千人当たりでは、全国平均で 1.5 か所となる。福岡（0.7）、神奈川（0.8）、東京（0.9）などの都県では 1 を割っている一方、新潟（3.0）、京都（2.8）、山形（2.6）などの府県では 2.5 を超え、地域によって整備の進み方に差が見られる。

　運営主体別では、社会福祉法人が 37.4 ％で最も多く、市町村直営が 34.5 ％、NPO 法人が 10.2 ％などの順。実施場所は保育所・幼稚園・認定こども園が計 48.8 ％、公共施設や公民館が 21.3 ％、児童館が 14.5 ％、民家・マンションが 4.7 ％、専用施設が 4.2 ％、空き店舗・商業施設が 4.1 ％などとなっている。

　一般型（出張ひろば・経過措置を除く）6195 か所の開催日数をみると、5 日型が最も多く 65.0 ％を占め、6 ～ 7 日型が 20.0 ％、3 ～ 4 日型が 15.0 ％となっている。職員配置は 2 人が 59.8 ％、3 人が 21.5 ％、4 人が 8.4 ％。加算事業として実施している地域の子育て支援活動としては、一時預かり事業が 422 か所、放課後児童健全育成事業が 148 か所、乳児全戸訪問事業・養育支援訪問事業が 71 か所などとなっている。

　こうした公的統計とは別に、拠点の実情をより細かく示すデータとして、NPO 法人子育てひろば全国連絡協議会が 2015 年に実施した「地域子育て支援拠点事業に関するアンケート調査 2015」がある。全国の事業実施団体から無作為抽出で 240 団体に調査表を送り、172 団体から回答を得た（NPO 法人子育てひろば全国連絡協議会 ［2016］）。

　この調査では、運営主体は「NPO 法人」が 29.7 ％、「社会福祉法人」が 23.8 ％、「その他」（市町村直営など）が 33.1 ％となっている。厚労省の調査に比べて NPO 法人の割合が高いのは、社会福祉法人や市町村は複数の拠点を運営している場合が多いためと考えられる。開設曜日をみると、土曜開設が 61.6 ％、

日曜開設が 18.6％となっており、週5日以下の拠点でも、工夫して土曜に開設している拠点が相当数あることがわかる。また、施設内で昼食をとることを認めているか、という問いには、全体の 70.9％が認めていると回答した。NPO 法人運営の拠点では 94.1％が認めているのに対し、社会福祉法人は 56.1％、その他（市町村直営など）は 61.4％と、やや低くなっている。

Ⅲ　拠点事業における子育て支援の分析

1．子育て中の母親の孤立～育児不安に関するアンケートから

　筆者は、子育て中の母親が抱える育児不安と、その軽減のために地域子育て支援拠点事業が果たしている役割を分析するため、2014 年 8 月 15 日から 9 月 30 日までの期間、アンケートによる量的調査を実施した（岡本［2015］）。全国 25 都道府県でそれぞれ地域子育て支援拠点事業を運営している事業者（NPO や市町村など）に対して、拠点事業を利用している母親 25 人ずつに、アンケート用紙を配布するよう依頼をした。拠点スタッフの影響を避けるため、自宅で母親が記入後、用意していた封筒に入れて筆者まで直接投函するという回収方法をとった。625 人に配布したアンケートの内、469 人から回答があり、回収率は 75.0％となった。

　アンケートでは、育児不安に関する先行研究や意識調査などをふまえ、①育児に関わる具体的な負担、②解決できない課題としての悩み、③対象がはっきりしない漠然とした不安、の 3 分類を念頭に 24 の質問項目（尺度）を作成し、拠点事業を利用する前と後について、それぞれの回答を数値化した。さらに、主因子法およびバリマックス法による回転を用い、次の手順で最終的に六つの因子を抽出した。

　① 24 すべての尺度について、利用前・利用後それぞれで因子分析し、因子負荷量から尺度を各因子に分類。利用前と利用後で因子への分類がほぼ同じになるか、それぞれの因子を意味づけることが可能か、という観点から、因子数を 6 に決定した。

　②どの因子についても因子負荷量が低い尺度（子どもが生まれて経済的に苦しい）や、利用前と利用後で因子負荷量が大きく変わる尺度（子育てをしていて孤

立感を感じる／子連れで外出するのがたいへん）を外して、尺度を 21 に整理した。

　③その結果、因子負荷量の閾値を 0.365 に設定すると、各尺度について負荷量が閾値を超える因子が、利用前と利用後で 2 尺度を除き一致した。利用後の負荷量が閾値に達しなかった 2 尺度についても、利用後の負荷量はそれぞれ 0.303 と 0.341 で、いずれも他の因子の負荷量を大きく上回った。

　④また、三つの尺度（子育てに自信がなくなることがある／子どもができてから、イライラが増えた／日常のグチを言う人がいない）では、利用前・利用後とも負荷量が閾値を超えた因子が二つ存在した。「子どもをかわいいと思えないことがある」についても、因子 2 で利用前・利用後とも閾値を超えたのに加え、因子 1 でも利用前で 0.488、利用後で 0.331 と他の 4 因子を大きく上回った。

　⑤そこで、21 尺度を 6 因子で分類し、そのうち四つの尺度については 2 因子にまたがって分類したうえで、因子の名づけを以下のように試みた（図表 1）。

【因子Ⅰ】自信不足……子育てに自信が持てず、子どもや周囲との心理的問題を抱える
【因子Ⅱ】体力・気力不足……体力的・心理的な疲れ。子育てにパワーが足りない
【因子Ⅲ】情報・仲間不足……子育てに必要な情報が得られず、子育て仲間も得にくい
【因子Ⅳ】手助け不足……子育てへの支援が少なく、不満を聞いてくれる人もいない
【因子Ⅴ】配偶者参加不足……配偶者が子育てへの関心を欠く
【因子Ⅵ】安心不足……漠然とした子育てへの不安

　さらに、六つの因子それぞれについて、分類した尺度の数値の合計を 10 点満点に換算した「不安要素点」を求めた。24 の尺度（因子に分類できなかった三つの尺度も含む）についても、拠点の利用前・利用後での変化を観察した（図表 2）。また、不安要素点や各尺度の数値について、それぞれの相関関係や、アンケートで得られた母親の属性（子どもの人数、家族構成、年齢、居住地、子育てに関する相談相手など）との相関関係についても計算した。

図表1　子育て不安に関する24の質問への回答と因子分析

凡例:
- >0.5
- >0.4
- >0.365

（数字は利用前の因子負荷量。利用後もほぼ同じ数字を示す）

回答平均（非常にそう思う＝4、全くそう思わない＝1）
拠点の利用前
拠点の利用後

質問	利用前	利用後	因子負荷量	分類
うまく子育てができていないと思う	2.46	2.19	.728	自信不足
子どもとどう接したらいいかわからない	2.10	1.83	.689	
子どもにかかわる人間関係で困っている	1.83	1.76	.373	
子育てに自信がなくなることがある	2.70	2.39	.611 / .420	
子どもができてから、イライラすることが増えた	2.64	2.47	.431 / .456	
子どもをかわいいと思えないことがある	1.78	1.65	.488 / .494	気力・体力不足
子育てで、身体的な疲れを感じる	3.01	2.72	.719	
睡眠不足だと感じる	2.81	2.56	.490	
自分の健康や体力に自信がない	2.41	2.33	.485	
幼稚園や保育園のことがわからない	2.80	2.14	.642	情報・仲間不足
子どもと同年代の子どもが近くにいない	2.87	2.09	.512	
子どもの離乳食や食事について困っている	2.47	2.09	.412	
予防接種の受け方などがわからない	1.77	1.54	.467	
日常のグチを言う人がいない	2.50	1.90	.475 / .399	
子育てを手伝ってくれる人がいない	2.45	2.05	.808	手助け不足
急用の時、子守りをする人がいない	2.93	2.58	.601	
配偶者が子育てに協力的でない	1.90	1.80	.887	配偶者協力不足
配偶者が子どもと関わる時間がない	2.43	2.35	.656	
子どもが犯罪・事故に巻き込まれないか心配	3.04	3.03	.655	安心不足
子どもが気がかりで、目を離せない	2.75	2.51	.393	
子どもの将来を考えると心配	2.38	2.33	.366	
子連れで外出するのがたいへん	3.15	2.60		
子どもが生まれて経済的に苦しい	2.14	2.16		
子育てをしていて孤立感を感じる	2.45	1.88		

因子 I / 因子 II / 因子 III / 因子 IV / 因子 V / 因子 VI

図表2　拠点利用前後の6因子の不安要素点の変化

	利用前	利用後	改善度
Ⅰ自信不足	5.62	5.12	0.50
Ⅱ体力・気力不足	6.39	5.88	0.51
Ⅲ情報・仲間不足	6.20	4.87	1.33
Ⅳ手助け不足	6.87	5.61	1.26
Ⅴ配偶者参加不足	5.42	5.19	0.23
Ⅵ安心不足	6.81	6.56	0.25

　その結果、六つの不安要素点いずれについても、拠点事業利用の前後を比較すると、1％水準で有意な改善がみられた（図表2）。中でも、「情報・仲間不足」と「手助け不足」の改善が大きかった。逆に「配偶者参加不足」と「安心不足」については、相対的な改善幅が小さかった。

　一方、24の尺度についても、20尺度で1％水準、2尺度で5％水準で有意な改善が見られた。改善の度合いは、「子どもと同年代の子どもが近くにいない」が0.78、「幼稚園や保育園のことがわからない」が0.66、「日常のグチを言う人がいない」が0.60と目立って高かった。この3尺度はいずれも「情報・仲間不足」の因子に分類される。その他、「子育てをしていて孤立感を感じる」「子連れで外出するのがたいへん」、「子育てを手伝ってくれる人がいない」などの尺度についても0.4以上の改善が見られた。

　アンケートでは、「子育てについてあなたが相談できる人」について、選択肢の中から複数回答で選んでもらった。回答では「自分の親」が最も多く81.0％、次いで「子どもが生まれた後の母親友達」が70.9％、「親子でつどえる場所にいるスタッフ」が68.8％という結果だった。「親子でつどえる場所にいるスタッフ」と答えた人とそれ以外の人について、不安要素点や各尺度の改善幅を調べたところ、六つの因子すべてと13の尺度について、「スタッフ」と答えた人の方が改善幅が有意に高かった。とりわけ、「手助け不足」「情報・仲間不足」の2因子と、「子育てをしていて孤立感を感じる」「日常のグチを言う人がいない」「子どもと同年代の子どもが近くにいない」「子連れで外出するのがたいへん」の各尺度については、「スタッフ」を相談相手と答えた層の方が大きな改善がみられた。

２．子育て中の母親の孤立～「アウェイ育児」の分析から

上の調査を踏まえて、筆者はNPO法人子育てひろば全国連絡協議会の理事
として、前章で紹介した「地域子育て支援拠点事業に関するアンケート調査
2015」の調査研究チームに加わった。この調査では、拠点事業の実施団体を通
じて利用者にもアンケート用紙を配布し、直接郵送してもらう方式で1,175人
の有効回答を得た（NPO法人子育てひろば全国連絡協議会［2016］）。

この調査では、利用者と地域とのつながりに着目し、「あなたが育った市区
町村で、現在子育てをしていますか」という設問を設けた。回答は「はい」が
27.8%、「いいえ」が72.1%で、「自分の育った市区町村以外で子育てする母親」
が7割を超えていることがわかった。研究チームでは、こうした状況を「ア
ウェイ育児」と名付け、拠点の利用前の状況・利用後の改善についての回答と
クロス集計したところ、「アウェイ育児」の母親とそれ以外の母親とで、孤立し
た子育てに関して有意な差が見られた。

拠点利用前の状況については、「子育てをしている親と知り合いたかった」
（アウェイ育児75.1%／それ以外63.6%）、「家族以外の人と交流する機会があま
りなかった（62.1%／46.5%）、「子育ての悩みや不安を話せる人がほしかった」
（59.6%／45.9%）などの項目で、とりわけ大きな差があった。また、「近所で
子どもを預かってくれる人がいますか」という設問に「いいえ」と答えたのは、
アウェイ育児の母親が71.4%、それ以外が30.6%と、2倍以上の開きがあった。

拠点の利用状況についても、月に10日以上利用している母親がアウェイ育児
で39.9%を占めるのに対し、それ以外では29.0%と、大きな差があった。拠点
利用後に得られたこと、変わったことをたずねた設問でも、「子どもの友だち
が増えた」（70.4%／59.9%）、「大人と日常的な会話をする機会が増えた」（69.4%
／57.2%）、「拠点で出会った人たちと交流することが楽しくなった」（66.8%／
54.7%）、「日常生活にメリハリが出てきた」（64.9%／54.4%）などで10ポイント
以上の差があったのをはじめ、全体的にアウェイ育児の状況にある母親の方が、
拠点の効果を感じている割合が高いことがわかった。

Ⅳ　地域子育て支援拠点事業がもたらした効果

1．育児不安の軽減に向けたメカニズム

　地域子育て支援拠点事業は、六つの育児不安の因子すべての改善に有意であったことから、母親が抱く育児不安の軽減に効果を発揮していると評価することができる。筆者の調査では、それぞれの因子について詳しく分析した（岡本［2015］）。

（1）情報・仲間不足にたいして

　地域子育て支援拠点が利用者に提供することを想定している「情報」について、調査では「幼稚園や保育園のことがわからない」「予防接種の受け方などがわからない」「子どもの離乳食や食事について困っている」の設問を取り上げた。いずれの尺度も拠点の利用前後で大きな改善を見せており、「非常に思う」「ある程度思う」の合計がほぼ半減している。

　地域子育て支援拠点で求められる情報は、ほかにもおむつはずし、断乳、偏食、噛み癖、イヤイヤ反抗期などへの対応など、子どもの成長とともに多岐にわたる。これらに対して、テーマを決めて保健師ら専門職の相談日を設定したり、講習の場を設けて意見交換をしたりするなどのプログラムを実施している拠点もある。事業内容に「地域の子育て関連情報の提供」「子育て・子育て支援に関する講習等」が明記されていることもあり、情報面での支援に力を入れている拠点は多く、それらが情報不足による育児不安の軽減に成果を上げていることを調査結果は示しているといえる。

　しかし、今回の結果の分析で注目すべきは、情報不足を示す尺度群と同様の因子負荷量を示す尺度として、「子どもと同年代の子どもが近くにいない」「日常のグチを言う人がいない」が含まれたことだと考える。このため、この因子を「情報・仲間不足」と名付けたが、それは情報不足を解消する手立てが、拠点のスタッフや専門職が知識を一方的に伝達することにとどまらず、同じような課題を抱えている親同士の情報交換にあることを意味している。その証拠に、拠点で交わされる情報は支援者が想定している子育てにまつわる話にとどまらず、日常生活の悩みや、買い物お得情報にまで広がっていく。「子育ての情報が

ほしい」という親の言葉が、「子育ての情報を交換する仲間がほしい」という意味を含んでいることを意識する必要がある。

　実際、拠点の利用前後で最も改善度が高かった尺度は「子どもと同年代の子どもが近くにいない」であり、次が「幼稚園や保育園のことがわからない」、3位が「日常のグチを言う人がいない」だった。「非常に思う」「ある程度思う」の合計値をみても、「同年代の…」が68％から29％、「日常のグチ…」が48％から16％と、顕著な改善を示している。また、「出産後の母親友達」を相談相手としている回答者（n=318）は「情報・仲間不足」の改善度が1.50、していない回答者（n=125）は0.89と、はっきりした差がついた（1％水準で有意）。このように、拠点の利用者の多くは、子どもを介して人間関係が広がることによって、情報と仲間を得ており、そのことを拠点に期待している。前身の事業名が「つどいの広場事業」であり、基本事業として「交流の場の提供・交流促進」があげられているように、拠点の第一の役割が「仲間づくり」「つながりづくり」にあることが、調査からも裏付けられる。

　「日常のグチをいう人がいない」の尺度が大きく改善しているように、拠点での親同士の人間関係は、子育ての苦労話を共有することによる、「共感の輪」ともいえる。かつての井戸端会議の場や公園での交流の風景が衰えている現在の地域社会において、拠点は日常の愚痴や悩みを安心して話せる場であり、情報がストックされていて、必要な情報を得られる場であることが求められる。

　一方、情報や仲間を求めているにもかかわらず、親同士で集まる機会が少なくなり、また親同士で交流がスムーズにはかれない様子を見うけることも増加してきている。支援者は、自然発生的に交流の場が生まれにくくなった時代背景を意識し、子育て仲間を介して親同士の情報交流の機能を発揮できるような工夫をすることが求められる。

（2）手助け不足にたいして

　在宅での子育て家庭は、母親と子どもだけで過ごす時間が長い分、負担感も増大する。子どもの数が増えれば、なおのことである。急な用事ができた時、自分が病気になった時、子どもが複数いる場合どちらかの子どもの用事が発生した時、出産前後の時など、3〜4時間程度の一時預かりのニーズは母親の就

労形態を問わず高く、平成21年の児童福祉法改正では「一時預かり事業」が「子育て支援事業」として位置づけられた。地域子育て支援拠点事業の基本事業の中には、具体的に子育ての手助けをするようなサービスは含まれていないが、拠点の一部では一時預かり事業や、ファミリーサポート事業、訪問事業を展開しているところがある。独自で事業を運営していなくても、手助けを得られるサービスの情報提供をしている拠点は多いと思われる。

「手助け不足」の因子に属する「子育てを手伝ってくれる人がいない」「急用の時、子守をする人がいない」などの尺度の改善には、こうした拠点の取り組みの効果が表れているといえる。因子分析では除外したが、「子連れで外出するのがたいへん」の尺度も大きな改善を示している。ただここで注目したいのは、「手助け不足」と「情報・仲間不足」にまたがる尺度である「日常のグチを言う人がいない」の改善幅が、全体でも3番目に大きい点である。これは、実際に一時預かりなどのサービスを利用するまでに至らなくても、いざ困った事態に遭遇した際に手助けを得ることができるという安心感を得ることができれば、育児不安の改善につながるということを示唆している。

「手助け不足」の改善のためには、具体的なサポートのメニューを整えることと並行して、日常のしんどさへの理解と共感をする視点が欠かせない。また、拠点がサービスを提供する一方向的な支援だけでなく、当事者同士の支えあいの仕組みや関係づくりを促していくことが必要となってくる。

地域子育て支援拠点事業では、四つの基本事業以外の加算事業として、身近な地域とのつながりを促進するための「地域支援」を行うことも求めている。具体的には、多様な世代との連携、地域団体との協働、地域の子育て資源の発掘・育成、家庭訪問などを含んでいる。こうした支援を通じて、拠点だけでなく、地域の多様な人たちが子育て家庭に「手助け」を差し伸べる仕組みづくりができれば、この因子の改善度はさらに上がると予想される。

（3）自信不足にたいして

「自信不足」の因子に属する尺度の多くは、牧野カツ子（1982）が提唱した育児不安の14項目の尺度と内容的に共通する。「うまく子育てができていないと思う」「子どもとどう接したらいいかわからない」は牧野が「育児不安徴候を測

定する項目」として掲げた尺度と重なるし、「子どもができてから、イライラが増えた」も「イライラの状態を測定する項目」にある。筆者自身が運営していた拠点でも、「自分以外の人はうまく子育てをしているように見える」といった相談をよく受けた。その意味で、これらの尺度は現代の子育て中の母親が抱える育児不安の中核をなす部分と考えることができる。

　乳幼児と接する機会がないまま成長した親の多くは、自分の経験としてはもちろん、周りの人の経験した育児の「大変さ」も実感としては知らない状態で子育てに突入している。そのため、育児に伴う負担やストレスを客観的に受け止められず、「どう接したらいいかわからない」「子育てに自信がなくなる」という「自信不足」の状態に落ち込むと考えられる。こうした親への支援として、拠点事業の基本事業としては「子育てに関する相談・援助」とともに「子育て・子育て支援に関する講習等」があげられている。そのため多くの拠点が、子どもとの関わりを実践的に学ぶプログラムや、子育て講座、座談会などに取り組んでいる。

　一方、講習やスタッフの関わりだけでなく、新生児から3歳ごろまでの子どもがいる場そのものが、子どもの育ちを見通せる場であることによって、自信を養っていく機会を提供できる可能性をもっている。「自信不足」の改善と「情報・仲間不足」の改善、および個別尺度の「子育てをしていて孤立感を感じる」の改善がいずれも中程度の相関を示したことからも、「仲間づくり」の重要性が見て取れる。

　また、拠点スタッフを「相談相手」としているか否かによる「自信不足」の改善度の比較をすると、スタッフを相談相手としている親は、そうでない親に比べて2倍以上の改善度を示している。個別尺度の改善度をみても、「うまく子育てができていないと思う」「子どもとどう接したらいいかわからない」は1%水準で有意な差が出ている。「自信不足」を抱える親への介入を積極的に行うことで、育児不安を効果的に改善する期待が高まる。支援者は他の親との関わりを見守りながら、共感の場を提供するプログラムの実施や、その親の子育てを支える積極的な働きかけが必要であると考えられる。

（4）体力・気力不足にたいして

　「体力・気力不足」の不安要素点は、母親の「年齢」と「学歴」に正の相関を示しており、晩産化を反映している因子であることが想像される。この因子に単独で分類される「子育てで、身体的な疲れを感じる」「睡眠不足だと感じる」「自分の健康や体力に自信がない」の3尺度は体力不足そのものだが、それが気力不足につながり、「子どもをかわいいと思えない」「子どもができてからイライラが増えた」「子育てに自信がなくなることがある」という自信不足とまたがる3尺度に波及していると考えることができる。例えば「子育てで、身体的な疲れを感じる」と「子育てに自信がなくなることがある」は0.457と中程度の相関関係を示している。体力不足そのものに対して拠点事業ができることは限られるが、それが気力不足に波及する過程をブロックすることで、育児不安の軽減に一定の効果が出ていると考えられる。

　また、体力・気力不足の改善幅と「子どもの数」はプラスの相関がある。いいかえれば、子どもの数が多い母親の体力・気力不足に拠点事業はあまり効果を上げられていない。初めての出産年齢が高くなっている現状を考慮すると、子どもの数が多いほど、体力・気力が不足するということが推測されるが、拠点では2人目、3人目の子育てに対する支援を十分に意識できているとはいえない。体力・気力不足の軽減にむけて、休息できるような取り組みの工夫や、子育ての手助けにつながるサービスの提供が望まれる。

　高齢出産の母親は、子どもの扱いについては未経験であっても、社会人としての人生経験は豊富である。支援者は、そのことを尊重しながら情報提供や仲間づくりをすすめていく必要があり、支援者の年齢が低い場合は特に意識しながら、利用者との信頼関係を築いていくことが求められる。

（5）安心不足にたいして

　この因子は、「子どもが犯罪・事故に巻き込まれないか心配」「子どもが気がかりで、目を離せない」「子どもの将来を考えると心配」という、未来に対する漠然とした不安尺度が含まれている。主観的に感じる感覚的な不安の軽減をはかることは、介入が難しい面がある。わからないことや未来に対して不安感や恐怖感を抱くか、期待感をもつかは人それぞれの性質によるところも大きいが、

図表3　母親の育児不安の軽減に向けて地域子育て支援事業が効果を発揮する
　　　　メカニズム

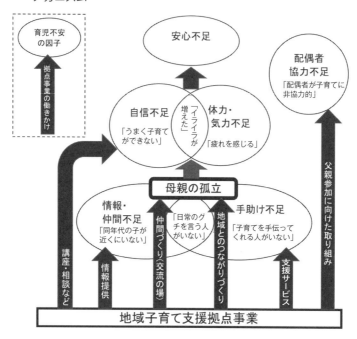

子育てはわからない未来との関わりの営みそのものである。

　親自身の姉妹、兄弟が多いほど、また子どもの数が多いほど「安心不足」の
不安要素点は低くなっている。このことから言えることは、地域との関係づく
りは、「手助け不足」だけでなく、「安心不足」に対しても大事な役割を担うと
考えることができる。知らない人が知っている人になれば、安心できる人とな
るし、手助けを頼れる人となり得る。このことは、地域子育て支援拠点事業が、
地域を基礎にした子育て支援の拠点であることの根拠であり、役割の必要性を
示唆している。

（6）配偶者参加不足にたいして

　「配偶者が子育てに協力的でない」「配偶者が子どもと関わる時間がない」と
いう事から起こる育児不安は、属性との相関は弱く、拠点を利用した後の改善

度は有意であったが、改善度は6因子の中で最も低い。言い換えれば、他の不安因子から独立性が強く、拠点事業が改善効果を上げにくい因子となっている。だからこそ、この因子に絞った取り組みを重点的に行うことで、改善する可能性が高い因子ともいえる。父親支援のプログラムや、父親のネットワークづくり、父親が参加しやすい企画の工夫と、取り組むことは多岐にわたる。

　以上の6因子について分析した母親の育児不安と地域子育て支援拠点事業の役割は、図表3のように整理できる。

2．「つながりづくり」の効果と実践例

　以上の分析を踏まえて、筆者が参加した「地域子育て支援拠点事業に関するアンケート調査2016」では、2015年の調査で抽出された「アウェイ育児」の問題も踏まえて、拠点事業の果たしている「地域のつながりづくり」の側面に焦点を当てた分析を行った（NPO法人子育てひろば全国連絡協議会［2017］）。

　2015年の調査では、拠点の利用者に「地域子育て支援拠点を利用した後のあなたとあなたの子どもについて、得られたこと、変わったこと」を30項目についてたずね、全体としてプラスの効果が得られたと答えた割合をスコア化した。その結果、「土日に開設している拠点」「拠点内で昼食をとることができる拠点」が、そうでない拠点に比べて、プラスの効果を得たと感じている利用者の割合が有意に高いことがわかった。

　拠点事業を運営している団体への調査では、「拠点で利用者同士のつながりづくりのために行っている工夫」を具体的に質問し、158団体から回答を得ている。これをもとに、土日開設・施設内昼食などをはじめとした特徴的な工夫を行っている団体を抽出し、個別にヒアリングを行った。

　【事例1】利用者親子を「赤ちゃんゲスト」として地元の中学校に紹介し、母親が生徒たちに子育ての話をしている。それが社会とつながるきっかけとなり、地域で開催されている講座に参加するなど、利用者が地域に「居場所」や活躍の場を見つけている。

　【事例2】毎月の地域清掃に拠点の利用者が参加し、地域の人と声をかけあう関係性をつくったり、周辺の2千軒に「お便り」を配布して拠点の活動を知らせたりしている。それがきっかけで、転入した親子が拠点の存在を教えてもら

い、体調の悪いときに助けてもらう仲間ができるなど、地域の一員であるという自覚が生まれている。

【事例3】 元利用者のボランティアが講師となり、利用者が気軽に手芸を楽しみながら自由に語り合う場を設定。子どもはスタッフが見守ることで、利用者同士のつながりが深くなり、自由なサークル活動にも発展している。

【事例4】 仲間づくりが苦手な人や、拠点を利用し始めたばかりの人のために「ビギナーズ交流会」を実施し、利用者同士の関係性を広げている。また、スタッフの助産師が育児不安を抱える親に出産前から相談に乗るなど、特別なニーズをもつ親子へのアウトリーチ型の支援も展開している。

【事例5】 人口密度が低く、乳幼児人口も少ない地域で、転勤で県外から転入してきた親子が当初なじみにくかった。母親が裁縫などの手作りが得意ということから、ハンドメイドサークルに誘い、活動を通じて親同士のつながりが生まれた。

【事例6】 利用者が主体になって市内4か所で「出前ひろば」を実施し、拠点のことを知らない親子に情報提供し、利用を呼びかけた。子育て中の母親が拠点のスタッフになるなど、家庭から地域、地域から社会へとソフトランディングできるような就労支援にも取り組んでいる。

こうした事例から、拠点が当初の目的である「親子の出会いと交流、情報提供と相談」といった枠を超えて、利用者の地域や社会への参加、主体的な活動を通じた関係性の開拓、といったより長い射程をもつ取り組みを始めていることがわかる。きっかけは各拠点の置かれた環境、特別なニーズをもつ利用者との出会い、地域社会とのかかわりなど様々だが、いずれの拠点も利用者間の結びつきを深める努力（拠点内での昼食）に加え、配偶者や地域社会に向けた利用を促す試み（土日開設）を積極的に行っている。特に、利用者の大半を占める母親のエンパワメントという視点からみると、多くの拠点が母親の自己肯定感、仲間づくり、地域の一員としての自覚、社会貢献と就労、といったテーマを意識してプログラムを組んでおり、父親の育児参加に向けた取り組みも加え、「ジェンダー平等」「住み続けられるまちづくり」というSDGsの目標に合致した活動になっていると評価できる。

V　結論と提言

　以上の調査およびヒアリング事例からわかるように、地域子育て支援拠点事業を通じて、利用者同士・利用者とスタッフ・利用者と地域など様々なレベルでの「つながり」が生まれ、育児不安や育児困難の源になっている「孤立した子育て」の状況を改善する効果が得られている。このことは、事業の目的である「乳幼児の保護者の交流の場所と相談・情報の提供」にとどまらず、育児に伴う困難を緩和し、児童虐待を予防する面でも重要な意味を持つ。さらに、「アウェイ育児」が7割を超える実態を踏まえると、親と地域との「つながりづくり」を支援することは、親にとっての「アウェイ」を「ホーム」に変え、地域コミュニティー自体の活性化に寄与する可能性ももつ。

　拠点事業の起源をさかのぼれば、困難な子育てを経験した親たちが集まり、自分たちと、自分たちに続く親たちの「居場所」を手弁当でつくった「ひろば」に至る。全国津々浦々で生まれた「ひろば」の多くはNPO法人となり、行政の補助金を得て事業を運営しながら、地域福祉やまちづくりに関わる諸団体との関係をつくってきた。その活力は大事にしつつも、「子育て支援」を社会全体の課題として取り組むためには、地域のボランティア資源に依存するのではなく、必要な費用は税金を投入する財政的な視点が不可欠である。また、乳幼児の支援にとどまらず、学齢期の育ち、さらには次の世代の子育てを支援するといった視野を持つことも必要になる。

　地域子育て支援拠点で生まれる「つながり」について、NPO法人子育てひろば全国連絡協議会は、「親子が自己肯定感を育み／家庭を超えた広がりを持ち／地域社会の一員として／生涯にわたり／安心と信頼に基づく／あたたかい関係性の連鎖を／自ら紡ぎ出す一歩である」と定義している。もちろん、都市と地方の違いや運営主体の違いなど、各拠点が置かれた状況は異なるし、全拠点が実施すべき「特効薬」的な取り組みがあるわけではない。重要なのは、それぞれの拠点の利用者がもつ個別のニーズや地域のニーズを把握して、それに対してどんな効果を意図し、どんなアプローチを選択するか、明確に意識して工夫をし続けることである。また、国籍や障害の有無、家庭の状況などによらず、どんな親子も排除しないという原則に立って、特別なニーズを持つ子どもや親

へのきめ細かな対応が、一層重要になってくると考える。

　今回の調査対象は母親とし、育児不安の実態とともに、その解消にむけて地域子育て支援拠点事業がどんな役割を担って効果を発揮しているのかを明らかにした。ただ、就労しながら子育てをする母親に対する支援については、ほとんど扱えなかった。今後は、母親が子育てを主に担うという実態のもとでの子育て支援にとどまらず、父親が子連れで拠点を訪れることを自然と受け止められるような支援が重要になる。男女平等で持続可能な子育て社会の構築に向けて、拠点事業の役割をさらに模索する必要がある。

参考文献

NPO 法人子育てひろば全国連絡協議会（2016）『地域子育て支援拠点における「つながり」に関する調査研究事業 2015　報告書』。

NPO 法人子育てひろば全国連絡協議会（2017）『地域子育て支援拠点における「つながり」に関する調査研究事業 2016　報告書（概要版）』。

岡本聡子（2015）「母親の育児不安解消における地域子育て支援拠点事業の効果―利用者アンケートを通じた測定と検証」（大阪市立大学大学院創造都市研究科修士論文）。

加藤曜子（2010）「虐待予防における地域子育て支援の意義と目的」（社会福祉法人全国社会福祉協議会編『市区町村社協における虐待予防のための地域子育て支援の展開』）。

橋本真紀（2009）「保育所における地域子育て支援の沿革」（山野則子他編『みんなで元気に子育て支援：地域における子育て支援に関する調査研究報告書』）日本保育協会。

牧野カツ子（1982）「乳幼児をもつ母親の生活と〈育児不安〉」『家庭教育研究所紀要』3巻。

渡辺顕一郎（2011）『詳解地域子育て支援拠点ガイドラインの手引―子ども家庭福祉の制度実践をふまえて』中央法規。

資料出所

厚生労働省「保育所等関連状況取りまとめ（平成 31 年 3 月 1 日）」
　https://www.mhlw.go.jp/content/11907000/000544879.pdf

厚生労働省・地域子育て支援拠点事業実施状況（平成 30 年度）
　https://www.mhlw.go.jp/content/000519569.pdf

第Ⅱ部
放課後を支える

〈各章の問題意識〉

第6章

子ども食堂は本当に貧困対策と言えるか？

第7章

学習支援事業を全国的に拡大させるための鍵は何か？

子ども食堂の今とこれからの役割について

松本　学

I　現在の子ども食堂の取り組み

1．子ども食堂の広がり

　子ども食堂は近年の子どもの貧困問題への取り組みの中でも、特に全国的なムーブメントを巻き起こすほどの大きな広がりを見せている。ここでは、日本における子ども食堂拡大の経過について、メディアとの関連も含めて説明したいと思う。

　子ども食堂は、2012年に東京都内でスタートしたといわれており、東京都大田区の「気まぐれ八百屋だんだん」が始まりだといわれている。2016年7月1日の朝日新聞の記事では、「地域の子どもに無料か安価で食事を提供する「子ども食堂」や同様の取り組みをする場所が、2017年5月末時点で少なくとも全国に319か所あることが朝日新聞社の調査でわかった。」と書かれていた。また、インターネット上で「子ども食堂」のキーワードで検索した結果、2017年11月時点では615件の子ども食堂を検索することができた。ホームページ等を公開していない子ども食堂を含めると、全国で1000か所以上の子ども食堂が存在していると推測される。子ども食堂の全国的な広がりについて、『世界』第891号2017年2月号で阿部彩は「食と結びついていることがポイントなのでしょう。子どもに食べさせたいという気持ちと、料理を作ることなら、私でもできる、と。人々の共感を集め、すそ野を広げている。」と話しており、子ども食堂が人々の共感を呼びやすく、また、食という身の回りにあり、取り組みやすい内容であることからこのような大きな広がりを見せていると解説している（『世界』2017年）。

　また、メディアでの露出が増加したことも子ども食堂の広がりに大きな影響

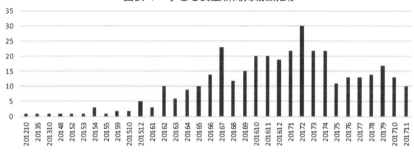

図表 1　子ども食堂新聞掲載数推移

（出所）朝日新聞デジタルの子ども食堂に関する掲載記事より筆者作成

を与えている。特に 2016 年以降に子ども食堂に関する記事が取り上げられる
ケースが多くなってきている。図表 1 は、朝日新聞のデジタル記事版にて「子
ども食堂」で検索し、月ごとに子ども食堂に関する記事の掲載数をまとめたも
のだ。この結果によると、2016 年 4 月以降の記事の掲載数が急激に伸びており、
2016 年以降に子ども食堂が大幅に数を増やしていることは、メディアでの掲載
数と一定の相関関係があると考えられる。

　さらに、子ども食堂の設立件数を大きく伸ばした一つの要因として、設立の
容易さがある。2016 年 8 月に明石書店より『子ども食堂をつくろう！――人が
つながる地域の居場所づくり』が発売され、子ども食堂の始め方について記載
された書物が出版されたことも、子ども食堂の広がりに拍車をかけた。子ども
食堂はイニシャルコストが低く、人的資源も大規模でなければ 3 名程度で開始
することができる。実施場所をどこでするかさえ決めれば、誰もが簡単に開始
することができることも大きな広がりを見せた要因の一つであると考えられる。

2．子ども食堂の定義

　ここでは子ども食堂の定義について説明していきたいと思う。現在、子ども
食堂に厳密な定義は存在しない。そのため、既存の研究および現在の子ども食
堂に関する出版物を整理し、次に挙げる 3 点を子ども食堂の定義としたい。ま
ず 1 点目は、「不定期であっても持続的に運営していること」。この点について
は、子ども食堂は子どもたちの継続的な支援のための運営を前提としており、
継続することを前提に運営されているため、持続的に運営しているという点

を入れた。2点目は「安価な価格で子どもたちに対して食事を提供していること」だ。この点については、NPO法人豊島子どもWAKUWAKUネットワーク（2016）にて子ども食堂の参加費は無料から300円まで様々であると記載があり、子どもが支払うことができるよう安価に価格設定が必要であるため、安価な価格であるという点を入れた。3点目は「主なサービスの対象者が子ども、若者（0歳から18歳）であること」だ。この点については、町田・長田（2017）の報告書において、参加者対象者を尋ねたところ、「誰でも」「地域の方なら誰でも」「こどもとその保護者もしくは高齢者」「こどもとその保護者」「貧困や障がいを有する場合」とすべての対象者に子どもが含まれており、また、スタッフに大学生を起用する子ども食堂が多いことから0歳から18歳の子どもという年齢を設定した。

図表2　子ども食堂における食事提供以外のサービス

カテゴリー	カテゴリーに含まれる主な内容
食に関する体験	もちつき、流しそうめん、焼き芋、文化的・季節ごとの催し物（ひな祭り、端午の節句、七夕、ハロウィン、クリスマス、BBQ、など）みそ造り、スイカ割、食事の準備・片付けのお手伝い、調理体験、農業体験　など
その他体験、遊び	読み聞かせ、参加者交流（ゲーム大会、カルタ大会、外遊びなど）、紙芝居等のイベント、本の貸し出し、折り紙教室、花火、ドッジボール、工作、音楽鑑賞、定期的に地域の活動（お祭り）などに参加、年に一回商店街夜市に出店、行事に出店、ボランティアグループによるコンサートや手品、異年齢の交流の場、文化的・季節ごとの催し物（ひな祭り、端午の節句、七夕、ハロウィン、クリスマス　など）など
学習支援	宿題、学習支援　など
その他教育的活動	健康指導、交通安全教室、環境問題の講義、住職さんからの話、食育に関する話、清掃　など
生活の支援	居場所づくり、子ども服の交換、子ども女性相談コーナー、必要に応じてケースワーク、進路相談、子育て相談・支援、就労支援、子どもの見守り、子育て中の親の情報交換の場　など
活動資金の確保	フリーマーケット、洋服販売（参加者が子ども食堂の資金にするために持参）、野菜販売　など

（出所）高崎健康福祉大学健康福祉学部健康栄養学科「こども食堂活動状況の調査～結果報告書～」10ページ

また、子ども食堂の大きな特徴としては、活動の自由度が非常に高く、食事提供以外を行っている活動が多様である点が挙げられる。高崎健康福祉大学の町田・長井（2017）が実施した「こども食堂活動状況の調査～結果報告書～」では、全国120か所の子ども食堂を調査し、子ども食堂でどのような活動をしているかを自由記述で尋ねた結果を次の6項目に分類している（図表2）。この結果から子ども食堂は、ただ子どもに対して食事を提供するだけではなく、そこに所属しているスタッフ等の強みを活かした、複合的な支援活動が可能であることがわかる。

3．居場所としての子ども食堂

　子どもの貧困問題の取り組みとして語られる子ども食堂であるが、前項で述べたとおり、食事の提供以外にスタッフ等の強みを活かした複合的な支援活動も行われていることから、子どもや地域の大人の居場所としての側面も強い。特に地域の交流の場や子どもの放課後の居場所としての役割を重視している子ども食堂も多く見受けられる。このことから従来の「居場所」についての定義を参考にしながら、子ども食堂が居場所として成り立っているのかについても述べたいと思う。

　「居場所の定義についての研究」で藤原（2010）は居場所の定義を次の10の類型に分類している。「①社会生活の拠点となる物理的な意味での場、②自由な場、③居心地がよく、精神的に安心・安定していられる場もしくは人間関係、④一人で過ごせる場、⑤休息、癒し、一時的な逃避の場、⑥役割が与えられる場、⑦他者や社会とつながりのある場、⑧遊びや活動を行う場、将来のための多様な学び・体験ができる成長の場、⑨自己の存在感・受容感を感じさせる場、⑩安全な場」とし、藤原（2010）は、「ここであげた居場所の類型に一つでも当てはめることが可能であれば、その場所が居場所になりえる可能性があると認知してもよい」と述べている。子ども食堂においては「⑦他者や社会とつながりのある場」としての居場所に分類されると思われ、藤原（2010）が定義した居場所としての役割に当てはめることができる。特に子ども食堂においては、地域の大人や高齢者がボランティアとして参加しているケースも多く、他者や社会とのつながりについてはより意味のある居場所であると考えられる。藤原

（2010）は「ここでいう他者には友人や学校の教師、異年齢の世代の人々、家族でも職場の人でも無い人なども含まれる。大人同士、子ども同士、子どもと大人などの人間関係もこれに含めることができる。ただし、ここでの人間関係は良好なものでなければならない。」と述べており、子ども食堂はこの条件を十分に満たすと考えられ、新たな居場所として十分に確立されている。

また、子ども食堂の呼び名をつけた「気まぐれ八百屋だんだん店主」の近藤博子さんも湯浅（2017）の『「なんとかする」子どもの貧困』にて「むしろ、より積極的に、多世代交流型になることが望ましいと思う。」と話しており、このことからも子ども食堂は当初から子どもや地域の居場所としての位置づけを意識し作られたものであることがわかる。

4．子ども食堂のイメージ

多くの人は子ども食堂と聞いた際に子ども貧困問題を連想される。これは、2012年に子ども食堂の取り組みが始まった翌年に子どもの貧困対策推進法ができたことにより子どもの貧困問題と子ども食堂が同じ記事内で報じられることが多くなったこと、そして、「子ども」「食」といったキーワードが経済的に困窮状態にある子どもたちの孤食・欠食の問題と直結し、子ども食堂が子どもの貧困問題の解決手法の一つであると認知されたことが原因として考えられる。

実際に世間では子ども食堂はどのように認知されているかについてGoogle

図表3　子ども食堂のWEBトレンド

（出所）GoogleTrendsの子ども食堂および子どもの貧困の検索結果より筆者作成

社が提供している Google Trends を使って分析を行った。図表3は、Google Trends にて「子ども食堂」と「子どもの貧困」の二つの検索キーワードの人気動向をグラフにしたものだが、二つのキーワードの人気動向は一定の関連があることがわかる。このことからも「子ども食堂」という言葉は、「子どもの貧困」という言葉の中で多く使われており、世間的なイメージについても両者が一定の関連があることがわかる。

5．子ども食堂の課題

　大きなムーブメントを起こしている子ども食堂だが、いくつかの大きなリスクを抱えていることについても紹介したい。まずは、食中毒やアレルギーも問題である。多くの子ども食堂が誕生しているということと同じく、このような食に関する事故が一度起きてしまうとこのムーブメントは一気に下火になると考えられる。この点については、各子ども食堂では細心の注意を払い食事提供を行っていると思われるが、子ども食堂の件数が多くなればなるほど、大きな懸念材料となる。

　2点目は子ども食堂の持続可能性の問題である。子ども食堂は始めやすい反面、非常に収益性が悪い事業でもある。もちろん十分な寄付金等の原資がある場合は問題ないが、個人や任意団体で始めた場合においては、いかに資金を調達するかについても十分に考慮する必要がある。これは子ども食堂が一時的な流行ではなく持続的な子どもの居場所として存在する上で必要不可欠な条件だと考えられる。しかし、多くの子ども食堂は事業経験のない個人や任意団体により運営されていることもあるため、数年後に子ども食堂の数が現状よりも激減している可能性を十分に考慮し子ども食堂が子どもの新たな居場所としてどうあるかを考える必要がある。

　最後は、子ども食堂に出入りしている子どもたちの属性に関する問題だ。多くの子ども食堂は子ども食堂に出入りしている子どもたちが経済的に困窮している世帯であるというレッテル貼り（スティグマ）がなされないよう、対象者を限定していないことが多い。経済的に困窮している子どもたちを対象としたい子ども食堂について、このようなレッテル貼りによって本当の当事者が子どもの食堂に参加することに抵抗がある状態になることを避ける必要がある。

Ⅱ　子ども食堂の新たな概念図に基づいた分析

1．子ども食堂の概念と分析方法

　子ども食堂を分類するために、タテ軸を子ども食堂の実施する目的が地域交流か子どもの課題解決かを軸に、ヨコ軸を課題を抱えた子どもの参加が多いか否かとして図表4のマトリクスを作成し、子ども食堂の分類を行うための概念図を作成した。

　まず、表の軸の設定にあたり、湯浅（2017）が提唱している子ども食堂に関する分類を参考とした。この分類では、ヨコ軸をターゲット（対象者）、タテ軸をビジョン（目的）とし子ども食堂の理念的分類を行っている。湯浅（2017）は『「なんとかする」子どもの貧困』にて、「ヨコ軸は、ターゲット（対象者）。貧困家庭の子どもに絞り込むかどうか。タテ軸は、目的。課題を抱える子どもに

図表4　子ども食堂の役割分類調査における基本概念図

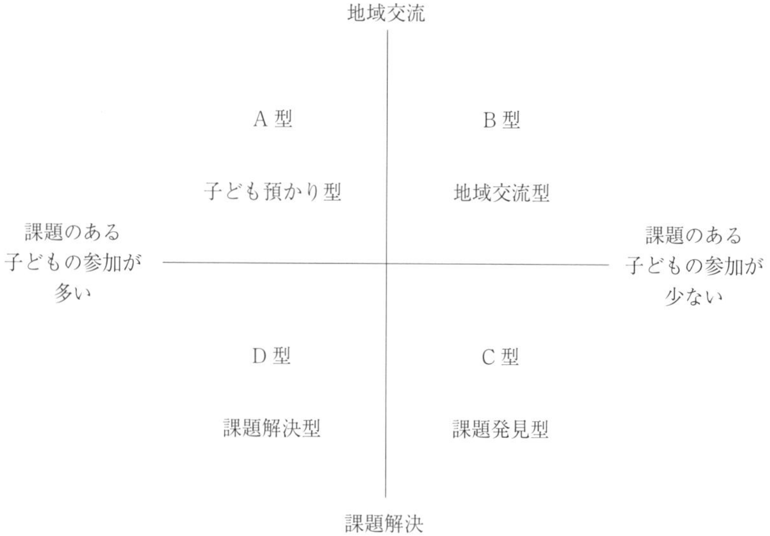

（出所）湯浅（2017）『「なんとかする」子どもの貧困』および吉田（2016）『子ども食堂活動の意味と構成要素の検討に向けた一考察―地域における子どもを主体とした居場所づくりに向けて―』をもとに筆者作成

対するケア（ケースワーク）にあるのか、地域づくりにあるのか。もちろん「課題を抱える子のケアを通じた地域づくりが目的だ」という人はいる。とりあえず子ども食堂を「課題を発見する場」と「交流の場」、どちらに重きをおいてイメージするか、という理念の違いを際立たせるための便宜的分類にすぎない。」と述べている。また、湯浅（2017）は、大多数の子ども食堂は、地域共生を目的とする子ども食堂か課題のある子どもたちの課題解決を目的とする子ども食堂で2分化すると述べている。

　次に、吉田（2016）は「子ども食堂活動の意味と構成要素の検討に向けた一考察」にて、「子ども食堂への参加者の期待や想いの中には、食事の機会以外のものも含まれていることから、筆者としては、貧困対策を前面として子ども食堂を展開するのではなく、地域で生活する子どもの空間（居場所）として子ども食堂を展開し、参加者の生活背景の一つに子どもの貧困をはじめとした、様々な生活上の課題が存在しているという意識で進めることが大切であると指摘したい。」と述べている。このことから、子ども食堂はただ子どもたちに対して食事を与えるだけの場所ではなく、子どもたちが抱えている課題に対して関わることを前提にするべきだと解釈できる。また吉田（2016）は、貧困対策としての子ども食堂を前面に押し出すのではなく、子どもの居場所として子ども食堂を展開し、その中で生活上の課題を解決していく必要があると述べている。吉田（2016）の主張では居場所としての役割を重視しながら子どもたちの課題に対して関わることが重要であるとしており、子ども食堂は子どもの貧困問題や課題解決を目的としたものではなく、子どもたちの居場所としての役割を持ちながら、課題を解決する方向性を探ったほうがよいということを述べている。

　この点については湯浅（2017）と吉田（2016）の主張には矛盾が生じており、湯浅（2017）は、子ども食堂は地域共生を目的とするものと子どもたちの課題解決を目的とするもので大きく2分化すると述べている一方で、吉田（2016）は、子ども食堂は、地域の居場所として存在し、その中で子どもたちの課題発見の場としての役割を果たすと述べている。このことからまずタテ軸を子ども食堂の活動目的とし、子ども食堂が地域の居場所としての役割を果たしているのか、子どもたちの課題解決の場としての役割を果たしているかについて、それぞれの子ども食堂がどの位置づけにあるかを調査していきたい。

ヨコ軸については、湯浅（2017）は分類の際の軸の一つに対象者を限定しているか、限定していないかという基準を用いていた。しかしこの点については、子ども食堂に通っている子どもたちが経済的に困窮している子どもたちであるというレッテル貼り（スティグマ）を懸念し、本来の主催者の意図にバイアスがかかっている可能性がある。また、湯浅（2017）の類型はあくまでも理念上の類型であり、実際運営されている子ども食堂を分類したものではなく、湯浅（2017）の基準では正確な子ども食堂の分類が難しいと考えられる。吉田（2016）は子ども食堂が貧困問題をはじめとした様々な子どもの課題が存在し、それを意識して活動することが重要であるとしている。そのため、筆者は軸の一つがターゲット限定の有無ではなく、子ども食堂の実態を調査するためには、経済的に困窮した子どもたちを含んだ、課題を抱える子どもたちをどの程度参加できているのかという点が重要であると考えた。そのためヨコ軸については、課題のある子どもがどの程度参加しているかという軸を設定した。

　分類の結果、図表4のようなマトリクスが完成した。この分類により子ども食堂の実態がどのようになっているかについて正確にとらえることができると考えている。また、それぞれの領域をA型からD型までに分類し図表5のように特徴を整理した。

図表5　子ども食堂新類型説明文

A型：子ども預かり型	地域に開かれており、課題を抱えている子どもたちが多く参加している。この型は、保育所や学童保育、フリースクールの形態に近く、子ども食堂としてはあまり存在しないと考えられる。
B型：地域交流型	地域交流を重視し、課題を抱えているとわかる子どもが少ない。この型は、地域住民が主体となって実施をしており、地域の交流拠点として活用されている。
C型：課題発見型	子どもたちの課題発見を重視し、課題を抱えているとわかる子どもが少ない。この型は、地域の居場所よりも子どもたちの課題発見の場として子ども食堂を位置付けている。
D型：課題解決型	子どもたちの課題解決を重視し、課題を抱えている子どもたちが多く参加している。この型は、子どもたちの課題発見とそれに対する対応を迅速に実施することが可能な子ども食堂である。子どもの貧困や孤食・欠食等の問題に対して、専門性の高いスタッフを配置し課題の発見から解決までのすべてに対応している。

（出所）筆者作成

2．調査対象

　対象は、インターネット上で都道府県名および子ども食堂と検索を実施した。今回筆者が子ども食堂として取り上げたものは、①不定期であっても持続的に運営していること、②安価な価格で子どもたちに対して食事を提供していること、③サービスの対象者が子ども、若者（0歳から18歳）であることの3点の条件を満たしているものとした。三つの条件に該当した子ども食堂615件のうち、メールアドレスが開示されていた245件に対してアンケート調査を実施した。アンケート期間は2017年11月から12月までの間に実施した。その結果、60件の子ども食堂から回答を得ることができた。

3．メディア掲載数と子ども食堂の設立件数の関係分析

　まずは子ども食堂の急激な広がりについて説明したい。現在子ども食堂は全国に約1000か所以上あると類推される。特に2016年以降は子ども食堂が急激に増加したと新聞記事等においても報道されている。そのため、子ども食堂とメディア報道の関係について調査するために、インターネットでの検索結果およびアンケートの調査結果から計157か所の子ども食堂の開設日を収集した。同時に、朝日新聞デジタルにて「子ども食堂」という文字が掲載された件数、およびGoogle Trendsにて「子ども食堂」のトレンドを集計し、どの時期に子ども食堂の掲載が多くされていたかについて調査した。

　その結果、まず、子ども食堂の設立については2016年以降に136件設立されており、これは今回調査した子ども食堂の設立数の約87％を占める数値であった。特に2016年4月および5月に設立された子ども食堂の数は29件と非常に多く、今回調査した子ども食堂における設立件数の約18％がこの時期に設立されている。次に、朝日新聞の記事を見ると2016年1月以降に掲載されている子ども食堂の報道が全体の94％を占めている。新聞記事での子ども食堂の報道についても2016年以降が多く、特に2016年1月から3月に子ども食堂に関する報道が増加していることがわかる。また、Google Trendsの調査結果においても同じことが言え、2016年1月以降に掲載された記事が全体の81％を占めている。Google Trendsについては、2015年12月以降に急激に掲載数が伸びている。前述のことを踏まえ、2016年4月および5月に設立された子ども食堂については、

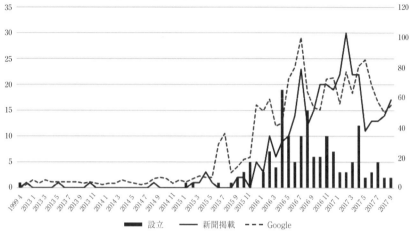

図表6　子ども食堂のメディアトレンド

（出所）朝日新聞デジタルおよび Google Trends より筆者作成

　潜在的に社会的な貢献活動を希望していた団体や個人がメディアの報道を受け、子ども食堂を開始した可能性が高いと考えられ、メディアの報道数の増加が子ども食堂の急激に増加した一つの大きな要因であることが類推される。それを裏付けるように、実施したアンケートでは、子ども食堂を設立した動機を聞いたところ、テレビ番組や新聞報道に触発されたと記述している運営者も多く、メディアでの掲載数の増加が子ども食堂の設立の増加を加速させたと考えられる。

4．子ども食堂の役割に関する分析

　ここでは子ども食堂の役割について分析していきたいと思う。今回アンケートにて、「どのような方を対象にしているか」「実際にどのような方が参加しているか」「実際に子ども食堂はどのような役割を果たしているか」について対象者に尋ねた。まず、「どのような方を対象にしているか」について、困窮世帯や孤食状態に子どもに対象を絞っている子ども食堂は全体の10％（6件）にとどまり、90％の子ども食堂は子どもなら誰でも参加できるまたは、大人も含め誰でも参加できるという結果となった。このことから子ども食堂の当初のターゲット設定が子どもの貧困への対応ではなく、地域の居場所や子どもの居場所

図表7　アンケート回答結果（問7、問8、問9）

■問7　子ども食堂の対象者

対象	件数	パーセント
大人も含め誰でも参加できる	45	75%
子どもならだれでも参加できる	9	15%
孤食状態にある子どもたちのみ	3	5%
生活困窮世帯の児童・生徒のみ	3	5%

■問8　子ども食堂の実際の参加者

回答内容	件数	パーセント
子どもの保護者	54	30%
生活困窮世帯ではない子どもたち	49	27%
地域の大人	34	19%
生活困窮世帯の児童・生徒のみ	28	15%
生活困窮世帯か不明な子ども、保護者	6	3%
孤食・欠食状態にある子どもたち	5	3%
家庭に課題のある子どもたち	5	3%
視察等の来客	1	1%

■問9　子ども食堂の実際の役割

回答内容	件数	パーセント
子どもと地域の大人との交流の場となった	48	29%
子どもの居場所として確立された	46	28%
子どもが抱えている課題発見の場となった	33	20%
欠食・孤食の子どもたちに食事を提供できている	32	20%
親子の交流の場となった	3	2%
ひとり親の居場所や相談場所	1	1%

（出所）筆者作成

を目的として設立されていることがわかる。

　次に、「実際にどのような方が来ているか」という質問を複数回答可で実施した結果、生活困窮世帯の児童・生徒、孤食・欠食状態にある子どもたち、家庭に課題のある子どもたちと回答した人が全体の20％となった。ここから、子ども食堂の利用者の80％が生活困窮世帯以外の家庭であるということがわかる。

上記２点から、子ども食堂は設立時点も実態についても困窮世帯の子どもよりも地域の大人や子どもにとっての居場所として意識的に運営されていることがわかる。また、「実際に子ども食堂は地域にどのような役割を果たしているか」を複数回答可で対象者に尋ねた。その結果、子どもと地域の大人との交流の場となった、子どもの居場所として確立されたと回答した割合が全体の57％となり、子どもが抱えている課題の発見となった、欠食・孤食の子どもたちに食事を提供できていると回答の割合が40％となった。このことから、子ども食堂を地域や子どもの居場所として運営しつつ、その副次的な効果として、欠食や孤食の問題や子どもの何らかの課題の発見の場になっていると考えられる。

５．子ども食堂運営者の以前の活動についての分析

「運営団体の今までの活動はどのようなものか（子ども食堂を運営するために

図表８　団体種別と活動理念の関係図

法人格	子どもと保護者の、安全・安心な場づくり	高齢者の居場所	参加者がのびのびした時間を過ごすこと	参加者間の交流や地域との交流	子どもの課題の発見および課題への対応	子ども若者が実施主体となること	周りに悟られずに気楽に来れる場所	貧困家庭の子どもたちを招き入れる事	子どもの課題発見 参加者間の交流
NPO法人				7	3			1	
キリスト教会					1				
医療法人			1						
一般社団法人				1	1				
個人				4	2				
合同会社				1					
社会福祉法人				2			1		
宗教法人				1					
生活協同組合				1					
任意団体	1	1		16	8	1	1		2

（出所）筆者作成

図表9　参加者間の交流や地域との交流分類図

主に取り組みたい内容	以前の取り組み	件数
参加者間の交流や地域との交流	地域づくり	28
	生活支援	9
	食育	9
	学習支援等の教育活動	5
	介護	5
	野外活動	4
	飲食店	3
	医者	2
	町会の集会所での遊び場イベント	1
	宗教に関する活動	1
	子育て支援	1
	国際交流・文化振興・国際支援・等	1
	子育て	1
	居場所作り	1

（出所）筆者作成

図表10　子どもの課題発見の取り組み分類図

主に取り組みたい内容	以前の取り組み	件数
子どもの課題の発見および課題への対応	地域づくり	11
	生活支援	7
	学習支援等の教育活動	5
	食育	4
	野外活動	2
	子どもの居場所作り	1
	宗教に関する活動	1
	子育て支援	1

（出所）筆者作成

はじめられた方はどの分野に関心があり子ども食堂をはじめたか)」について尋ねた。その結果、地域づくりと回答した団体が35％と最も多く、次に生活支援と回答した団体が19％という結果となった。図表8は、法人格によって子ども食堂を実施する目的にどのような傾向があるかを把握するために、団体種別および子

ども食堂を運営する上で大切にしていることについての関係を整理したものである。

その結果、個人や任意団体の多くが参加者間や地域との交流を大切にしていると回答している。子どもの課題発見および課題発見への対応と回答はNPO法人や一部の任意団体となった。次に図表9および図表10では、課題発見と地域交流を目的としている団体の以前活動にどのような傾向があるかを把握することを目的に、子どもの課題の発見および課題への対応および参加者間の交流や地域との交流と回答した団体の今までの活動についてまとめた。

その結果、子どもの課題の発見への対応と回答したほとんどの団体が以前の取り組みが地域づくりを含む取り組みを行っている団体が11件と最も多く、次に生活支援7件、学習支援等の教育活動が4件と続いた。ここで特筆するべきは子どもの課題の発見および課題への対応と回答した団体の多くは、生活支援や学習支援等の教育活動ではなく、地域づくりと回答している団体が最も多くなっていることであった。このことから、子どもの課題への専門性が高くないが、子どもの課題の発見への対応に取り組んでいる団体が多いことがわかった。次に、参加者間の交流や地域との交流と回答した子ども食堂以前の取り組みについては地域づくりを含む取り組みを実施している団体が28件と多く、次いで生活支援が9件、食育が9件という結果となった。こちらについては地域づくりを含む活動をしている団体が最も多く、従前の活動を展開させ、子ども食堂を運営していることがわかる。このような団体が現在の子ども食堂の主流となっていると考えられ、子ども食堂の社会的な位置づけについてはやはり居場所や交流といった取り組みが主であると類推される。

6．子ども食堂の課題分析

子ども食堂が抱えている課題について整理していきたい。記述形式にて子ども食堂を継続していく上での課題について尋ねた。その記述形式を整理した結果、子どもに関する課題、資源（人、場所、資金）に関する課題、提供サービスに関する課題、地域や行政との連携に関する課題に分類することができた。その中で特に資源（人、場所、資金）に関する課題を多く感じている人が多くいた。また、子ども食堂の財源については、50％以上もの団体が寄付金や助成金が主

図表 11　アンケート回答結果（問 5、問 10、問 11）

■問 5　団体の種別について

回答内容	件数	パーセント
任意団体	31	53%
NPO 法人	11	19%
個人	7	12%
社会福祉法人	3	5%
一般社団法人	2	3%
合同会社	1	2%
宗教法人	1	2%
医療法人	1	2%
生活協同組合	1	2%
キリスト教会	1	2%

■問 10　子ども食堂を運営する上で大切にしていること

回答内容	件数	パーセント
参加者間の交流や地域との交流	34	60%
子どもの課題の発見および課題への対応	18	32%
参加者の交流と課題発見双方を大切にしている	2	4%
子どもと保護者の、安全・安心な場づくり	3	5%

■問 11　運営者が以前していた活動

回答内容	件数	パーセント
地域づくり	43	35%
生活支援	19	16%
食育	15	12%
学習支援等の教育活動	13	11%
野外活動	7	6%
介護	5	4%
子育て支援	3	2%
宗教に関する活動	3	2%
子どもが自由に過ごせる場所づくり	3	2%
飲食店	3	2%
居場所作り	2	2%
医者	2	2%
21 世紀スキルの習得	1	1%
子どもたちの健全な人格形成	1	1%
国際交流・文化振興・国際支援・等	1	1%
町会の集会所での遊び場イベント	1	1%

（出所）筆者作成

■問 18　主な財源

回答内容	件数	パーセント
寄付金	25	42%
助成金	15	25%
参加費	15	25%
自己資金	5	8%

（出所）筆者作成

な財源であると回答している。その点を考慮しても安定的な資金調達が今度の子ども食堂の大きな課題であると考えられる。

　また、人的資源についても大きな課題である。アンケートの結果、副業的に子ども食堂を運営している団体が多くいることがわかった。現在は一時的なムーブメントも重なり、大きな関心や興味を持って活動している人が多いが、継続的な関わりについて不安に感じている人も多く、個人で子ども食堂を実施している運営者については、自分の健康に関することや、運営スタッフの高齢化についても課題としてあげられている。この点を考慮しても人的資源についても安定的な確保が必要であり、子ども食堂の持続的な運営において重要な課題であると考えられる。

Ⅲ　アンケート結果の考察および仮説の検証

1．新たな子ども食堂の類型に関する検証

　本研究のアンケート結果から筆者が作成した子ども食堂類型に分類を行った。

　まず、A 型の子ども預かり型の子ども食堂に該当するものはなかった。こちらについては従来の学童やフリースクール等の地域に開かれた専門的な施設があるため、子ども食堂としては該当するものがなかったと考えられる。一方で学童やフリースクール等で子ども食堂を実施する場合についてはこの型に該当すると考えられる。

　次に、B 型の地域交流型の子ども食堂については最も多く該当する子ども食堂が存在していることがわかった。この子ども食堂は地域の交流拠点としての機能や子どもの居場所としての役割を意識して運営されている。この子ども食

堂に関わっているスタッフは地域のボランティアが多く、高齢者の居場所等の役割も担っている。この子ども食堂は子どもの貧困対策の子ども食堂とは正反対の位置に属しており、今後はかつての駄菓子屋のような子どもの居場所として機能していくと考えられる。

　C型の課題発見型の子ども食堂については、2番目に該当する子ども食堂が多いことがわかった。この子ども食堂についてはメディア等の報道等で子どもの貧困問題や孤食・欠食の課題を見て子ども食堂をはじめた、子どもの諸問題への課題意識が高い子ども食堂だと考えられる。しかしB型と同じく地域のボランティアが中心となって実施しているため、専門的な知識を持ったスタッフがいないケースが多く、子どもの課題発見までとなっている子ども食堂と位置付けられる。実際にも課題を多く抱えている子どもの参加者よりも、そうでない子どもの参加が多く、その中で課題のある子どもを発見しようという形式であると予想される。また、アンケートでの「子ども食堂をはじめたきっかけ」についての質問で、「子ども達が食事を与えられていない為、学校で寝ている子が多いという実態を知り、テレビニュースで4人に一人が貧困家庭であると伝

図表13　子ども食堂の役割調査における基本概念図を用いた結果分布図

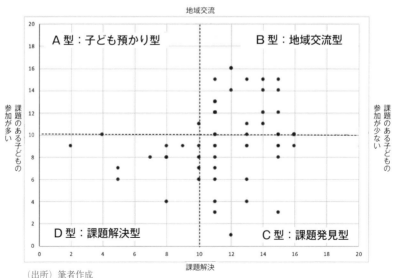

（出所）筆者作成

えているため」「子どもの貧困問題や子ども食堂のニュースを読んで」と回答している子ども食堂はC型に該当しており、このことからニュース等で子どもの貧困問題等に触発された層がC型に該当していると考えられる。

　最後にD型の課題解決型については、3番目に多く該当する子ども食堂が多いことがわかった。この子ども食堂については、子ども食堂を課題発見の場としてとらえており、かつ専門性の高いスタッフを配置しており、課題を多く抱えている子どもに対してアプローチをしている。D型の子ども食堂は、世間がイメージしている子ども食堂に最も近く、子どもの貧困対策の一つとして役割を果たしている。また、D型に分類される子ども食堂の多くは、以前の活動で生活支援や学習支援を行っていることが多いことがわかった。このことから子ども食堂を開始する以前から生活支援や学習支援等の生活困窮者向けの取り組みをしていた団体が多くD層に分類されていると考えられる。

2. 従来の子ども食堂類型の間違い

　従来世間的にイメージされている子ども食堂は、子どもの貧困問題と同じ文脈で話されているD型の課題解決型であると思われている。しかし、今回の調査で多くの子ども食堂はB型の地域交流型もしくはC型の課題発見型の子ども食堂であることがわかった。湯浅（2017）は、子ども食堂の理念的な分類において、子ども食堂は地域共生型と子どもの課題解決型で2分化すると述べている。しかし、今回の調査ではその双方どちらでもない課題発見型の子ども食堂が多く存在することがわかった。C型に分類される子ども食堂が多くなっている理由としては、子ども食堂に出入りしている子どもたちが経済的に困窮している世帯であるというレッテル貼り（スティグマ）を警戒し、地域の居場所として子ども食堂を運営し、その中で課題のある子どもたちを発見していくという手法を用いているためであると推測される。そのため子どもを募集する段階で広く募集を行うこととなり、課題の有無にかかわらず子どもたちが集まる結果となり、その結果、課題を多く抱えていない子どもが多く参加するという結果となったと考えられる。

　また、メディア等での報道を見て、子どもの貧困や孤食・欠食等の社会課題に対して取り組みを始めた人が多いこともC型が増加した要因の一つであると

考えられる。メディアでの報道に影響を受け、専門的なノウハウを有していないが、子どもたちのために食事提供を行い、その中で子どもの貧困問題を含んだ子どもたちの課題を解決するお手伝いをしたいと考え設立された子ども食堂がＣ型として分類され活動していると考えられる。

　今回の調査結果は、従来子ども食堂は子どもの貧困対策の一つであるというイメージを持たれていたが、実態はそうではなく、多くの子ども食堂は、「地域の居場所」として存在しているということがわかった。子ども食堂が子どもの貧困問題と関連づいていることについては、やはりメディアでの報道にて、子どもの貧困と子ども食堂が関連付けされて報道されていることにあると考えられる。この点については貧困という言葉と食事という言葉が結びつきやすく、また、子ども食堂という名称が非常に受け入れられやすい言葉であった事も子どもの貧困問題と子ども食堂を結び付けた大きな要因であると思われる。

3．子ども食堂をはじめた動機の整理

　ここでは子ども食堂をはじめた動機について整理するために、アンケートで尋ねた「子ども食堂をはじめたきっかけ」を整理していきたいと思う。子どもの貧困問題への関心をきっかけとした設立も一定数あるものの、多くは子どもの居場所や地域の居場所づくりをしたいという動機から子ども食堂を始めていることがわかった。また、「実際に子ども食堂はどのような役割を果たしていますか」という問いに対して、子どもと地域の大人との交流の場となった（48件）や子どもの居場所として確立された（46件）という回答が多く、次いで子どもが抱えている課題発見の場となった（33件）という結果となった。このことからも子ども食堂をはじめた動機については、課題解決（Ｄ型）よりも地域交流や子どもの居場所（Ｂ型）として子ども食堂をはじめた運営者が多いことがわかる。運営者は、社会的なイメージとは異なり、地域交流や子どもの居場所としての目的意識をもって子ども食堂を設立していることがわかる。子ども食堂は、子どもの貧困問題の解決のために設立されているのではなく、Ｂ型やＣ型に分類される地域との交流や子どもの居場所を主眼とし、その副次的な効果として子どもの課題への対応にも取り組む子ども食堂が多くなってきている。

4．子ども食堂の政策導入についての可能性

　浅井（2017）は子ども食堂の政策導入が子どもの貧困の解決策の一つであると述べている。しかし、今回のアンケート調査でわかったように、子ども食堂の多くは子どもの貧困への問題対策（D 型）ではなく、子どもや地域の居場所（B 型）に類する子ども食堂が多いことがわかる。浅井（2017）の提言では子ども食堂の分類があいまいな状態で政策提言について言及を行っている。そのため、すべての子ども食堂を対象として政策導入を進めてしまうとミスマッチがおこってしまい、本来の政策導入の狙いからは多く相違してしまう可能性がある。子ども食堂が子どもたちに対して食事を提供する場という点のみにおいての政策導入であれば可能だが、子どもたちの課題を発見し、それを解決するという点においての政策導入であれば、対象となる子ども食堂の慎重な選定が必要であると考えられる。

　また、浅井（2017）が提唱している政策導入には、栄養バランスや子どもの課題解決の要素が必要不可欠であることが述べられている。この点からも、浅井（2017）の指し示す子ども食堂は今回の分類の中における D 型の課題解決型の子ども食堂であると考えられる。今後政策導入が進められた場合、D 型に分類される子ども食堂がモデルケースとして、切り取って取り上げられると考えられる。しかし、これは現在多く存在している子ども食堂ではなく、子どもの貧困に特化した一部の子ども食堂であることを忘れてはならない。

Ⅳ　子ども食堂の今後の意義

1．子ども食堂の定義の再分類

　筆者の分類では、子ども食堂は次の四つの型に分けることができる。A 型：子ども預かり型、B 型：地域交流型、C 型：課題発見型、D 型：課題解決型となる。また、筆者は前述しているように子ども食堂を次の３点を満たしていることと定義している。1 点目は「不定期であっても持続的に運営していること」、2 点目は「安価な価格で子どもたちに対して食事を提供していること」、3 点目は「主なサービスの対象者が子ども、若者（0 歳から 18 歳）であること」だ。この３点についてはどの類型にも共通している前提条件であるといえる。そこか

らさらに各類型に分類するためにそれぞれの子ども食堂を定義していきたい。

　まず、A型については、地域の交流や居場所づくりを目的に子ども食堂を運営しており、かつ専門性の高いスタッフが常駐し、課題のある子どもへのケアができる子ども食堂を指す。A型については、専門性の高いスタッフを有し、かつ地域の交流拠点としての役割を持っている。この類型については理想的な形式であるが、専門性の高いスタッフや広い場所の確保等かなりのコストがかかることが予想されるため、実際にはあまりない形であると考えられる。

　次に、B型については、地域の交流や子どもの居場所づくりを目的に子ども食堂を運営しており、専門性の高いスタッフはおらず、地域のボランティアや大学生等が運営しているものを指す。また、参加している子どもについても課題のある子どもではなく地域の多くの子どもたちであると想定される。この類型については、現在最も多く非常に設立しやすい形式であるといえ、場所や食材、地域の協力があればすぐに運営を開始することができる。また、B型の子ども食堂は子どもだけではなく高齢者の居場所としての役割を有している場合もある。

　C型については、子どもを限定せず多くの子どもの参加を認めているが、子どもの課題発見についても目的の一つとしているものを指す。スタッフについては地域のボランティアや大学生等が担っているため、専門性の高いスタッフは少なくなっている。C型の特徴としては居場所としての機能を有しながらも子どもの課題発見を目的の一つとして運営している点である。また、地域のボランティアや大学生等が中心として実施していることが多く、課題発見ができたとしても、その課題に対しての専門的な解決手法を有していないことが想定される。そのため、C型の子ども食堂については、専門性を持ったNPO等や行政との協力が重要であると考えられる。C型の子ども食堂はそのような連携体制を構築し、課題発見に終わらず、課題解決までの流れを作ることにより、D型に近い役割を果たしていくと想定される。

　D型の子ども食堂については、子どもの課題発見を目的とし、子ども食堂を運営しており、専門性の高いスタッフが常駐し、課題のある子どもへのケアができるものを指す。子どもたちについても課題のある子どもたちと対象者を限定していることが多いと考えられる。D型の子ども食堂の特徴としては子ども

の課題発見からその問題への解決まで自身の活動の範疇で終えることができるという点である。しかしながら、専門性の高いスタッフを必要としていることからある程度の資金力がある団体でなければ継続的な運営は難しいと考えられる。

2．子ども食堂の今後の課題

　ここまでは子ども食堂の役割の分類について記載してきた。しかし子ども食堂において最も重要なことは、分類ではなく持続的かつ効果的に子どもたちに対してサービスを提供できるかという点であるように思う。その点から子ども食堂を運営する上での今後の課題について記載していきたい。まず、課題としてあげられることは、持続的な運営における周囲の理解である。現在、子ども食堂は注目を浴びているため、知名度も高く、資金・食材・人的資源についても比較的集まりやすい状態となっている。しかし、今後、知名度や話題性がなくなるにつれ、資源が集まりにくくなる状態となることが想定される。しかし、子ども食堂の分類にかかわらず、子ども食堂はすでに子どもの居場所の一つとして確立されつつあるため、子ども食堂の活動を一時的なムーブメントとして終わらせないために、地域や行政の取り組みは非常に重要であると考えられる。特に行政においては子どもの貧困問題の一つとして助成金が出ているケースが

図表14　子ども食堂の再分類

前提条件	1、不定期であっても持続的に運営していること 2、安価な価格で子どもたちに対して食事を提供していること 3、主なサービスの対象者が子ども、若者であること
A型	1、地域の交流や子どもの居場所づくりを目的に子ども食堂を運営している 2、専門性の高いスタッフが常駐し、課題のある子どもへのケアができる
B型	1、地域の交流や子どもの居場所づくりを目的に子ども食堂を運営している 2、専門性の高いスタッフはおらず、地域のボランティアや大学生等が運営している
C型	1、子どもの課題発見を目的とし、子ども食堂を運営している 2、専門性の高いスタッフはおらず、地域のボランティアや大学生等が運営している
D型	1、子どもの課題発見を目的とし、子ども食堂を運営している 2、専門性の高いスタッフが常駐し、課題のある子どもへのケアができる

（出所）筆者作成

多い。しかし今回の調査結果から、子ども食堂は子どもの貧困問題の解決手法としての役割よりも地域の居場所としての役割の要素が強いことがわかった。この点について行政も理解をする必要があり、子どもの居場所としての活動に対する助成金へと切り替えていく必要がある。また、政策導入等を検討した際に、子どもの貧困問題を中心に検討してしまうと、D型（課題解決型）の子ども食堂のみが大きく取り上げられ、それ以外の類型に属する子ども食堂については衰退してしまう可能性がある。その点も踏まえ自治体には子ども食堂の役割に関する深い理解が求められる。

　次に、子ども食堂の役割に関する世間の正しい理解が必要であると考えている。この点については、前述しているように、子どもの貧困問題への対応だけではなく、子ども食堂は、子どもの居場所や地域の交流拠点としての役割を担っている。D型の子ども食堂についても、子どもの参加を限定している（経済的に困窮している世帯にのみ限っている）子ども食堂は少なく、どの類型をとっての子ども食堂は地域の交流拠点の一つとして認知されつつある。そのため、C型やD型を含むすべての子ども食堂はあくまでも課題発見の場であり、子どもの貧困問題の対策の場ではないという理解が求められる。その点の理解がなければ、子ども食堂に参加している子どもたちは経済的に困窮している子どもたちであるという認識を持たれてしまい、すべての子どもたちが参加することが難しい状態になる可能性がある。そのため、子ども食堂の世間的な認知を改める必要があると考えられる。

3．子ども食堂を一過性のブームで終わらせないために

　前述してきたように、子ども食堂は分類こそあれ、地域の子どもたちの居場所として根付いてきている。しかし子ども食堂の運営形態は様々である。また、その多くが任意団体や個人で運営しているケースが多く見られる。そのため、資源（場所、資金、人的資源）の枯渇によって簡単になくなってしまう可能性も高いと考えられる。しかし大人の都合で子どもたちの居場所がなくならないように社会全体で子どもの居場所を支えていく必要があると筆者は考えている。

　子ども食堂は単に昔の駄菓子屋や地域の助け合いのような過去を懐かしむものではなく、子ども食堂は今の社会に適合した新たな子どもの居場所になり

つつある。そのため、今回の分類については、子ども食堂を運営されている方ではなく、子ども食堂とはなにかということを知らない人に正しく理解してもらうものであると考えている。今後子ども食堂が継続的に運営されていくためには、子ども食堂がどのような成果を出しているのかという点が非常に重要になってくる。それは子ども食堂がただの流行のボランティア活動ではなく、重要な子どもの居場所の一つとして認識されるために非常に重要な取り組みであると考えているからである。この調査がその成果を示すための一つの指標として活用されることを願う。

参考文献

浅井春夫（2016）「子どもの貧困に抗する政策づくりのために─子ども・若者たちを見捨てない社会への転換を─」『住民と自治』2016年8月号，6－12頁。

浅井春夫（2017）『「子どもの貧困」解決への道 実践と政策からのアプローチ』㈱自治体研究社。

阿部彩（2008）『子どもの貧困　日本の不公平を考える』岩波新書。

阿部彩（2011）「子どもの健康格差は存在するか：厚労省21世紀出生児パネル調査を使った分析」No.2010-J03，国立社会保障・人口問題研究所。

阿部彩（2013）「子どもの健康格差の要因：過去の健康悪化の回復力に違いはあるか」『医療と社会』第22巻，255－269頁。

阿部彩（2014）『子どもの貧困II　解決策を考える』岩波新書。

阿部茂明・野井真吾・中島綾子ほか（2011）「子どもの"からだのおかしさ"に関する保育・教育現場の実感：『子どものからだの調査2010』の結果を基に」『日本体育大学紀要』第41巻，65－85頁。

石本雄真（2009）「居場所概念の普及およびその研究と課題」『神戸大学大学院人間発達環境学研究科研究紀要』第3巻，93－100頁。

NPO法人豊島子どもWAKUWAKUネットワーク（2016）『子ども食堂をつくろう！──人がつながる地域の居場所づくり』明石書店。

小田利勝（1999）「「子どもの発達環境」再考─人間科学研究センターが主催した2つのシンポジウムを手がかりに─」『人間科学研究』第7巻，1－21頁。

小原美紀・大竹文雄（2009）「子どもの教育成果の決定要因」『日本労働研究雑誌』第51巻，67－84頁。

加藤昭宏・有間裕季・松宮朝（2016）「地域包括ケアシステムとコミュニティソーシャルワーカーの実践（下）」『人間発達学研究』第7巻，31－49頁。

木下智彰（2013）「児童の心の居場所をつくる教育実践の検討」『奈良教育大学教職大学院研究紀要』第5巻，31－40頁。

隈元晴子（2016）『居場所のない子どもたちへ―「食」と「教育」で支える大学・地域・NPOの挑戦―』共同文化社。

国立大学法人お茶の水女子大学（2016）「平成25年度　全国学力・学習状況調査（きめ細かい調査）の結果を活用した学力に影響を与える要因分析に関する調査研究」。

子どもの貧困対策「見える化」プロジェクト（首都大学東京　子ども・若者貧困研究センター／日本大学　公益財団法人あすのば）（2016）「都道府県の子どもの貧困対策事業調査2016報告書」。

小林じゅうたろう（2017）『だから、こども食堂』水山産業株式会社出版部。

小林章雄（2010）「現代社会の子どもの不健康，社会格差，学校保健の課題」『学術の動向』2010年4月号，75－81頁。

佐藤公治（2000）「放課後の子どもたちの日常生活」『北海道大学大学院教育学研究科紀要』第82巻，1－71頁。

猿渡智衛（2016）「地域における子どもの放課後の居場所づくりに関する基礎調査Ⅰ―神奈川県における全県調査結果をもとに―」『弘前大学大学院地域社会研究科年報』第12巻，37－55頁。

『世界』第891号2017年2月号、岩波書店。

高崎健康福祉大学健康福祉学部健康栄養学科、町田大輔・長井祐子（2017）「こども食堂活動状況の調査～結果報告書～」。

東京都（2017）「子どもの生活実態調査」。

特定非営利活動法人ひょうご・まち・くらし研究所（2017）「存在承認と役割創造居場所が担う役割を考える」。

鶴山博之・橋爪和夫・中野綾（2008）「子どもの遊びの実態に関する研究」『国際教養学部紀要』第4巻，133－137頁。

中塚・河合・丑田（2016）「「子ども食堂」全国300カ所　開設急増、半数が無料」朝日新聞デジタル（https://www.asahi.com/articles/ASJ6G0PCCJ6FPTFC036.html　最終閲覧日2017年12月10日）。

日本財団子どもの貧困対策チーム（2016）『徹底調査　子供の貧困が日本を滅ぼす　社会的損失40兆円の衝撃』文春新書。

硲野佐也香（2017）「世帯の経済状態と子どもの食生活との関連に関する研究」。

祓川摩有・佐野美智代・大橋英里ほか（2011）「小・中学生の食生活への意識と食習慣との関係」『榮養學雑誌』第69巻，90－97頁。

「広がれ、こども食堂の輪！全国ツアーin茨城」実行委員会（2017）「茨城県内こども食堂実態調査報告書」。

藤原靖浩（2010）「居場所の定義についての研究」『教育学論究 2010』169 - 177 頁。

ベネッセコーポレーション（2013）「第 2 回学校外教育活動に関する調査」。

町田大輔・長井祐子（2017）「こども食堂の活動状況の調査〜結果報告書〜」。

湯浅誠（2017）『「なんとかする」子どもの貧困』角川新書。

湯浅誠（2016）「「こども食堂」の混乱、誤解、戸惑いを整理し、今後の展望を開く」
　　（https://news.yahoo.co.jp/byline/yuasamakoto/20161016-00063123/　最終閲覧日
　　2017 年 12 月 10 日）

湯浅誠（2017）「こども食堂は第 2 ステージへ　地域性の獲得に向けて」（https://news.
　　yahoo.co.jp/byline/yuasamakoto/20170708-00073025/　最終閲覧日 2017 年 12 月 10
　　日）

吉田祐一郎（2016）「子ども食堂活動の意味と構成要素の検討に向けた一考察―地域に
　　おける子どもを主体とした居場所づくりに向けて―」『四天王寺大学紀要』第 62 号，
　　355 - 368 頁。

渡部広人・佐藤公代（2005）「児童の遊びに関する研究―社会的スキル、向社会的行動、
　　肯定感との関連について―」『愛媛大学教育学部紀要』第 52 巻，61 - 78 頁。

第 7 章

子どもの貧困と学習支援の取り組み

能島　裕介

はじめに

　2008 年 9 月に発生した米国の投資銀行リーマン・ブラザーズの経営破綻にともなう全世界的な景気後退以降、わが国においても貧困や経済格差の問題が注目されるようになった。

　そのような状況を背景に「子どもの貧困」についても、注目が集まるようになり、政府も子どもの貧困に対する取り組みを検討し始めた。2010 年には厚生労働省内に「生活保護受給者の社会的な居場所づくりと新しい公共に関する研究会」が設置され、その報告書において生活保護受給者の社会的居場所の一つとして「学習支援事業」が盛り込まれ、全国の自治体においてモデル事業が開始された。

　その後、2013 年に生活困窮者自立支援法が成立し（施行は 2015 年）、その法律において、各種の支援事業が列挙されることになった。その中で、「自立相談支援事業の実施」及び「住居確保給付金の支給」はすべての自治体が実施すべき必須事業とされ、「就労準備支援事業」「一時生活支援事業」「家計相談支援事業」「学習支援事業」「その他生活困窮者の自立の促進に必要な事業」については、各自治体が実施の可否を判断する任意事業と位置づけられ、その実施に要する予算についてはその一部を国が負担するという形になっている。

　その一方で厚生労働省だけでなく、他の省庁も子どもの貧困に対する取り組みを開始しはじめた。2013 年に成立した「子どもの貧困対策の推進に関する法律」に基づき内閣府は「子供の貧困対策に関する大綱」を取りまとめ、2015 年には「子供の未来応援国民運動」の一環として「子供の未来応援基金」が設置され、子どもの貧困対策事業に取り組み民間団体等に対する資金援助などが行

われるに至った。文部科学省でも2015年から経済的な理由や家庭の事情により、家庭での学習習慣が十分に身に付いていない中学生等を対象に、大学生や元教員などが無料で学習支援を行う「地域未来塾」などが開始された。

　また、リーマンショック以降は、政府だけでなく、民間においてもわが国の子どもの貧困に対する取り組みが行われるようになった。その一つが子ども食堂の取り組みである。子ども食堂は近年、全国各地に急速に増加している。このような子どもの貧困についての取り組みは官民を問わず、広がりつつある現状である。

　そのような状況を踏まえ、本稿においては子どもの貧困の取り組みのなかでも、生活困窮者自立支援法に基づく学習支援事業について注目し、その意義や課題について検討する。そもそも子どもの貧困は子ども自身の貧困ではなく、その親の貧困を意味するものであるが、親の収入が十分でない家庭に育った子どもは十分な教育を受けることができず、その結果、十分な学力や学歴が得られず、安定した収入を得ることができる職業に就くことが困難となり、その子ども自身も将来的に貧困になる可能性が高いという、いわゆる「貧困の連鎖」の問題が注目されている（図表1）。

　学習支援事業は、その貧困の連鎖の流れの中で、経済的な困窮によって十分な教育を受けることのできない子どもに対して、学習の機会を保障し、その学力を向上させ、一定の学力、学歴を保持させることによって、安定的な職業に就き、貧困の状態から脱却させることを狙いとしている。その意味において、

図表1　貧困の連鎖の概要図

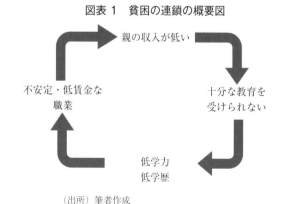

（出所）筆者作成

子どもの貧困、とりわけ貧困の連鎖を考えるうえで、非常に重要な取り組みであると考えられるが、生活困窮者自立支援法に基づく学習支援事業は、上述のとおり、各自治体において実施の可否を判断することができる「任意事業」と位置づけられ、自治体によってもその実施状況は大きく異なっている。

I 子どもの貧困を巡る社会の動向と先行研究

1. 子どもの貧困と学習支援への流れ

　2009 年の政権交代の直後に「政治判断」で公表された数字が社会に大きな衝撃を与え、「子どもの貧困」は一気に社会政策の重要課題となった。それから 4 年後の 2013 年に「子どもの貧困対策推進法」が可決・成立し、2014 年には、内閣総理大臣を議長として、関係閣僚による「子どもの貧困対策会議」が発足し、また、有識者で構成される「子どもの貧困対策に関する検討会」が内閣府に設置され、意見書がまとめられた。

　こうした動きのなかで社会課題・政策的な関心を集めたのは、子どもの貧困と子どもたちの「教育的不利」であった。このような社会背景を阿部（2008）は、「100 メートル走で最初からスタートラインを 10 メートルひかれているようなもの」と表現しており、努力やチャンス・自立に関する機会の不平等が問題視されてきた。生活保護受給者数の増大と世代間連鎖への対策を急いでいた厚生労働省は、2005 年度から進めてきた自立支援プログラムの一環として、2009 年に「子どもの健全育成支援事業」を開始し、生活保護世帯の中学生の高校進学に関する支援をスタートしている。

　また、日本では、学習塾や家庭教師が一般化され、「経済的な地位の格差」が「学力の格差」を生み出し、社会的格差へとつながっていく傾向にある。経済的格差のなかでは、学校内、学校外等の教育に必要な経費も、家庭内で捻出することは厳しい現状もあり、就学支援だけでは限界がある。低所得世帯では、保護者が子どもの教育について考える余裕がないと、関心を持ちにくくなるため、子どもが学習習慣を身につける機会が少なくなり、学力が低くなりがちだと言われている。そうした世帯では、一般世帯に比べて高校進学率が低く、高校進学後に中退される割合も高い。その結果、貧困の連鎖が生まれていく。そんな

中、子どもの貧困の連鎖を断ち切る手段・取り組みとして、貧困世帯の子どもの学習支援が各地で広がっている。子どもの貧困問題と教育機会の均等の問題は密接に関係している部分があり、貧困の連鎖を断ち切るためには、福祉・教育（教育政策）の双方から、子どもの教育・進学等を支援し、学校外教育や体験活動を含め、子どもたちの教育機会を保障する必要がある。だが、日本では、貧困世帯の子どもの教育機会が議論されてきたが、対策が講じられることは少なかった。子どもの貧困問題が社会に大きく報じられるようになり、社会問題化した2000年代以降にようやく厚生労働省の専門委員会等で、子どもの自立や就労に繋がる高校等への進学の必要性が話し合われ、生活保護制度のもと、2005年に生業扶助に「高等学校等修学費」が創設され、2009年には「高等学校等修学費」に「学習支援費」が加えられるなどの政策が進められてきた。

　学習支援事業そのものは、2005年から厚生労働省が実施していた生活保護の自立支援プログラムの一環として、2009年に「子どもの健全育成事業」が組み込まれ、2011年の「社会的な居場所づくり支援事業」（セーフティネット支援対策等事業費補助金）で本格実施されることとなった。また、2013年には、教育と福祉の支援を柱とする「子どもの貧困対策及び大網」が閣議決定された。2015年からは、学習支援を任意事業とする「生活困窮者自立支援制度」もスタートし、各地で取り組みが広がっている。

2. 貧困が子どもに与える影響

　貧困は生活に必要となる多くの資源等に制限や影響を与えている。貧困が低学歴や学力の低下、虐待、子どもの孤立、世帯での孤立、文化資本の欠如、そして生活をしていく上での不安感等、様々な不利となりうる要素や問題をもたらしていると考えられる。子どもの貧困の中核は経済的な困難ではあるが、生きる意欲すらも剥奪していく様子を、岩川（2007）は「複合的な剥奪」と表現している。不利が累積し、ライフチャンスが制約されて、貧困の世代間連鎖が起きていく。貧困の要因はこれまで、「意欲がない」「努力が足りない」といった、「自己責任論」として認知されてきた。また、「自己責任論」と関連し、わが国においては、子育てや教育の責任は家庭にあるものとしてとらえられ、家族にその多くの責任が課せられている。家族・世帯が子育ての基盤組織である

ことは違いないが、中嶋（2012）は、「社会が次世代の子育てを引き受けると
いう土壌作りも必要」としている。また、福祉経済学者エスピン－アンデルセ
ンや経済学者のヘックマンは、乳幼児期に貧困対策を徹底することの重要性に
ついて論じており、子どもの年齢が上がるにつれて子どもたちが抱える課題へ
の対策は複雑化し、その対策のためのコストは増大すると主張している。山野
（2011）は、乳幼児期など早期の投資により社会問題を防ぐとともに、コストも
最小限にする施策をとらねばならないと主張している。

　貧困の連鎖を断ち切る一つの試みとして学習支援事業があり、それは一定程
度の意味があることが確認されているが、中嶋（2012）は、「高校への進学を目
標とすることだけでは、貧困連鎖の断絶には不十分である」としており、「貧困
の世代間連鎖とならないように教育保障、生活保障と共に労働保障が必要」と
している。

II　生活困窮者自立支援法に基づく学習支援事業

1．学習支援事業の概要

　生活困窮者自立支援法（平成二十五年法律第百五号）は 2013 年 12 月 13 日に国
会で成立し、2015 年 4 月 1 日から施行されることになった。この法律は、「こ

図表 2　生活困窮者自立支援の概念図

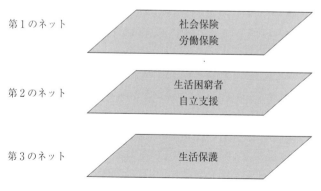

第 1 のネット　社会保険　労働保険

第 2 のネット　生活困窮者　自立支援

第 3 のネット　生活保護

（出所）厚生労働省「生活困窮者自立支援法の円滑な施行に向けて」
（平成 25 年 6 月）をもとに筆者作成

れまで「制度の狭間」に置かれてきた生活保護受給者以外の生活困窮者に対する支援を強化するもの[3]」と位置づけられており、生活保護と社会保険・労働保険制度との間に新たなセーフティネットを構築するものであった（図表2）。

　同法では、自立支援の対象を生活保護受給者以外の生活困窮者としており、生活困窮者についても「失業者、多重債務者、ホームレス、ニート、引きこもり、高校中退者、障害が疑われる者、矯正施設出所者など様々な人たちが考えられる[4]」とかなり幅広くとらえている。同法において生活保護受給者は、生活困窮者には含まれないとされているが、生活保護受給世帯の子どもについては、「将来最低限度の生活を維持できなくなるおそれがある[5]」ことから、生活困窮者に含まれるとされている。

　同法では、生活困窮者自立支援事業としてすべての社会福祉事務所設置自治体が行うべき事業である「必須事業」と自治体の任意により実施の可否を決定することができる「任意事業」とを定めている。必須事業には「自立相談支援事業」（就労その他の自立に関する相談支援、事業利用のためのプラン作成等）及び「住居確保給付金の支給」が定められ、任意事業には（1）就労に必要な訓練を日常生活自立、社会生活自立段階から有期で実施する「就労準備支援事業」、（2）住居のない生活困窮者に対して一定期間宿泊場所や衣食の提供等を行う「一時生活支援事業」、（3）家計に関する相談、家計管理に関する指導、貸付のあっせん等を行う「家計相談支援事業」、（4）生活困窮家庭の子どもへの「学習支援事業」、（5）その他生活困窮者の自立の促進に必要な事業の5種が定められている。

　それぞれに事業について、費用の分担が定められており、自立相談支援事業、住居確保給付金は費用の3/4が国庫負担、就労準備支援事業、一時生活支援事業は費用の2/3が国庫補助、家計相談支援事業、学習支援事業、その他生活困窮者の自立の促進に必要な事業については国庫補助が1/2となっている。

　本稿のテーマである「学習支援事業」は上記の通り、各自治体の任意とされ、国庫補助率は1/2となっている。厚生労働省が定める「生活困窮世帯の子どもに対する学習支援事業実施要領」によると同事業の目的は「貧困の連鎖を防止するため、生活困窮世帯の子どもに対する学習支援を推進すること」とされ、実施にあたっては「その目的の範囲内において、地域の実情に応じ柔軟に実施

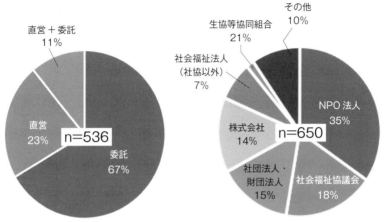

図表 3　学習支援事業の実施区分

直営＋委託
11%

直営
23%

n=536

委託
67%

（出所）厚生労働省「平成30年度生活困窮者自立支援制度の実施状況調査」をもとに筆者作成

図表 4　委託先区分

その他
10%

生協等協同組合
21%

社会福祉法人
（社協以外）
7%

株式会社
14%

n=650

NPO法人
35%

社団法人・
財団法人
15%

社会福祉協議会
18%

（出所）厚生労働省「平成30年度生活困窮者自立支援制度の実施状況調査」をもとに筆者作成

図表 5　自治体種別毎の委託先種別

	NPO法人	社会福祉協議会	社団法人・財団法人	株式会社	社会福祉法人（社協以外）	生協等協同組合	その他	直営
都道府県	13	5	4	6	3	1	2	5
特別区	11	4	1	2			2	3
政令市	8	1	7	1	1		1	1
中核市	15	6	6	7		2	3	6
市	88	54	47	21	26	2	23	99
町	1		1				2	2

（出所）厚生労働省「子どもの学習支援事業の実施状況・委託先一覧（平成29年7月時点）」から筆者作成

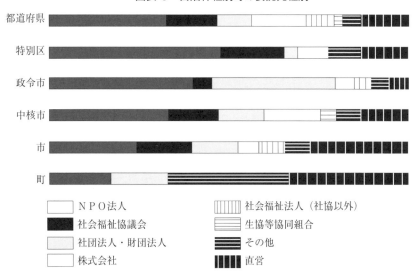

図表 6　自治体種別毎の委託先種別

NPO法人	社会福祉法人（社協以外）
社会福祉協議会	生協等協同組合
社団法人・財団法人	その他
株式会社	直営

（出所）厚生労働省「子どもの学習支援事業の実施状況・委託先一覧（平成 29 年 7 月時点）」をもとに筆者作成

することが可能であり、創意工夫により効率的・効果的に実施すること」とされ、地域の状況にあわせた取り組みが求められている。

　あわせて、生活困窮者自立支援法では学習支援事業以外にも、各自治体において任意に実施できる事業として、(1) 就労準備支援事業、(2) 一時生活支援事業、(3) 家計相談支援事業があげられているが、2017 年 4 月における学習支援事業の実施率が 56% であるのに対し、(1) 就労準備支援事業が 44%、(2) 一時生活支援事業が 28%、(3) 家計相談支援事業が 40% となっており、任意事業の中では学習支援事業の実施率が最も高い状況である[6]。

　これを自治体の種別毎に委託事業者の種別を分類すると図表 5・6 のようになる。

　これによると都市規模が大きい特別区や政令市、中核市などは NPO 法人がその担い手が多いのに対して、市、町などになるにしたがって、NPO 法人の割合が低くなり、直営の比率が増えていることがわかる。

2. 学習支援事業の実施状況

上述のように都道府県別の学習支援事業の実施状況を見ると、各都道府県によってその実施率が大きく異なっていることがわかる。熊本県は実施率が100％であるのに対し、和歌山県は10％と大きく開きがある。その差がどのような要因によって生じているかを明らかにするため、まずは実施率の高い都道府県と低い都道府県を図表7の通り分類した。

この表を見る限りでは、上位層には埼玉、東京、京都、大阪、神奈川などの大都市圏の都道府県が入っていることがわかるが、一見してその傾向がわかるような特徴はそれほどないように思われる。そのため、要因となり得る項目を列挙し、実施率との相関について分析することとした。その結果が図表8である。

この分析によれば、正の相関があるとされる項目は、財政力指数、人口集中地区人口比率、人口、可住地人口密度であり、負の相関があるのは6～11歳人口あたりの小学校数、12～14歳人口あたりの中学校数となった。

当初、子どもの貧困率や教育扶助率など子どもの貧困の状況が厳しい都道府県については、実施率が高いものと仮説を立てていたが、今回の分析ではそれらの割合と実施率との間には、相関が見いだせなかった。

これらのことからわかるのは、一つは自治体の財政力によって実施、不実施

図表7　都道府県別実施率区分

	都道府県
上位25%	熊本県（100%）、埼玉県（95%）、東京都（94%）、沖縄県（92%）、石川県（92%）、栃木県（87%）、滋賀県（86%）、京都府（81%）、大阪府（80%）、福井県（80%）、神奈川県（80%）、三重県（75%）
上位25～50%	静岡県（71%）、群馬県（69%）、山梨県（64%）、愛知県（64%）、茨城県（61%）、新潟県（57%）、福島県（57%）、香川県（56%）、千葉県（53%）、北海道（50%）、高知県（50%）、山形県（50%）
上位50～75%	福岡県（48%）、広島県（48%）、青森県（45%）、長野県（45%）、徳島県（44%）、宮城県（43%）、愛媛県（42%）、鹿児島県（41%）、鳥取県（39%）、兵庫県（37%）、長崎県（33%）、岩手県（33%）
上位75～100%	宮崎県（30%）、大分県（27%）、秋田県（27%）、山口県（27%）、奈良県（21%）、佐賀県（18%）、富山県（18%）、島根県（16%）、岡山県（16%）、岐阜県（14%）、和歌山県（10%）

図表 8　実施率との相関

項目	相関係数
財政力指数	0.50
人口集中地区人口比率	0.47
人口	0.42
可住地人口密度	0.42
世帯数	0.41
教育扶助件数	0.38
可住地面積あたり中学校数	0.37
可住地面積あたり教育扶助	0.37
年少人口割合	0.26
教育扶助率	0.18
子どもの貧困率[7]	0.06
全国学力テスト正答率 (小学校)	0.04
全国学力テスト正答率 (中学校)	-0.01
可住地面積	-0.01
核家族世帯の割合	-0.03
6-11 歳人口あたり小学校数	-0.47
12-14 歳人口あたり中学校数	-0.48

に影響を与えるのではないかということ、そして二つ目は、自治体の都市の規模（人口や人口密度）なども実施率に影響を与えているのではないかということである。

　これらの相関があるとされる項目についてそれぞれに散布図を作成したものが次の通りである（図表9 ～ 14）。

　では、自治体の財政状況が学習支援事業の実施・不実施に影響を与えているのかどうかをさらに深く検討するため、都道府県ごとではなく、自治体ごとに分析を行った。福祉事務所を設置している都道府県、市町村計 902 自治体について、それぞれの 2015 年度の財政力指数[8]を割り当て、財政力によって実施の有無に差異があるかを分析した。

　実施している自治体の財政力指数の平均値は 0.6879 で、実施していない自治体の財政力指数の平均値は 0.5153 となり、両者の平均値は 1％水準で統計的に

図表 9　財政力指数

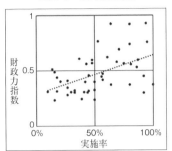

図表 10　人口集中地区人口比率

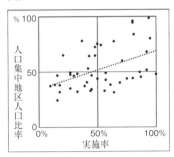

図表 11　人口

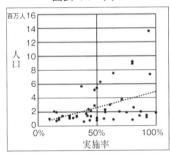

図表 12　可住地人口密度

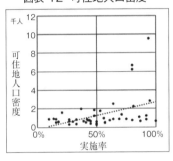

図表 13　11 〜 14 歳
10 万人あたりの中学校数

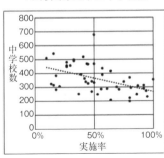

図表 14　6 〜 11 歳
10 万人あたりの小学校数

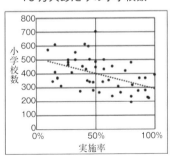

図表 15　財政力指数による度数分布

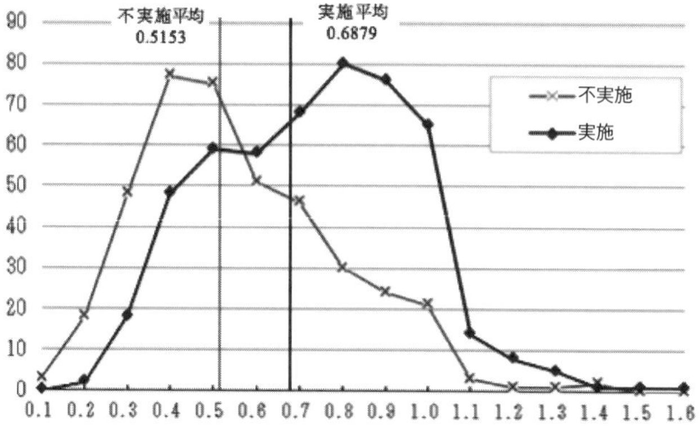

（注）平均値の差は 1 ％の水準で統計的に有意

有意に異なることが明らかになった（図表 15）。

III　貧困状態にある子どもたちへの支援

1. 子どもや親の意欲によるマトリクス

　貧困の連鎖を解消するうえで、生活困窮状態にある家庭の子どもたちに対して、学習支援を行うことは極めて有効であると考えられる。その一方で、本研究で明らかにしたように生活困窮者自立支援法に基づく学習支援事業は各自治体の任意により実施、不実施を決定できることから、自治体の財政状況やその他の理由によって実施されない地域が存在している。

　また、仮に実施されたとしても対象者のうちで学習支援事業を利用する者は限定的であり、その利用率は決して高いものとは言えない。したがって、わが国全体において学習支援事業の利用者を拡大させるためには（1）実施する自治体を拡大すること、（2）各事業所の利用者数を拡充することが必須である。

　もっとも、学習支援事業の利用者を拡大するためには上記のように事業所数を増やし、利用の障壁となるような課題を解決していくだけでは十分ではない。なぜなら、学習という行為が極めて内発的な動機によって行われるものであり、他者から強制されるものではないからである。その点において、学習支援事業

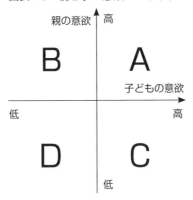

図表 16　親と子の意欲のマトリクス

親の意欲　高

B　　A

子どもの意欲

低　　　　　　　　高

D　　C

低

　の利用者を拡大するためには保護者及び子どもの意欲が大きな鍵になってくる。
　これについて、筆者が理事を務めている公益社団法人チャンス・フォー・チルドレンでは親と子の学習に対する意欲について、図表16のようなマトリクスを作成し、それぞれの状況に応じた事業展開を検討している。このマトリクスでは親の子どもの学習（教育）に対する意欲も子ども自身の学習意欲も高い場合（A）、親の子どもの学習に対する意欲が高いが、子ども自身の学習意欲が低い場合（B）、親の子どもの学習に対する意欲は低いものの子ども自身の学習意欲が高い場合（C）、親も子どもも学習についての意欲が低い場合（D）の四つの象限に区分する。
　この四つの象限にそって学習支援事業の役割や効果を検討すると非常に理解しやすい。A象限は親も子どもも学習に対する意欲が高いことから、A象限の子どもは学習支援事業を利用する可能性も高く、且つ学習支援を利用した場合、子どもの学習意欲が高いことからその効果も高いことが予想される。したがって、A象限の子どもにとって学習支援事業は非常に有効な手段であるといえる。
　B象限の子どもは、子ども自身は学習意欲が低いものの親自身の子どもの学習に対する意欲は高いことから、親に学習支援の情報を届けることができればその親は自身の子どもに学習支援を利用させる可能性も高い。また、子ども自身は学習支援事業の事業者が提供する意欲喚起の取り組みや学習指導によってその学習意欲を高め、学力を向上させることが可能になると考えられる。そも

そも民間の学習支援機関、特に従来から学習支援を専門としていた学習塾などは、子ども自身の意欲を高めることについて十分な経験やノウハウがある場合も多く、それらの団体等を活用することにより、学習支援の効果はより高いものになると考えられる。

　C象限の子どもは、子ども自身は学習意欲が高いものの、親は子どもの学習に対する意欲が低いため、親自身が子どもの学習機会の障壁になる可能性がある。多くの場合、学習支援などの情報は子どもではなく、親に伝えられることが多く、学習支援を受けるか否かの決定は親自身が行うことが多いが、親に子どもの学習に対する意欲が低ければ、そのような情報があったとしても、それを無視し、又は子どもが学習支援を受けることを拒否する可能性がある。子ども自身が一定の年齢を超え、自分自身で一定の意思決定ができる状況であれば、親ではなく子ども自身に学習支援等の情報を提供し、子ども自身が意思決定することも想定されるが、未成年であることから親が明確に学習支援を拒絶している場合に、子どもだけの意思で学習支援を受けさせることは困難である。したがって、C象限の子どもに対しては、子どもへの支援だけでなく、親への支援も行うことが必要であると考えられる。

　D象限は親も子どもの学習に対する意欲が低いことから、学習支援は十分な効果を上げることが困難であると考えられる。親自身はC象限同様、子どもの学習について意欲が低く、子どもに対してその学習機会を提供することや子ども自身の学習意欲を喚起させるような働きかけを行うこともない。また、子ども自身も学習に対する意欲がないことから、子ども自身の意思により学習支援を受けることもない。したがって、学習支援事業はD象限の子どもに対して十分な効果を上げることはできないといえる。このような状況の子どもについては、学習だけでなく生活支援や居場所提供などの機能も重要であると考えられる。

　上記を踏まえて考えれば、A象限やB象限の子どもに対しては、学習支援事業は十分な効果を上げることが予想されるものの、C象限やD象限の子どもに対しては従来の学習支援では十分な成果を上げることは困難であるといえる。したがって、今後の学習支援の展開を考える上では、C象限やD象限の子どもたちにどのようにアプローチしていくかが重要である。

2. 貧困による子どもの学習状況の変容

　筆者が理事を務めている公益社団法人チャンス・フォー・チルドレンでは、2011 年の東日本大震災で被災した 2000 人以上の子どもたちに対し、2015 年、その学習意欲などに関する調査を実施した。

　その調査において、「震災以前から貧困状態にあった子ども」と「震災後に貧困状態に陥った子ども」に区分し、それぞれの学習状況や進学希望等を比較した（図表 17・18）。

　図表 17 は被災した児童・生徒の平日の学習時間を調査したものであるが、「震災前から貧困」であった子どもたちは 47.5％ が 1 時間未満の学習時間であるのに対し、「震災後に貧困」になった子どもたちで 1 時間未満の学習時間であるのは 40.5％ である。「貧困ではない家庭」の子どもの場合、1 時間未満の学習時

図表 17　東日本大震災被災児童・生徒の平日の学習時間

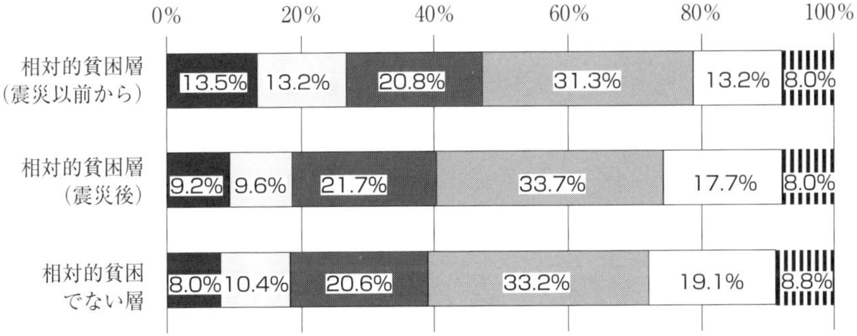

	相対的貧困 でない層	相対的貧困層 （震災後）	相対的貧困層 （震災以前から）
まったくしない	8.0%	9.2%	13.5%
30 分未満	10.4%	9.6%	13.2%
30 分以上 1 時間未満	20.6%	21.7%	20.8%
1 時間以上 2 時間未満	33.2%	33.7%	31.3%
2 時間以上 3 時間未満	19.1%	17.7%	13.2%
3 時間以上	8.8%	8.0%	8.0%

（出所）今井悠介・奥野慧『東日本大震災被災地・子ども教育白書 2015』から筆者改変

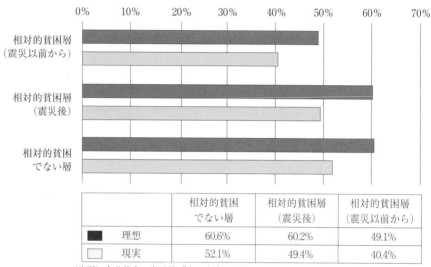

図表 18　東日本大震災被災児童・生徒の大学以上への進学を希望する割合

		相対的貧困 でない層	相対的貧困層 （震災後）	相対的貧困層 （震災以前から）
■	理想	60.6%	60.2%	49.1%
□	現実	52.1%	49.4%	40.4%

（出所）今井悠介・奥野慧『東日本大震災被災地・子ども教育白書 2015』から筆者改変

　間である割合は 39% であるので、「震災後に貧困」に陥った子どもの学習時間は「貧困ではない家庭」の子どもの学習時間と大差がないことがわかる。

　また図表 18 は将来、大学以上に進学することを希望する子どもの割合を示したものであるが、「理想」として大学以上に進学したいと考えている子どもの割合は、「震災前から貧困」の子どもは 49.1% であるのに対し、「震災後に貧困」になった子どもについては 60.2% であり、「貧困でない」子どもの 60.6% とほぼ同程度の割合を示している。「現実的に大学以上に進学する」と考えている子どもの割合についても、「震災前から貧困」の子どもは 40.4% であるのに対し、「震災後に貧困」になった子どもは 49.4%、「貧困でない」子どもは 52.1% であり、現実的な進学予想についても、「震災前から貧困」の子どもは大学以上に進学すると考えている割合は低く、「震災後に貧困」になった子どもは「貧困でない」子どもとほぼ同程度の割合であった。

　このことから、震災から 4 年が経過した時点において、震災による生計維持者の死亡、失業等の要因で貧困になった家庭の子どもについては、学習時間や進学希望等について、特に貧困ではない家庭の子どもと大きな差異がないこと

がわかる。つまり、震災によって突発的に貧困に陥った子どもは、4年程度の期間ではその学習意欲などが低減しないことが明らかとなった。その一方で、震災以前から貧困であった家庭の子どもについては、震災後に貧困に陥った子どもと比較しても、学習時間は短く、大学以上への進学希望も少ない。これらを踏まえると、突発的な要因によって貧困に陥った子どもについては、一定期間は学習意欲等を維持し続ける一方で、比較的長期にわたり幼少期から貧困状態の中で育った子どもについては学習意欲が低くなっていることがわかる。

　この調査は、災害発生後の子どもの状況について調べたものであるが、災害以外でも突発的に家庭の経済状況が悪化する要因は存在する。生計維持者の死亡、失業や離婚などはその典型例でもある。そのような場合においても、一定期間は子どもの学習意欲などは低減することなく維持される可能性があることが示唆される。

3. 特に困難な状況にある子どもへの支援

　上述の通り、親や子どもの状況によっては、対象となる生活困窮世帯の子どもが学習支援事業に参加しない場合や参加したとしても十分な効果を上げることが困難な場合があることが想定される。親と子どもの意欲のマトリクスにおいて、C象限やD象限、すなわち親の子どもの教育に対する意欲が高くない家庭については、親だけでなく子どもに対しても直接、情報を提供することや親に代わり子どもの学習について助言、サポートする第三者の関与なども求められるところである。とりわけC象限の子どもについては、子ども自身の意欲は高いことから、子どもにしっかりと情報を届けるとともに、そのサポートを行うような第三者が関与すれば、学習支援事業等の学習機会を得て、学力等を向上させることが可能になると考えられる。その点において、日常的に子どもと接点を持つ学校との連携は極めて重要であるといえる。生活保護のケースワーカーなどは多くの場合、世帯主に接触することは多いもののその世帯の子どもに対して、直接に関わる機会は限定的である。その一方で学校教員は日常的に子どもと直接に接触しており、子どもに対し、直接、情報を提供したり、子どもの情報を適切な福祉部局につなぐことも容易であると考えられる。

　D象限の家庭の子どもについては、親も子どもも意欲が低い状況にあるため、

その子どもたちを学習支援に参加させることはなかなか容易ではない。特に学習支援は、食事提供や居場所提供などに比べて、参加のハードルが高いこともあり、すぐに学習支援につなげることは困難であるといえる。したがって、学習支援事業の枠組みを利用しながらも、食事提供や居場所提供のような参加のハードルが低い入口を用意することも必要であると考えられる。

　また、生計維持者の死亡、失業や離婚などによって、突発的に経済的に困窮することとなった家庭の子どもや親に対しては、そのような状況に陥ってから早い段階で学習支援等の情報を提供するとともに、いち早く支援を開始することが重要であると思われる。貧困に陥った直後は、親も子どもも比較的意欲が高いことが想定されるため、その時点で積極的に介入することができれば、学習支援の利用者を拡大させることが可能になるとともに、学習支援の効果も高まるものと考えられる。一方で、貧困状態に陥ってから、一定の時間が経過すれば、徐々に子どもの意欲も低下し、B象限や最悪の場合にはD象限に陥る可能性もあり、D象限になった場合にはその子どもに対し、学習支援を行うことは非常に困難になるため、そうならない時点での予防的な関与が必要であると思われる。

　そのように困難な状況にある子どもたちへの支援のためには（1）各セクターの垣根を越えた総合的な支援の実施や（2）学習支援以外の食事提供や居場所提供などの多様な支援プログラムの提供が必要であると考えられる。

おわりに

1．多様なアプローチによる総合的な支援

　第4章で論じた通り、図16で示したA象限やB象限の子どもたちに対して、学習支援は有効であると考えられるが、一方でC象限やD象限の子どもたちには、学習支援事業を利用する比率も低く、学習支援は十分な効果を上げることができない。また、親自身が子どもの学習について意欲が低ければ、その子ども自身が学習支援を受ける機会が少なくなるばかりか、親自身の低い意欲によって子ども自身の意欲も低減させられる可能性も否定できない。

　そのため、子どもたちの学習意欲を高め、学習支援の効果を持たせるために

は、子どもだけの支援だけでは不十分であり、親への支援が不可欠であると考えられる。また、子どもに対しても食事提供や居場所提供などの学習以外の手法でアプローチしていくことも求められる。

それらのことを踏まえると、子どもの貧困を考える上で、生活困窮者自立支援法の枠内では子どもに対しては学習支援事業しか定められていないものの、学習支援以外の親支援も含めた様々なアプローチが必要であると考えられる。

例えば近年、全国的に増加している「子ども食堂」などの取り組みも、学習に対しては意欲の低い親や子どもにアプローチする手段として、一定の効果があるものと思われる。特に食事支援などの生活支援は学習に意欲を持たない親や子どもにとっても必要な支援であり、こうした支援から困窮状態にある家庭の捕捉を行い、総合的な支援に結びつけていくことは重要である。

2. それぞれの壁を越えた支援

また、多様な支援団体の協力が必要であるとの意見も存在している。確かに、生活困窮状態にある家庭の子どもといっても、その状況やニーズは多様であり、学習支援や食事支援、その他個別の支援だけでは、十分な支援を提供することができない。そのため、それぞれの立場で支援を行っている複数の団体が当該地域の中で連携し、相互に情報共有を行いながら、一人の子どもや親に対し、多面的な支援を行うことが求められる。

さらに、行政と民間との連携も重要との指摘もある。特に生活困窮者の支援においては所得情報や生活保護、就学援助、児童扶養手当などに関する情報など行政が保有している情報は多い。しかし、プライバシーや個人情報保護の観点から、それらの情報を民間と共有することは困難である。その一方で、民間団体等は様々な領域において支援の手法や技術などを持ちながらも、対象者の捕捉を行うことが困難であるという状況がある。そのため、行政が保有する要支援者に対する情報を民間が持つ様々な支援手法と組み合わすことができれば、網羅的で効果的な生活困窮者支援が可能になると思われる。もっとも、これを実現するためには個人情報保護等の壁を乗り越える必要がある。

この点、生活困窮者自立支援法に基づく学習支援事業は行政が民間団体に委託して実施する場合も多く、委託事業者に対してであれば、十分な情報保全措

置を講じた上で、行政が保有する情報を提供することは特に法律上の制約等もない。したがって、生活困窮者自立支援法に基づく学習支援事業は、行政と民間の壁を突破する有効な機会に成り得ると考えられる。

ただ、行政内部での連携や情報共有すらも十分ではないといった実体も存在している。特にその傾向は首長部局と教育委員会との間に顕著である。多くの自治体において生活困窮者自立支援法を所管するのは福祉系の首長部局であるが、子どもなどの支援という点においては、学校教育を所管する教育委員会との連携は不可欠である。

これについては、すでに大阪府箕面市では、生活保護や児童扶養手当、就学援助などの世帯の経済状況等に関する情報や子どもの学力、体力などの教育に関する情報などを統合したデータベースを構築し、支援が必要な子どもの捕捉等に活用している。今後、他の自治体においても首長部局や教育委員会、学校などが保有するデータを統合したデータベースの構築、運用が求められていくことになるだろう。また、将来的には必要なデータセキュリティ措置を行った上で、行政の事業を受託する民間団体等にもデータベースを共有するようなことも必要であると思われる。

注

1 厚生労働省社会・援護局長「学習支援費の創設及び子どもの健全育成支援事業の実施について」（平成 21 年 7 月 1 日通知）

2 厚生労働省社会・援護局保護課長「社会的な居場所づくり支援事業の実施について」（平成 23 年 3 月 31 日通知）

3 厚生労働省「生活困窮者自立支援法の円滑な施行に向けて」平成 25 年 6 月、http://www.mhlw.go.jp/file/06-Seisakujouhou-12000000-Shakaiengokyoku-Shakai/saishin24-file01.pdf　2017 年 10 月 2 日閲覧

4 前掲資料

5 厚生労働省社会・援護局地域福祉課生活困窮者自立支援室「生活困窮者自立支援制度について」平成 27 年 7 月、http://www.mhlw.go.jp/file/06-Seisakujouhou-12000000-Shakaiengokyoku-Shakai/2707seikatukonnkyuushajiritsusiennseidonituite.pdf　2017 年 10 月 2 日閲覧

6 厚生労働省社会・援護局地域福祉課生活困窮者自立支援室「平成２９年度生活困窮者自立支援制度の実施状況調査集計結果」

7 戸室健作「都道府県別の貧困率、ワーキングプア率、子どもの貧困率、捕捉率の検討」『山形大学人文学部研究年報』2016

8 総務省「平成27年度地方公共団体の主要財政指標一覧」http://www.soumu.go.jp/iken/zaisei/H27_chiho.html　2017年10月2日閲覧

9 箕面市「平成28年度（2016年度）地域政策等に関する調査研究子供の貧困対策支援システムの在り方と運用方法に関する実証研究報告書」

参考文献

浅井春夫・松本伊智朗・湯澤直美（2008）『子どもの貧困──子ども時代のしあわせ平等のために』明石書店。

阿部彩（2002）「貧困から社会的排除：指標の開発と現状」『海外社会保障研究』第141号，国立社会保障・人口問題研究所。

阿部彩（2008）『子どもの貧困──日本の不公平を考える』岩波新書。

阿部彩（2014a）『子どもの貧困II──解決策を考える』岩波新書。

阿部彩（2014b）「生活保護・貧困研究の50年」『季刊社会保障研究』第50巻第1・2号，国立社会保障・人口問題研究所。

今井悠介・奥野慧（2015）『東日本大震災被災地・子ども教育白書2015』バリューブックス。

川口洋誉（2016）「子どもの貧困と学習支援」『ここまで進んだ！格差と貧困』新日本出版。

苅谷剛彦（2001）『階層化日本と教育危機──不平等再生産から意欲格差社会』有信堂高文社。

田中聡子（2015）「子どもが貧困に抗うための実践」埋橋孝文・矢野裕俊編著『子どもの貧困／不利／困難を考えるI　理論的アプローチと各国の取組み』ミネルヴァ書房。

特定非営利活動法人さいたまユースサポートネット（2017）『平成28年度生活困窮者就労準備支援事業費等補助金社会福祉推進事業子どもの学習支援事業の効果的な異分野連携と事業の効果検証に関する調査研究事業報告書』特定非営利活動法人さいたまユースサポートネット。

松本伊智朗（2013）「教育は子どもの貧困対策の切り札か？──特集の趣旨と論点」貧困研究会『貧困研究』第11号，明石書店。

松本伊智朗（2016）「子どもの貧困を考えるうえで大切なこと」『ここまで進んだ！格差と貧困』新日本出版。

箕面市（2016）『平成28年度（2016年度）地域政策等に関する調査研究　子供の貧困対策支援システムの在り方と運用方法に関する実証研究報告書』箕面市。

湯浅誠（2008）『反貧困「すべり台社会」からの脱出』岩波新書。

湯浅誠・冨樫匡孝・上間陽子・仁平典宏（2009）『若者と貧困』明石書店。

湯澤直美（2009）「貧困の世代的再生産と子育て」『家族社会学研究』第21巻第1号，日本家族社会学会。

湯澤直美（2015）「子どもの貧困をめぐる政策動向」『家族社会学研究』第27巻第1号，日本家族社会学会。

湯澤直美・中西新太郎・浅井春夫・平湯真人・阿部彩・松本伊智朗・山野良一（2009）『子どもの貧困白書』明石書店。

第Ⅲ部
移行期を支える

〈各章の問題意識〉

第8章

社会的孤立に陥るリスクに直面した障がい者はどれくらい
いるだろうか？　その原因は何か？

第9章

日本で「デュアル教育」を普及させるためには何が必要か？

第 8 章

障がい者も自ら立てる——持続可能な共生社会へ

川田　和子

I　はじめに

　障がいのある人の社会的自立はかなっているのだろうか？

　この章では障がいのある人々が現代の社会の中で、多様な人とのつながり・役割や居場所をどのように構築し、どのようなことにニーズがあるのかを述べる。

　特別支援学校で働いていると、「卒業後の人生の方が長い」のを実感する。「これからが大変なのよ」とは、高等部卒業式での保護者の本音である。在学中の教育や培ったネットワークは障がい当事者の力になっているのだろうか。多くは 18 歳で学校生活を終え、地域社会に戻ったあと、個々様々なタイミングでターニングポイントが訪れる。先行研究からはその際の支援ニーズを当事者周辺が支え、法やシステムが追いかけて整備されていく状況が見える。この 40 年余の社会の流れの中でわが国において障がい者をめぐる情勢や施策、社会資源が変遷してきた状況も合わせて俯瞰しながら、平成 18 年 19 年から福祉と教育が連携して切り開きつつある地域でのインクルーシブな現状と課題を当事者への調査から研究考察する。障がいのある人々の人生の節目に公の支援やシステムは効果を発揮しているのかを辿った。障がい者だけではない、多様な「誰一人取り残さない」持続可能な社会の実現に向かって我々が前進を続けるためのヒントを見出していきたい。

II　この 40 年、そして平成中盤からの制度改革と現状

　図表 1 をご覧いただきたい。この 40 余年間誕生する子ども数の減少が止まら

図表 1　貧困化と障がい者福祉行政、教育行政の変遷および大阪府の支援教育

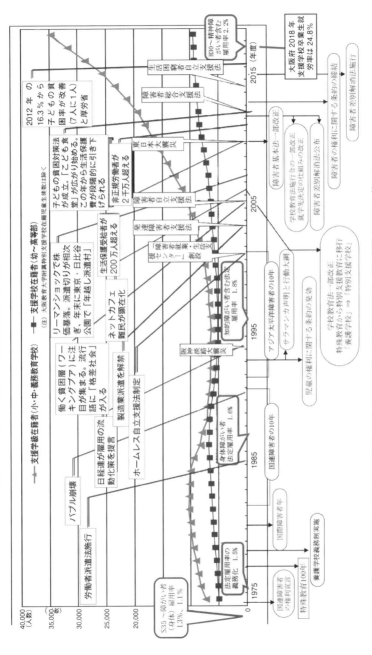

（出所）『大阪の支援教育　平成 30 年度版』（p.2）に筆者加筆、厚生労働省資料、朝日新聞 2017/9/1 等より

ないが、特別支援教育を受ける子どもの数は増加の一途を辿っている。この間、国際的に人権意識が成熟していくにつれ、日本においても教育・福祉分野の法やシステムが整備されてきた。一方で堅調だった経済発展は1991年のバブル崩壊あたりから失速し、同時に、少子高齢化、貧困化が進展している。

　当事者である特別支援学校の卒業生を中心に述べる。特別支援学校とは学校教育法72条に規定されているように、障がいのある子どもに教育をする学校である。1979（昭和54）年4月の養護学校義務化から障がい児への教育が保障された。1995年（平成7）年、論文「高等養護学校卒業後の知的障害者の実態調査と援助のあり方についての研究」が北海道社会福祉協議会の研究報告に発表された。高等養護学校を卒業後の知的障がい者の就労や生活実態を調査したものである。明らかにされたのは、卒業後の時間が経過するとともに家族ぐるみの「相談支援」が必要になってくる実態であった。卒業後すぐに就労し自宅から通勤する知的障がい者は、福祉の対象とはならない（当時）。二つの課題がわかった。①就労した卒業生は年数を経過するごとに職場や生活上の問題で援助を要する事情が増加し保護者の不安感も増大するが、相談窓口は消失していく。②知的障がい者が地域生活を継続するためには関係機関のネットワーク作りと支援するシステムの構築が必要である。当時における学校の役割の大きさや社会資源の乏しさが如実に示された。2002（平成14）年に厚生労働省により「障害者就業・生活支援センター」が立ち上げられ、障がい者の就業及び生活面の一体的な支援の実施が開始された。

　2004（平成16）年「養護学校卒業後の生活実態と仲間との交流に関する研究－W養護学校卒業生への調査をもとにして－」では、障がいのある就労者には職場以外の、同窓会などのネットワークがアフターケアになりうることを指摘している。ここで提示された論点は次の3点であった。(1) 卒業後7年目から二つ目の職に就く場合が多い。会社の倒産や辞職勧告も散見されるのは景気変動の影響が考えられる。(2) 同窓会・青年学級など家族以外の機関や人とのネットワークがあることで、卒業生本人の生活が豊かになったり保護者の将来への不安が軽減されたりする。(3) 同窓会活動など仲間との交流はアフターケアの場の一つと捉え、充実させていくことで支えとなる。

　2006（平成18）年、「障害者自立支援法」が施行された。身体・知的の他に

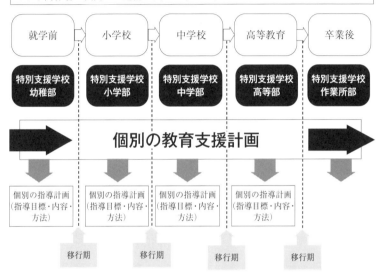

図表 2　教育支援計画のイメージ

一貫した支援をつなぐ個別の教育支援計画

各段階ごとの移行期にそれぞれのつなぎを果たすツールとして「個別の教育支援計画」が必要になります。継続的な支援を効果的に行うためには保護者はもとより関係者・機関との連携が欠かせません。

| 就学前 | 小学校 | 中学校 | 高等教育 | 卒業後 |

| 特別支援学校幼稚部 | 特別支援学校小学部 | 特別支援学校中学部 | 特別支援学校高等部 | 特別支援学校作業所部 |

個別の教育支援計画

| 個別の指導計画（指導目標・内容・方法） | 個別の指導計画（指導目標・内容・方法） | 個別の指導計画（指導目標・内容・方法） | 個別の指導計画（指導目標・内容・方法） |

移行期　　移行期　　移行期　　移行期

(出所)『はじめてつくる「個別の教育支援計画」』p.11、図 2 より

精神障がいも福祉の対象として一元化され、障がい者の地域生活を支援する方向へ法整備が始まった。一方で、景気・労働市場は更に悪化し、「働く貧困層（ワーキングプア）」に注目が集まり「格差社会」という言葉が流行語となった。翌年から特別支援教育が始まり、障がいのある人の学びへの対応は広がった。

　2008（平成20）年、中村忠雄・須田正信『はじめてつくる「個別の教育支援計画」』が発行された。注目すべきことは「個別の教育支援計画」を小学校（部）入学・中学校（部）入学・高校（高等部）入学・高校（高等部）卒業という「移行期」をつなぐツールとして提示していることである。「子ども一人ひとりのニーズを基に、機関から機関へ、人から人へと一貫した支援がシステム的に引き継がれていくことが今や切実に求められている」と述べている。支援が

特に必要な時期を所属や環境の変化がある時期と捉え、それを「移行期」とした。「移行期」つまり支援の切れ目に、作成した「個別の教育支援計画」を活用し引き継ぐことで一人ひとりへのセーフティネットを強固にしよう、という視点での手引書だ。そして障がいのある人の一生を通じて「個別の支援計画」が福祉・医療・労働などの分野でも作成されていくことになる。

　福祉の分野では 2006（平成 18）年障害者自立支援法の施行で障害児者への相談支援事業が法律に明記され、2013（平成 25）年の障害者総合支援法へとその仕組みが充実していく。国際的には 2014（平成 26）年「障害者の権利に関する条約」を締結し、国内では 2016（平成 28）年 4 月に「障害者差別解消法」が施行された。社会生活のあらゆる場面で障がいのある人は「合理的配慮」を受け暮らしていけるたてまえが整った。

図表 3　障がいのある人の移行期＝危機、4 回

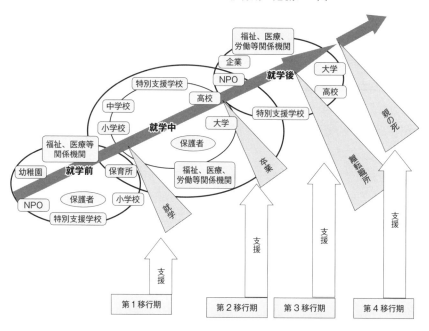

（出所）文部科学省特別支援教育課 Web（独立行政法人国立特殊教育総合研究所『「個別の教育支援計画」の策定に関する実際的研究』17 頁（平成 18 年））に筆者加筆（http://www.mext.go.jp/a_menu/shotou/tokubetu/material/021/009.htm）

先行研究からわかった問題点は 3 点ある。①障がい者の社会に出てからのライフステージにおいての居場所への定着状況や相談支援・就労支援等とのつながりがあまり研究されていない。特に障害者総合支援法（2014 年施行）以降の当事者への調査が少ない。②調査研究の対象がほとんど知的障がい者で、肢体不自由等身体障がい者や重複障がい者を対象としたものが少ない。③生涯にわたっての支援を標榜する法整備・制度設計が進むなかで、公による障がい者全体への縦断的調査が見当たらない。これら問題点に、移行期・公の支援・支援学校の役割、の三つの観点から筆者の調査・分析でアプローチした。

　障がいのある人の一生で、ターニングポイント（＝移行期）として先行研究等から以下の 4 時期を想定し、図表 3 に示す。①就学の開始（6 歳の春）、②就学の終了・社会へ（18 歳の春が多い）、③離・転職や転・退所、④親（支援者）の喪失・交代、である。①②は 2007 年の「特別支援教育元年」から意識され文部科学省と厚生労働省が連携し、システムが整えられてきた。しかし、③④はそのようなシステムや見守りがはっきり見えてこない。誰しもが緊張感を持って迎える①②③④の時期ではあるが、障がいのある人にとってはスムーズに乗り越えていくために周囲からの支援が不可欠な時期と言えよう。その意味でこれら四つの「移行期」をクライシス（危機）と捉え、学校卒業後の③離・転職や転・退所、④親（支援者）の喪失・交代、について考察し、現在の障がいのある人々の社会自立について現状と課題を明確化していく。

Ⅲ　卒業後の移行期は危機

1.「学校は天国、社会は地獄」

「学校は天国、社会は地獄」。ある肢体不自由生徒の保護者が言い放った。障がいのある子どもたちの保護者は支援学校在学中が最も手厚い支援を受けられると考えており、在学中の質の高い学びと将来に役立つ力の育成を強く要望する。そして卒業後に向け、学校と保護者で連携して当事者により良い進路選択に挑んでいく。そんなわけで支援学校高等部の卒業式にはようやく進路選択を成し遂げた達成感と新しい活動の場（就職先や福祉サービスなど）への期待感・不安感が交錯している。

図表 4　平成 30 年 6 月 (2018) 文部科学省初等中等教育局特別支援教育課

区分	卒業者	進学者	教育訓練機関等	就職者	社会福祉施設等入所・通所者	その他
計	21,657 (100.0%)	427 (2.0%)	342 (1.6%)	6,760 (31.2%)	13,241 (61.1%)	887 (4.1%)
視覚障害	290 (100.0%)	90 (31.0%)	10 (3.4%)	47 (16.2%)	125 (43.1%)	18 (6.2%)
聴覚障害	492 (100.0%)	193 (39.2%)	20 (4.1%)	192 (39.0%)	68 (13.8%)	19 (3.9%)
知的障害	18,668 (100.0%)	76 (0.4%)	241 (1.3%)	6,338 (34.0%)	11,267 (60.4%)	746 (4.0%)
肢体不自由	1,841 (100.0%)	43 (2.3%)	47 (2.6%)	111 (6.0%)	1,575 (85.6%)	65 (3.5%)
病弱・身体虚弱	366 (100.0%)	25 (6.8%)	24 (6.6%)	72 (19.7%)	206 (56.3%)	39 (10.7%)

（出所）特別支援教育資料（平成 30 年度）p.8

　卒業後の状況を全国調査による図表 4 で示す。視覚・聴覚障がい以外の区分では進学者は極少である。6 割以上が社会福祉施設に進み（就労をめざす場合と生活介護を受ける場合がある）、3 割が就職するイメージである。人数は知的障がいが最多の 86％ で 2 位の肢体不自由はその 1 割弱ほどであり、進路は障がい種別によって大きな違いが見て取れる。就職者は知的障がいでは 32.9％ に対して肢体不自由者では 6.0％、そして約 85.6％ が卒業してそのまま次の施設に移行するかのような見え方である。

2.　卒業生アンケートと関係者への聞き取り

支援学校卒業生と保護者、関係者への調査の概要は以下のとおりである。

アンケート調査の概要

内容・質問項目等について：先行研究を参考に作成した。アンケートについて、大阪市立大学創造都市研究科「人を対象とする」研究倫理委員会に倫理審査を申請し、平成 29 年 9 月 12 日に承認された。

アンケートの配付について：校長・准校長および同窓会の同意を得た大阪府立支援学校 8 校に協力いただいた。個人情報に配慮し、筆者が同窓会行事に赴き説明して手渡したり、アンケートを封筒に入れ同窓会役員に作成

いただいた住所氏名のラベルを貼って投函の労もお願いするなどの方法をとった。

実施期間：2017（平成29）年9月16日〜2018（平成30）年1月31日。

対象：大阪府内の知的障がい5校284名、肢体不自由3校135名（高等部に生活課程2校）計419名。

回答数：153組の返信があり、内訳は卒業生本人から145通、保護者から130通。そのうち有効回答数は全てであった。

回収率：32.8%。調査対象の当事者年齢は18〜59歳で30〜34歳の22%がボリュームゾーンであった。分析には35歳未満の若年層と35歳以上の熟年層を比較することで平成年間中盤からの改革の成果も考察した。障がい種別は知的障がい者、肢体不自由者、重度重複障がい者で、精神障がい者保健福祉手帳の所持者、聴覚障がい者を若干名含んでいた。障がい種別では、手帳から肢体不自由のみ2%、肢体不自由と知的障がい18%、知的障がいのみ80%となる。身体障害者手帳2級以下で療育手帳A[3]の方を重度重複障がい者とみると6.5%であった。療育手帳所持者では知的障がい重度Aの52%がボリュームゾーンである。

聞き取り調査の概要

聞き取り調査の対象は保護者らを筆頭に大阪府内の「支援学校卒業生の支援を引き継いだ部署」や進路先企業・福祉施設等の方がた9名である（本文中はA、B、C、D、G、Sの6名）。

Ⅳ　危機に立ち向かう親たち

1. 第3移行期〜転所の繰り返し、就労継続へのフォロー〜Sさん親子、Dさんの事例等

2002（平成14）年に卒業し、その後10年間にわたって第3移行期を経験したSさん親子。

18〜20歳「D市立の就労継続支援B型[4]の福祉施設（年限は6年）に2年

間通った。」

20〜23歳「子どもの得意な面を伸ばそうとG市内の福祉施設（作業所）に移り2年半通った。手芸作品を作って販売した。子どもは作業で力を発揮していたが、自閉的でパニックになって大声を上げることがあり、他の利用者から怖がられ排除されるような形で退所した。」

23歳「D市立の福祉施設にもう一度お願いに行ったが断られた。なぜ市の施設なのに、と感じたが、「手が足りないので」とおっしゃるので無理にお願いしませんでした。」

23〜25歳「社会福祉法人Q荘（就労継続支援B型の福祉施設）の印刷部門で1〜2週間の実習を受けた。「いけるよ」と評価をもらい通うことにした。」「しかし機械の扱いは本人には難しかったようで、ベテランの指導員さんに注意されるようになった。それでパニックになると「クールダウン」と別室へ。「迎えに来てください」と母親の自分に電話が入る。「子どもは1週間微熱が続き、初めててんかん発作を起こしたのがこの25歳の時。ストレスとは恐ろしいと感じた。その頃はQ施設からは「お荷物」視されていて、「（ここに）いなくていいです。」と言うような失礼な言い方、早く辞めてくれ、と言うような言い方を施設の上のかたからもされた。辞めました。」

20代後半〜現在「次はA市の「R」（知的障がい者通所施設）に「来年からなら枠がある。」とのことで、半年間ガイドヘルパーなどを活用してすごした。…（中略）何とか入れていただけた。「R」通所施設で今まで頑張っている。」

　このようにSさんは努力を続けたが、通い先側と折り合いをつけて利用継続することができなかった事例が連続する。通い先や雇用先が強い立場で、保護者が盾になって押したり引いたりして子どもの通い先を保っている状況が見える。Sさんは今のR通所施設についてもかなり研究した。

　同期の保護者から、柔軟な考えの事業所だと伺っていた。…（中略）「R」には親の会がないのです。なのでバザーの手伝いなどのノルマもなく

親同士のつながりが少ない面はあるが干渉も少なくトラブルに発展しない。

また、子どもへの理解を求め続けていくことにも注力している。

　ただ、まだまだ子どもは指示が全部わかる、と思われがちなので、説明や理解は求め続けていかねば、と考えています。

Ｄさんの子どもの事例。1992（平成4）年に卒業し公共施設の厨房で就労が継続している。

　ある時仕事中に、上司の声かけの意図がわからず息子は腹を立てペティナイフを流しに投げたのです。危険行為と捉えられ、職場に呼ばれて部長、科長、親との話し合いです。「1ヶ月、職場での息子さんの様子を見るためお母さんが付き添ってください」と言われました。1ヶ月間通い、9時から6時まで何もせず職場に立って息子を見ていた。1時間は食事休憩がありましたけれど。もちろん親には「給料は出ません」とも言われていた。息子が暴れないことを確認して仕事を続けることになった。

　今は40代の子どもの職場とのこのようなエピソードには事欠かないＤさんだが、「まだまだ多くの迷惑をかけていますのでそれでも仕事ができること、働かせてもらえることを親として感謝しています。」と結んでいる。一方で、ご自身が70歳台であることに触れ、「今後は勤め先と本人（保護者）の間に入ってくれるような第三者的な仕組みができてほしいです。」ともおっしゃっている。企業就労・福祉就労・生活介護と通い先はそれぞれでも、障がい者には雇われる側、受け入れてもらう側という弱みのようなものがあって対等な話し合いが難しいと想定できる。

　卒業生に「誰に支援してほしかったか」と「実際の支援者は誰だったか」を問うと、どちらも「親」が際立って多い。図表5を見ると、「親」や身内、「かよっている会社や施設の人」、「障害者就業・生活支援センター等の人」の3者が中心になっている。「親」と「通い先」という当事者に調整役として「障害

図表 5　離転職 (所) の相談は誰に、解決に導いたのは誰？

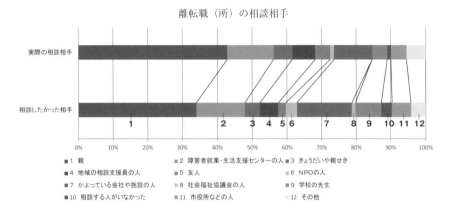

離転職（所）の相談相手

- ■1　親
- ■2　障害者就業・生活支援センターの人
- ■3　きょうだいや親せき
- ■4　地域の相談支援員の人
- ■5　友人
- ■6　NPOの人
- ■7　かよっている会社や施設の人
- ■8　社会福祉協議会の人
- ■9　学校の先生
- ■10　相談する人がいなかった
- ■11　市役所などの人
- ■12　その他

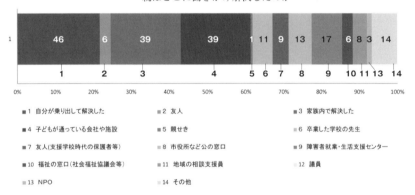

親はどこに働きかけ解決したのか

- ■1　自分が乗り出して解決した
- ■2　友人
- ■3　家族内で解決した
- ■4　子どもが通っている会社や施設
- ■5　親せき
- ■6　卒業した学校の先生
- ■7　友人(支援学校時代の保護者等)
- ■8　市役所など公の窓口
- ■9　障害者就業・生活支援センター
- ■10　福祉の窓口(社会福祉協議会等)
- ■11　地域の相談支援員
- ■12　議員
- ■13　NPO
- ■14　その他

者就業・生活支援センター」や「支援員さん」が係る、係ってほしい、という構図がうかがえる。2002 年に創設された「障害者就業・生活支援センター」が、それ以前に卒業した層にも浸透し支援している状況が見える。「相談支援」は2012 年の法改正によって始まったばかりだ。熟年層で「相談する人がいなかった」回答が散見されることは懸念材料で、「相談支援事業」について後述する。

　さて相談された親は、誰に相談しどう解決しているのだろうか。全体では「家庭内で」「友人（支援学校時代の保護者等）」が最多で、若年層では「友人（支援学校時代の保護者等）」のネットワークで相談し合う状況がわかる。「特に（相

談を）しなかった」がその次に多く、熟年層ではこれが最多となる。つまり子どもから相談された親は1/3ほどが公の支援に働きかけるが2/3は自分のネットワークで何とかする。実際に解決までは誰が動いているのだろうか。回答2択の質問だがパーセンテージに換算すると、「自分が乗り出して」20%、「家族内で」20%、「友人（支援学校時代の保護者等を含む）」8%の合計で48%になる。「子どもが通っている会社や施設」18%になる。これを2択目のその調整相手と考えると、Dさんの事例のように親や家族が通い先とひざを詰めて話し合い、落としどころを探っている様子がうかがえる。

2. 相談支援事業～手弁当から制度化へ

　相談支援事業は1990年から「地域療育等拠点施設事業」、1996年「地域療育等支援事業」、2003（平成15）年に一般財源化（交付税）され国の補助事業から市町の事業へ移行された。自治体によっては縮小されるのではと、危機感が高まったが当事者に寄り添った制度構築の過程であった。従前から相談支援の重要性は行政側も福祉施設等も共通して認識していたが収益が得られない構造でもあった。平成18年には障害者自立支援法施行により法律に明記され「相談」に給付金が支給される仕組みへと充実していく。2012（平成24）年から相談支援員は計画作成等の専門性を求められ研修で資格を得る「相談支援専門員」となり、基幹相談支援センター、指定（特定）相談支援事業所、委託相談支援事業所の3種類で業務を配分し各圏域で障がい者等の見守りや福祉サービスにつなぐ。

　しかし今でも基本相談にはお金が出ない。相談支援専門員の仕事は、障がい福祉サービス・障がい児通所サービスの計画作成なので、生活のしづらさなど明確な目的がない訴えの場合は相談という行為自体にハードルが高くなっている、という指摘がある。相談支援員Aさん（B市の委託相談支援事業所員　専門相談支援員）の言を借りる。

相談支援員という仕事

　　地域に住む障がい者が困りごとがあって市役所の障がい福祉課などの窓口に来所する。その相談を聞いて障がい福祉課ではフォーマル、イン

フォーマルな支援を組んでみる。市の職員と相談支援員（Aさん）が家庭訪問して提案する。2回目からの支援実施の段階ではAさん一人で家庭訪問して具体的な計画を一緒に作って使っていく。

Aさんの仕事や当事者への関わりは多岐にわたる。センシティブな対応も多く、ストレスも相当だと拝察する。しかしAさんはあふれるほどの事例を抱えつつ当事者やその家族、学校や福祉事務所の職員たちを顔の見える関係でフォローしている。

Sさんは、卒業当時からを振り返って述べている。

　2002（平成14）年の支援学校卒業組ですから支援についても相談窓口は学校しかなかった。よくわかっている障がい福祉課の職員さんが転勤してころころ変わってしまい最新の制度を知らない場合がありました。正しい情報が役所からもなかった、法や制度の変遷に振り回された世代ですね。今は落ち着きました。困ったときに相談できることは安心できます。相談窓口が増えてきたのは良いことです。患者がいろいろな医師のセカンドオピニオンを求められるように、今は選択もできる。障がいのある人もいろいろな相談支援事業や福祉を渡っていけるようになったので、親の納得感は増していると思う。

3.　先の見えない不安〜Gさんの事例

Gさんの子どもは支援学校卒業後、合格した多機能事業所に入るのに10か月待ち、そこに3年余り通った後、年限が満ち在宅となってしまった。聞き取り調査から引用する。

　V（社福　多機能事業所）へ3年2か月通って（2年目が終わる時にお願いしてもう1年行かせた）そこから行く先がなくなった。1年1か月在宅となった。この間はきつかった。相談できる相手もなく、学校の先生も声はかけてくれたが…。相談センター「W」で相談し、次の年の4月から「X作業所」に入れるかな、と本人ともども思っていたところに、Vから「来

ませんか」と声をかけてもらって2年目の5月から通った。V（上記）が就労移行の作業所（2年間の就労移行訓練を受ける場）に移行したためにそれが可能になった。

　23歳で行き場がなくなり先の見通しも持てなくなった。Gさんの子どもにはそれでも住むところは親が提供できた。Gさんは「相談できる相手もなく」と述べている。2007（平成19）年当時は相談支援のシステムも地域移行支援もなかった。これに懲りたGさんは、Vに再通所がかなった時から

　　2年後のことも考えておかねばと思い、並行してE大学の障がい者清掃実習に通った。

と、自らセーフティネットを組むようになった。また、支援してくれる第三者へも目を向け何回もうまく支援を活用している。そして感謝する。

　　担当の人が「やってみないとわからない。ダメならやめたらいい。」と言ってくれたから前に進めた。この担当のように、子どもや障がいに理解のある人の存在は本当に大切だと感じた。E大学の期限付き雇用を経て、本人も頑張った感があったのだろう「しんどいから次は作業所に通う」と言った。それを周囲の人が「6年間もやり抜いた実績があるのにもったいない」と励まして次の就労に挑んだ。本人は上手に説明もできないし、と思っていたが面接に支援員も同席してくれ、支援員が代わりに喋りまくって合格することができた。

　Gさんは明るくてこだわらない性格で子どもをゆったりと見守るタイプとお見受けした。子どもは33歳の今日までに在宅をもう1回経験するが、

　　この間は3か月空いたが、失業保険も出たりとその前の1年1か月の在宅期間ほどつらくはなかった。

失業保険という制度にも物心両面のつながりを保つ力があるのがわかる。そして、第3移行期＝危機（クライシス）での親の存在やその力は本当に大きい、と感じる。

4．住まいと地域定着～第4移行期への備え

本調査では「かよう所はなく家にいる」人が0から6％へと熟年層で増えている。この中に「生活介護のための福祉施設」に通えていたが在家庭に陥っている人が4％程度（つまり2／3）いることが推測される。次の通い先場を探していたり、親等による支援が困難になったり（第4移行期）の場合が想定される。通い先があるのは熟年層85％、若年層94％で、熟年になって施設入所や在宅に移行した人がいることになる。ただ、地域移行が理想形として求められるなか、在宅は不幸な孤立、と言い切ることもできないとAさんは言う。

　　　基本は自分の家で暮らすのが一番いいだろう。一人になっても、ホーム
　　　ヘルパーの介助を入れるなどして。

障害者総合支援法の中で、住まいのサービスとして位置づけられているのは、①施設入所支援、②共同生活援助（グループホーム）、③福祉ホームに分けることができる。そのうちグループホームは、地域での暮らしの場として最も広がりを見せている。グループホームの利用者数は障害者自立支援法施行前年（2005年）は3万4000人程度であったが2017年10月には11万1000人と急激な増加である。また、2009年10月から身体障害者の利用ができるよう見直された。2011年グループホームの入居者に1万円／月の家賃補助も創設された。NPOわーかーびぃの松坂氏も「親亡き後」に求められていたのは①の生涯にわたって受け入れる入所施設という意味合いが強かったが、昨今は②や③の小規模な単位での住まいに移行してきているのを感じている。ヘルパーを使いながらの一人暮らし等支援のしくみの活用も広がっている、という。Aさんによれば懸念もある。

　　　グループホームは世話人次第の部分が大きい。世話人がきつい言動を

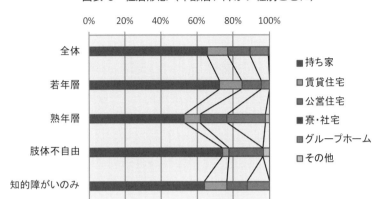

図表 6　住居形態（年齢層、障がい種別ごとに）

とっていても障がい者はその理不尽さを判断したり外部に訴えたりできないことが多いから。グループホームでは虐待もありえる。世話人は大概一人勤務なので、特に夜間などの状況は外部からは見えない、わかりにくい。

　図表 6 からも施設・病院や自宅等からグループホームや障がい者向け公営住宅への移行、地域での自立した生活移行が進みつつあるとの捉えができる。一方で、障がい者の親世代が高齢化によって同居や支援ができなくなりつつある前兆とも考えられる。グループホームや一人暮らしなどはハード・ソフト両面からの福祉システムの組立てや当事者目線による確認など丁寧な支援が求められる。

　課題は肢体不自由者の利用の割合がまだまだ少ない現実である。車いす対応のバリアフリー施設等民間には敷居が高そうだ。A さんや C 先生も地域移行支援制度での医療的ケアやショートステイへの対応もできていないと指摘している。本調査では、肢体不自由者でグループホームを利用している人は 0% であった。熟年層 23%、若年層でさえ 5% が入居しているのに、である。

V　今後必要な支援の検証

1．知りたい情報、「豊かに生きる」ための日常ニーズ

　図表7では、前向きな余暇活動、とも言えるスポーツ、ボランティアなど社会参加活動、学習・自己啓発の項目も選択されている。回答者たちが生きがいを求め、生活を充実させるために余暇活動やつながりを通しての自己実現を求めていることがわかる。障がいの程度にかかわらず、自分の中の宝物を探し当てて豊かに生きている事例を聞き取り調査Bさんの話から挙げる。

　　　子どもには重い知的障がいがあり、未熟児網膜症で左眼は失明、右眼も弱視で視野狭窄です。一人で歩き回るのは難しい。…（中略）。音楽との出会いが素敵なことだった。脳にダメージを受けたところと受けなかったところがあって、音を感じる部位は生き残っていたのでしょう。小学校の学童保育で、オルガンを弾く友達について真似して弾いている、と聞い

図表7　今、楽しんでいること、これから大切にしたいこと（生活でのニーズ）

肢体

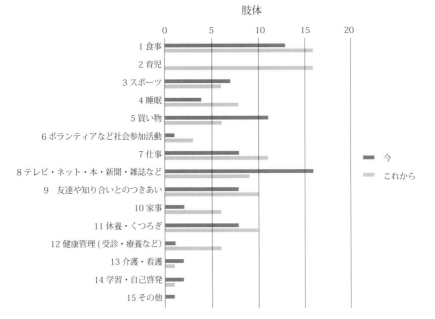

て、しめた！と思った。すぐにオルガンを買って、レッスンに通わせました。レッスン曲はクラシックで、難曲に挑戦するので娘は楽譜が読めないため母の私がピアノを学んでサポートしました。娘には私たちにないような絶対音感があった。母が弾けないような曲も娘は音を聞いて弾く。驚きました。大変な苦労と二人の学費で数百万円の投資だったが、のちにコンサートで弾ききり拍手を受けたときのなんともうれしそうないい表情を見せてくれ、すべてが報われました。この子には音楽があった、とすばらしい発見でした。親子で一緒に楽しめるピアノは二人の生きがいになりました。卒業したA中学校で最初に演奏の機会をいただいて以来、元担任などお世話になった先生のネットワークで毎年地域の小中学校複数から声がかかるようになりました。…。私の語り（講演）と娘のピアノ演奏で1時間ほど、拍手と謝礼をいただいて、という具合です。今でもL小学校等に招待され、母が講演し娘がそのあとピアノを弾く、というようなことを毎年しています。

　寄り添い続ける親の強みが親子の生活を豊かにしている。余暇活動についても、子どもを受け入れ一緒に楽しむ親の存在の大きさがわかる。

2. 解決策の提案〜支援学校にできる？!
①卒業までに福祉（市町）と繋ぐ〜確実な進路指導と移行支援計画の活用
　2003（平成15）年から障がい者は、福祉サービス等身近な地域での支援を選択し契約するシステムが少しずつ整ってきた。2007（平成19）年から、教育の場も支援学校だけでなく地域の学校等自己選択できるようになった。卒業後に通い先（雇用先）との間に立つ行政機関（公共機能）を活用できているか、キャリアアップ移行ができた可能性はあるのか。この点について高井（2014）によると、2013年度に障がい福祉サービス（就労系）から企業就労に結び付いたのは1万人にのぼり（参考：支援学校から5500人／年）10年前の7、8倍の実績を上げた。2002年からつなぎ役である「障害者就業・生活支援センター」の果たしてきた役割が大きいという。本調査でも転所（職）の理由として「よい条件のところをめざして」という回答が若年層の13％となり卒業後の可能性は広がり

つつある。また、支援学校の立場からは、Ｃ先生が以下のように分析している。

　　「障害者就業・生活支援センター」
　　学校は生徒の卒業後は「障害者就業・生活支援センター」に移行支援計画を引き継いで後を託します。学校は在籍生徒への教育が使命ですから、アフターフォローは「障害者就業・生活支援センター」に頼らざるを得ません。「障害者就業・生活支援センター」も市町村からの指定管理的に委託を受けた事業所が運営するわけで、学校が「他圏域の「障害者就業・生活支援センター」と対応をそろえてほしい」と言っても難しい。例えばＡ市圏域の「障害者就業・生活支援センター」は就労移行支援事業所との連携に強みを持っている、Ｂ市圏域の「障害者就業・生活支援センター」は職業訓練校との連携が密、という風に。企業側からみれば「障害者就業・生活支援センター」に怒っている会社もあり、「就労移行支援事業所の方が頼りになる。」と言い切るところもあるほどです。就労移行支援事業所は２年の期限があるし体力があります。

　これら就労移行支援施設での２年の期限が、当事者側にとってモチベーションにもなり、キャリアアップがかなわなかった場合は不安な第３移行期にもなっていく。「障害者就業・生活支援センター」は就労に係る通い先と障がい者をつなぐイメージである。企業には障がい理解を浸透させる立場でもある。
　また、伝える力の育成や顔つなぎは大切である。福祉施設等の通い先を選択したり転退所を考えたりする際には前述した地域の相談（専門）支援員や場合によっては自治体の生活困窮者自立支援窓口に状況を伝えることができれば事態の悪化を防げるだろう。在学中に学校や支援自治体が仲立ちをしてつながりを作っておくことは必至である。Ｃ先生の指導内容がそれを裏付けている。

　　人に伝える力をつける
　　教員間の協力体制も生徒が巣立っていく社会も、世の中は「人間関係」がすべてといってもいいと思います。障がいの有無ではなくて。ただ、障がいのある子どもは人間関係を作るのはたいてい下手です。学校ではロー

ルプレイなどで鍛えておきたいですね。

　人間関係を築いていくとき求められるのが言葉だけではないトータルなコミュニケーション力です。学校の授業で、よく人前で発表させるのです。「今度行く実習の目標と頑張ることは？」、帰って来たら「実習はどうでしたか？」。これは自分の気持ちや状況を人に伝える練習です。障がい者は他者に伝えることが苦手な人が多い。「ノー」と言えない、「○○に困ってます」が言えない。「これこれしてください」と言われると考える前に「はい」と答えてしまい、仕事量が増えてしんどくなり、パニックを起こしたり辞めたり、となってしまう。だから学習のなかでもよく、「今日は何をやったのですか？」「何を言われて、これからどうするのですか？」と聞き返してあげる。すると「…わかりません。」という答えが結構多い。以前の生徒で認知力が高くきちんと説明や報告もできる子がいました。なぜか徒歩通学をしていて、就職先の決定の段になっても「歩いて通えるところ」と言ってきた。よく聞いてみると漢字が読めなかった。バス停の名前が漢字で書いてあるのでバスに乗れなかった、ということがわかった。プライドも高かったので高３になるまで言えなかったらしい。たったそれだけの弱点で進路選択の幅が非常に狭まるところだった。1、2年の間にその弱みを担任教員が気付いて修正するくらいの細やかさがなければ支援学校での教育の意味がないと言えます。

　学校教育でできること

（実社会で本当に必要な人に支援が届かない、という問題をどうしたら防げるだろうか？）

　一つは在学中から福祉システムや相談支援担当者に本人やその家庭をつないでおくこと、もう一つは在学中に本人を一人でも生きていけるように育てることだと思います。教員としては二つ目の支援が仕事です。例えば、困ったときの相談の仕方やどこへ行けば良いかなどを教えておくというようなことです。ネグレクトがひどいと判断すれば親の許可はいるがグループホームに入れるなどして生活を整えてあげる必要もある。子ども家庭センターもあまり介入しないし、相談支援員も介入していく権限はなく求め

てきた人にしか対応できない。在学中、教員はその子のキーパースンとしてネットワークを築く立場と自覚して動くべきです。必要な支援を自ら呼び込む力の育成を、支援学校では求められています。

②支援があればできること～「卒業後に使える」知識・技能を

支援技術の発展で障がい自体の軽減がある程度可能になりつつある。支援学校（養護学校）では教科等の内容として「養護・訓練」という学習があったが、1999年に「自立活動」へと改訂された。現在の自立活動の目標は「個々の児童又は生徒が自立を目指し、障害による学習上又は生活上の困難を主体的に改善・克服するために必要な知識、技能、態度及び習慣を養い、もって心身の調和的発達の基盤を培う。」とある。今後AI等の発達が産業構造に大変革をもたらしていくとされる。その恩恵として、学校教育でも支援機器等として ICT活用が推奨・推進されている。障がいのある子どもたちにとっては、特性のためにできなかったことは支援技術（AssistiveTechnorlogy）を活用してできるようになりつつある。支援学校の教育目標に、個々の子どもの障がいにアクセスできる拡大代替コミュニケーション（Augmentative and Alternative Communication）やアクセス可能な教材教具（Accessible Educational Materials）とのフィッティングを加えるべきである。今までの障がい特性支援や指導法だけを学んできた支援学校の教員にとってはすぐにできることではないかもしれない。しかし懸命にしゃべろうとしても緊張が強い、言語障がいがある等で伝えられない子どもたちもいる。豊富な内言語がありながら、いつか伝えることをあきらめてしまう場合もある。身体障がいの多くは、今の技術で補完されつつある。発達障がい等への支援ツールも日進月歩である。支援学校在学中に意思の表出や身体の自由度をアシストできる手段と出会うことは、卒業後の進路選択や社会生活の幅を広げていくことになる。

③同窓会の活用～福祉や家庭と連携して

卒業後の同窓会活動には保護者や当事者のニーズが高く、先行研究や本調査の結果からも社会参画への効果が高いことがわかった。しかし同窓会支援は学校教育には含まれず、ほとんどの部分を保護者の自主的運営と教員のボラン

ティア活動で支えてきた。今、文部科学省が「特別支援教育の生涯学習化」を図ろうとしている。卒業後の「余暇活動」や「知り合いや友人とのつきあい」が障がい児者にとって楽しみであり実現しにくい課題でもあることは本研究でも明らかになった。障がいのある人のネットワークを考えた場合、支援学校という資源・プラットフォームは他に代えがたい存在感がある。保護者の記述回答で、「同窓会など支援学校のつながり」継続を求める意見が最も多く 35% あった。その中には、障がいのために社交性や自主的に声を掛け合って集まるスキルが足らない面を補ってほしい、という意見や学校時代に築いたネットワークが薄れて行動範囲が狭まりつつあることへの不安感もあり、社会的孤立に陥らないように学校という資源の活用が卒業生にとっても有効であることが示されている。保護者の回答から拾う。

- 子どもは今も学校の行事に欠かすことなく参加しています。当時の先生方は心の中にいてくださり、学校に行くだけで落ち着くのでしょうね。卒業して 30 年変わることなくそこに建っている学校、優しく迎えてくださる先生がたに感謝しています。
- 障がいのある人はどうしても社交性が乏しいので、自分たちで連絡を取り合って集まるようなことが難しい。学校が一番太いつながりだと思うので、学校が主体となって交流を深めていただくと子どもも喜んで参加すると思う。
- 同窓会の旅行で先生がたの協力があるおかげで男子のお風呂介助をしていただき大変感謝しております。子どもも旅行を楽しみにして仕事も頑張っています。

　障がい者を生涯にわたって支えるツールとして、支援学校の同窓会を活用することが有効であろう。文部科学省は 2007（平成 19）年に特別支援学校の業務に「地域のセンター的役割」を加え、地域の小中学校を中心に支援の必要な児童生徒への専門性の高い教育を浸透させてきた。12 年目の今日、幼稚園や保育所、高等学校や大学に至るまで発達障がいなど困り感のある当事者支援に成果をあげ、社会自立を支援する体制が整ってきた。今、新たに同窓会の運営を支

援学校の業務に位置づけることは、特別支援学校の人材と施設設備という資源の有効活用にもなる。障がい者の地域への定着、福祉や労働との接続にも有効なプラットフォームの再構築になる。移行期への保護者の不安や地域社会の負担感を考えると費用対効果も低くはないと思われる。しかし繁忙化を極めている現状の学校業務にそのまま追加するのには無理がある。自治体の福祉部局等関係機関を包括した制度設計が求められるだろう。「家庭と教育と福祉の連携「トライアングル」プロジェクト（平成30年5月24日文部科学省・厚生労働省通知）の対象を地域の成人障がい者にまで広げるなど、柔軟な発想と当事者理解さえあれば実現可能性は高いと考えられる。

注

1　学校教育法第72条　特別支援学校は、視覚障害者、聴覚障害者、知的障害者、肢体不自由者又は病弱者（身体虚弱者を含む。以下同じ。）に対して、幼稚園、小学校、中学校又は高等学校に準ずる教育を施すとともに、障害による学習上又は生活上の困難を克服し自立を図るために必要な知識技能を授けることを目的とする。

2　特別支援教育　「特別支援教育」とは、障害のある幼児児童生徒の自立や社会参加に向けた主体的な取組を支援するという視点に立ち、幼児児童生徒一人一人の教育的ニーズを把握し、その持てる力を高め、生活や学習上の困難を改善又は克服するため、適切な指導及び必要な支援を行うものです。　平成19年4月から、「特別支援教育」が学校教育法に位置づけられ、すべての学校において、障害のある幼児児童生徒の支援をさらに充実していくこととなりました。http://www.mext.go.jp/a_menu/shotou/tokubetu/main.htm（R 1.11.15閲覧）文部科学省 Web

3　療育手帳　療育手帳は、児童相談所又は知的障害者更生相談所において、知的障害があると判定された方に交付される手帳です。療育手帳をお持ちの方は、障害者総合支援法に基づく障害福祉サービスや、各自治体や民間事業者が提供するサービスを受けることが出来ます。療育手帳制度は、各自治体において、判定基準等の運用方法を定めて実施されております。具体的な手続方法等については、お住まいの市町村の担当窓口にお問い合わせください。https://www.mhlw.go.jp/stf/seisakunitsuite/bunya/hukushi_kaigo/shougaishahukushi/techou.html　厚生労働省 Web

4　就労継続支援B型　「一般就労が困難な障がいがある方に、就労の機会を提供するとともに就労に必要な知識及び能力の向上に必要な訓練、就職活動に関する支援を行います」（大阪府福祉のてびき　平成29年度版 p.56）

5 相談支援事業　行政説明「障害者福祉における相談支援の充実に向けた取組について」。厚生労働省社会・援護局障害保健福祉部．障害福祉課地域生活支援推進室．相談支援専門官 大平眞太郎．1. 第 124 回市町村職員を対象とするセミナー．資料 1　平成 28 年 11 月 18 日（金）www.mhlw.go.jp/file/06.../0000114063_5.pdf

6 基本相談　障害者、障害児の保護者または障害者などの介助を行うものからの相談に応じ、必要な情報の提供や助言を行い、あわせてこれらの者と市区町村および障害者福祉サービス事業者等との連絡調整等を総合的に行う、最初の聞き取り（「両親の集い」第 716 号（2017 年 12 月号）p.15）。

参考文献

大阪府教育庁『大阪の支援教育　令和元年度版』。

川田和子「障がい者支援における移行期の実態と課題」貧困研究会（2019）『貧困研究 vol.22』明石書店、p.128。

厚生労働省 (2017)『国民生活基礎調査』(http://www.mhlw.go.jp/toukei/list/20-21.html 最終閲覧日 2020 年 6 月 6 日）。

（社）全国重症心身障害児（者）を守る会（2017）『両親の集い』第 714 号、第 715 号。

（社）日本肢体不自由児協会（2017）『はげみ』通巻 927 号、通巻 915 号。

高井敏子（2016）「精神障害者の雇用義務化（H30）に向けた障害者就業・生活支援センターの向上」一億総活躍社会の実現に向けた意見交換会（28.4．12）。

内閣府（2017）平成 29 年版『障害者白書』。

中村忠雄・須田正信（2008）『はじめてつくる「個別の教育支援計画」』明治図書。

文部科学省初等中等教育局特別支援教育課（2018）「特別支援教育資料（平成 29 年度）」。

山崎由香子・山﨑由可里（2004）「養護学校卒業後の生活実態と仲間との交流に関する研究－W養護学校卒業生への調査をもとにして－」和歌山大学教育学部紀要　教育科学 54．37 － 55。

横井寿之・鈴木義一・安井愛美・桜田拓也・橋本清（1995）「高等養護学校卒業後の知的障害者の実態調査と援助のあり方についての研究」北海道社会福祉協議会　研究報告 No.7 normalization-reports (7-8)。

第9章

高校生デュアルシステムの再構築

塩川　悠

はじめに

　若者たちに問いたい。「社会が求める職業観や職業像は十分に育まれたと思えるだろうか。そのための教育や体験の機会は十分だったと思えるだろうか？」。

　そして、大人たちにも問いたい。「自分たちの職業観、誇り、その他産業社会で起こる様々なことを、次世代の子どもたちに引き継ぐ環境は身近にあるだろうか」。

　現在、若者たちが学生から社会人になるにあたっての心理的ギャップは想像以上に大きく、若者の離職問題は深刻である。若年層の就労移行期における政策については海外諸国と比べれば日本は圧倒的な遅れをとっており、若者を中心として働く価値観の変革が進む中、企業と若者がアンマッチを繰り返していることは、企業にとっては人材の損失、若者にとってはキャリアの損失を招いている。

　本章は、この現状を社会システムの欠陥に要因があると考え、若者らと企業が安心して出会い、働き続けられる環境を育むことを、実践型キャリア教育の中にヒントを見出すものである。グローバル社会の中で、日本の若者たちに次世代を牽引する力をつけることは国の重大な課題である。にもかかわらず、諸国に比べて日本には、若者世代の就労移行期を支える具体的な社会システムが乏しい。本テーマでは、就職に関連した教育プログラムの中で「実践型キャリア教育」こそが、実習生徒のみならず企業側においても変化をもたらし得るという点において、より有効であることを示す。

　なお、文中では、「キャリア教育」を、職業観やビジネスマナーといった社会人としての生活態度を学ぶ教育プログラムと定義し、さらに、「キャリア教

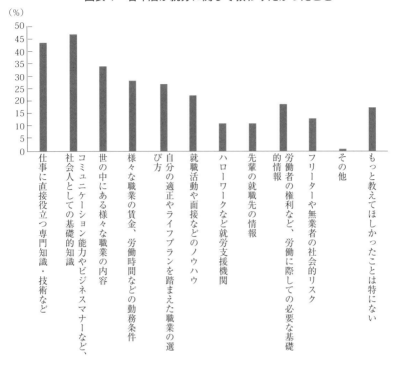

図表1　若年層が就労に関して教わりたかったこと

（出所）内閣府「平成30年度　こども若者白書」p.22 より抜粋

育」のうち、工場や福祉施設、販売店など、実社会の職場における日々の実習型学習に基づくプログラムを「実践型キャリア教育」と定義する。これに対し、様々な職業における専門的技術や知識を高めることを目的として提供される教育プログラムを「職業教育」として区別している。

I　日本の若者を取り巻く環境の変化

1．企業福祉に支えられたかつての日本型雇用

　かつて、多くの若者が学校から企業への「間断なき移行」を実現していた日本特有の雇用システムである新規学卒一括採用の慣例は海外諸国には例がなく、

国内では批判的な意見も多いが、国際的には、若年失業率を低調に維持させていた雇用のセーフティネットとして評価されてきた側面もある。若者は企業ごとに OJT を基調とした社内教育を受け、終身雇用という安定と引き換えに企業のもとめに応じた働き方（長時間労働や企業側の都合による人事異動などを含む）への適応が求められていた。また社内では、家族ぐるみの懇親旅行や充実した福利厚生などによって労働者がその家族も含めて生活が守られていた。そのような日本独自の文化は企業福祉と呼ばれ、企業と労働者の間には一定の信頼関係があった。

2. 終身雇用のゆらぎと「働く」価値観の変容

ところがバブルが崩壊し、1990 年代後半に始まったリストラや非正規雇用の増大による雇用構造の変容が、日本の伝統的な終身雇用の基盤を揺るがすこととなった。不景気を境に、企業と若年求職者の接点が極端に減り、双方の関係にゆがみをもたらした背景がある。厳しい財政事情の中、企業は全体として求人を縮小したうえ、即戦力となる人材をもとめるようになり、労働市場では事業縮小などにより失業においこまれた中高年者らが若年求職者のライバルとなった。職業未経験の若年層は極めて不利な状況となり、正規職員に就くことができない若者があぶれだした。非正規労働者の待遇改善が著しく遅れていた中で、不安定な生活を余儀なくされた彼らの様子は、巷では「就職氷河期」とも呼ばれ、若者の低所得・失業は当時社会問題として注目の的になった。企業に対する失望から、一つの企業に属して尽くすことを回避するフリーターやニートといった新たな若者像が生まれたのはこの時期である。

1990 年に 4.3％だった若年失業率は 2000 年には 2 倍以上の 9.2％となった。雇用システムの崩れが認識され始めた 2000 年代に入り、政府は諸国の取り組みからは大幅に遅れて、若者が円滑に職業社会に移行するシステムの必要性について、日本はようやく議論を始め、文部科学大臣・厚生労働大臣・経済産業大臣・経済財政政策担当大臣ら 4 官僚の合同で「若者自立・挑戦プラン」という若者の自立に焦点をあてた共通目標を掲げた。しかし、あくまでそれは若年失業率の高止まりを背景とするものであり、その後労働力過少社会が認識されて失業率が急減に転じると、注目された若者議論はあっという間に終了してしま

う。

　2020年を迎え、かつての雇用システムの揺らぎは元に戻ることはなく、非正規職員も増大の一途をたどり、今となっては若者だけにとどまらず社会全体として終身雇用信仰は薄らいでいる。また、ライフスタイルの多様化にともない、働く価値観の変容はさらに進み、ワークライフバランス、一億総活躍社会の実現や働き方改革といった言葉で、働き手に合わせた社会づくりが強く求められている。働く価値観が変革を遂げた今、産業側も企業価値を見直し、「人手」から「人材」への価値観の転換が求められている。

Ⅱ　「若者自立・挑戦プラン」と「日本版デュアルシステム」

1．若者自立・挑戦プラン

　日本における若者支援施策とは、一般的には2003年以降の「若者自立・挑戦プラン」以降の諸施策を指す。若年失業率の高止まりとニート・フリーターの増加を背景に、2003年に「若者自立・挑戦戦略会議」が設置、「若者自立・挑戦プラン」が制定された。同プランは、文部科学大臣・厚生労働大臣・経済産業大臣・経済財政政策担当大臣ら4官僚の合同で発表され、当時としては初の省庁横断型包括的な若年就業支援政策として広く注目を集めた。その後、官房長官・農林水産大臣が加わり、「若者自立・挑戦プランの強化の具体的方向」（2004年6月）「若者の自立・挑戦のためのアクションプラン」（2004年12月）「若者の自立・挑戦のためのアクションプランの強化」（2005年10月）等、合わせて7本のプランが取りまとめられている。

　3年間でかなり精力的に活動を展開した様子をうかがうことができる若者自立・挑戦プランだが、若年失業率の増加を若年たち自身の働く意欲や、基礎能力の問題とした点に特徴がある。省庁横断的に共通目標を設定した点と民間事業所の参入を開放した点は当時としては画期的であったが、乱立された若者支援事業のいくつかは定着することなく短期間で終了されている。

　プラン発足から約20年が経過した今、もう一度政策全体を概観すると、若者像や働く価値観が画一的ではないことが表出した点や官民連携により自由主義

図表2　若者自立・挑戦プランにおける主な事業

	名称		若者分類	学生利用	概要
厚生労働省	ジョブカフェ（正式名称「若年者のためのワンストップサービスセンター」）	2004～	②③	×	若年者に対する職業や能力開発、情報提供、職場体験、若者のキャリアアップに必要とされるサービスをワンストップで実施できるセンター。近年では、受託法人が本事業の他に中高年や障害に関する雇用対策事業も受託するなど、若者に限らずワンストップ・多機能化をめざしている例が多くみられる。
厚生労働省	ヤングジョブスポット	2003～2008.3	②～④	×	若年者が集まりやすい繁華街などに出向いて開所し、仕事の情報提供や相談、インターネットを活用した情報発信など、若年者に職業的自立の働きかけを行う機関。ジョブカフェとの役割不明確により第4回行政刷新会議での事業仕分けにより終了が決定された。
厚生労働省	若者自立塾	2005～2008	④⑤	×	合宿形式による集団生活の中で、生活訓練、労働体験等を通じて職業人、社会人としての基本的能力の獲得や勤労観の醸成を図り、働く自信と意欲を付与することを目的に開始された事業。2008年で廃止され、2010年より「緊急人材育成・就職支援基金事業」の基金訓練のひとつとして、「合宿型若者自立プログラム」に一部移行。
厚生労働省	地域若者サポートステーション（略称：サポステ）	2006～	②～⑥	×	「若者自立塾」を前段に、若者の置かれた状況に応じた専門的な相談を行うことと、乱立する若者支援団体をネットワーク化することへの期待が込められて設立。令和元年現在177か所。他法の影響もあり就労自立に軸足が移っているとの批判もある。
厚生労働省	ジョブカード制度	2008～	③④	×	2006年～導入されたジョブ・パスポート事業の発展型。生涯を通じたキャリアプランニング及び職業能力証明の機能を担うツールとして普及することが期待されていたが、実際には訓練希望者が手続き過程として取得しているといった状況で、履歴書に代わる求職活動ツールにはなっていない。
厚生労働省	日本版デュアルシステム	2004～	③④	×	おおむね40歳までの若者に企業実習を取り入れながら資格取得を行う職業訓練コースの提供。民間職業訓練校等に委託され、職業指導員が企業開拓や座学カリキュラムとのマッチング調整などを行っている。
文部科学省		2004～2007	—	○	専門高校など25校で「学びながら働く」システムとして企業実習を取り入れたカリキュラムの提供をモデル実施。体験生徒の職業観の育成として高評価を得たが、一方で受け入れ企業の不足と教員の負担について現実的な解決策がなく、全国展開にはならず終了した。

※若者の分類については宮本みち子による若者の6階層（①安定した就労状況にあるもの②就労しているが不安定なもの③失業中（求職中）のもの④就職を希望するが活動していないもの⑤社会参加はしているが求職を希望しない者⑥社会不参加型（ひきこもり型））をもとに筆者が分類

的な支援内容が展開されたのは有効であったが、学齢期と学卒期の政策が分断されている点や、政策運用途上における省庁未連携の課題があきらかとなった。

2．企業実習を取り入れた「文科省デュアル」

　若者自立・挑戦プランで唯一、学校カリキュラムと企業実習との協働を可能にしたのが日本版デュアルシステムである。「デュアルシステム」とは「デュアル＝2つの＝職業と学業」を同時に行うシステムのことで、「働きながら学ぶ」あるいは「学びながら働く」というシステムを指し、ドイツの職業教育システムから引用しているが、仕組みは必ずしも一致しない。日本版デュアルシステムは、海外諸国の学校と雇用の連結システムにならって、高等学校段階等の若者を一人前の職業人に育てる新しい「職業教育システム」として誕生した。

　なお、日本版デュアルシステムは文部科学省所轄と厚生労働省所轄のものがある。前者は、高等学校（おもに専門高校）において「学びながら働く」ことによって職業技能や職業観の育成をめざすものであり、後者は、雇用・能力開発機構や都道府県を通じて行われた高校卒業者やフリーター等を対象とした企業実習と民間職業訓練機関での座学を併用したプログラムである。論者によって指すものが違うために混乱が見られるが、本章は「学齢期からの就労移行」に焦点を当てているため、前者の高校生向けの日本版デュアルシステムモデル事業（以下、「文科省デュアル」とする）について詳しく分析する。なお、文中での用語の使い分けとして、職業観を育成するものを「キャリア教育」、職業技能の体得を視野に入れた教育を「職業教育」とする。そしてその育成に企業がかかわる短期間（1〜3日）の職場体験を「インターンシップ」と定義し、一定期間の企業実習を取り入れたものを「デュアル実習」と定義して説明していくものとする。

3．文科省デュアルの導入にあたっての事前調査報告

　若者自立・挑戦プランを受けて文科省デュアルを実施するにあたり、高等学校校長や産業団体、教育委員会などを構成員として全6回の会議が開かれ、最終報告として2004年2月20日に「専門学校等における『日本版デュアルシステム』の推進に向けて―実務と教育が連結した新しい人材システム推進のため

図表3　文部省デュアルのねらいと当時の学校・企業の期待

	文科省デュアルの 目指す姿	学校の期待	企業の期待
1	実践的技術・技能の習得	社会人しての生活態度や言葉遣い、マナー	勤労観、職業観の育成
2	職業選択能力や職業意識の育成	勤労観、職業観の育成	社会人としての生活態度や言葉遣い、マナー
3	職業人の誇りの感得	実践的技術・技能の習得	異世代とのコミュニケーション能力
4	勤労観、職業観の育成	学校で学ぶ意義の再認識	基礎学力
5	異世代とのコミュニケーション能力	学校での職業教育の実践化	実践的技術・技能の習得
6	起業家精神の涵養	諸職種の仕事内容を知り、離職防止	創造性など高度な専門的能力
7	職種の発見と進路の選択	異世代とのコミュニケーション能力	起業家精神
8	『ものづくり』の技術・技能を継承する人材育成	5.4 %　就職先の開拓が期待できる	―
9	産業の情報化や高齢化に対応する次世代育成	4.9 %　最新の知識・技能をいち早く学ぶことができる	―
目的・期待	職業教育	キャリア教育	キャリア教育

※学校の期待・企業の期待については「日本版デュアルシステムに関するアンケート調査」における
　学校向け質問（問4：文部省デュアルの実施によって、このシステムは、学校にとってどのような
　メリットがあると思いますか）、企業向け質問（問1：工業高校や商業高校など専門高校の教育で、
　どのような資質・能力等を養うことが必要だと思いますか）の回答を要約し、上位から順に記した
　もの。　※高校生デュアルの目指す姿については、記載順に1～9まで順位付けし、アンケート調査
　については、その数値から順位付けを行った。
※主な目的・期待については、文部省デュアルのめざす姿とアンケート結果に基づいて筆者が「職業
　教育」「キャリア教育」のどちらに主眼が置かれていたかを判断した。
（出所）「日本版デュアルシステムに関するアンケート調査」をもとに筆者作成

の政策提言―」がまとめられた。同報告書の中では、社会に有為な人材の例としては、「実践的技術・技能の習得」「主体的な職業選択能力や職業意識の育成」「職業人の誇りの感得」「勤労観、職業観の育成」「異世代とのコミュニケーション能力の育成」などを掲げている。また、同報告書ではインターンシップの役割を、社会人・職業人として求められるルールやマナーの獲得や職業観の育成、学習意欲の助長といったキャリア教育としたうえで、文科省デュアルはこれに加えて「長期」の企業実習を通じた実際的・実践的な職業知識や技能と生徒の資質・能力の伸長、すなわち職業教育の追加を目的に掲げていた。

しかし、同報告にあたって事前調査として高等学校及び企業向けに実施された「日本版デュアルシステムに関するアンケート調査」では、学校や企業の期待はどちらかといえば「キャリア教育」にあり、事業開始前から政策側と現場にズレが見られた。

その他、企業と学校をつなぐ連携コーディネートの必要性や商工会議所などの協力が推奨されたが、実際は仕組みが整わないまま、学校に委託する調査研究として文科省デュアルは見切り発車した。

4．文科省デュアルの課題

都道府県の教育委員会を通じて対象 25 校に事業を原則として 3 年間の期間で委託し、生徒の職業観の育成には高い評価を得たが、受け入れ先の不足や企業側の人的物的負担、安全確保策の負担に加えて連絡窓口などの学校側の負担があるなどの理由において全国実施には至っていない。モデル実施校のうち半数はその後、実施を取りやめている。実施を続けている高校でも、規定の教育カリキュラムの中で物理的に長期実習の確保が難しいために大幅に実習期間を短縮せざるをえなかったこと、協力企業側によって受け入れ可能日数が異なるため、画一的な設定が難しく、すなわち協力企業側の受け入れ体制にも左右される問題であること、デュアルシステムの認知度をあげるための地域回りなどの広報活動が教員の負担として大きいといった状況が発生している。

図表 4 は文科省デュアルにおける学校や企業の役割を図示したものであるが、学校側が本来の教員職務を超えるような活動を行わなければシステムが維持できず、教員側の負担の大きさが読み取れる。

図表 4　日本における文科省デュアルの仕組み

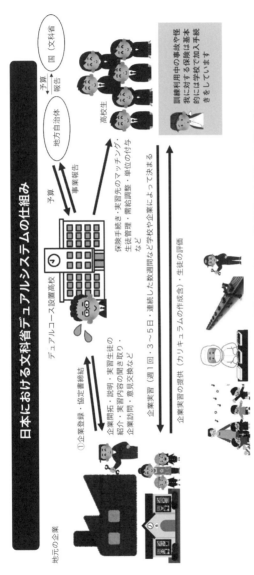

企業とのアンマッチや、欠席生徒の対応、授業としての評価のあり方などが問題となった。教員の負担が大きいことと、企業にとって企業実習を取り入れるメリットが見えにくいため、社会貢献的な取り組みと思われがちであることが課題。

（出所）筆者作成

文科省デュアルは、海外諸国に遅れをとりながらも、ようやく日本に新調された画期的な就労移行期の社会システムであったが、たった3年間という調査研究に終わってしまい、その後も具体的な解決策を講じないまま、静かに過去の施策となってしまっている。本システムが持続可能なものにならなかった理由が三つある。

　一つ目に、本事業が現場の期待を無視して「職業教育の推進」、すなわち、「意欲」よりも「スキル」の面において資質向上をめざした点である。

　二点目に、事業運営過程での部局横断的取り組みがなかった点である。企業側の悩みや経営課題への影響力といった部分への意見反映は、本来、商工会議所や地方自治体の産業支援部門にフィードバックされ改善されるべきであったが、このような意見の行き先がなく、学校教員が自分たちの分野では解決できない課題まで背負うことになってしまった。

　そして、三点目に、『連携』コーディネートの機能不全である。前述のとおり、本システムは学校側から見た視点と企業側から見た視点の双方に課題や障壁があり、それらを各々の立場から改善に向けた工夫を行うことが求められるが、実際にはその橋渡し役となる機能が欠けており、その負荷は主に学校教員が背負うことになってしまった。文科省デュアルの実施は学校だけでなく、企業にとっても変革のシステムとなるのであるから、それぞれの課題に応じた解決策をさぐる媒介的存在が必要であったといえる。

　次節では海外事例の一つとして、オランダのMBOシステムを取り上げる。

　本章がデュアル発祥の地ドイツではなくオランダに注目するのは、教育システムというよりも雇用前就労システムという側面の強いドイツに比べて、オランダにおける「学習ベーストラック」というコースは、労働報酬を得ない点において文科省デュアルと類似していること、そしてオランダの約半数の企業が、この教育システムを積極的に活用している点にある。また、オランダは、労働に対して柔軟かつ保障を重視したフレキシキュリティ理念に基づき、ワークシェアリング制度など、働くことを第一に掲げた政策が諸国に先んじて進んでいる点にも注目した。

Ⅲ　オランダの職業教育～MBO教育と中間支援組織（SBB）～

1．職業教育の始まりは12歳

　図表5はオランダのおもな職業教育制度について説明している。オランダの義務教育期間は義務教育法（Leerplichtwet）により、5歳の誕生日の翌1日～18歳の誕生日を迎えた学年の終了までとされている。また、オランダでは、8月1日時点で年齢が16～17歳で大学入学資格または職業能力資格のいずれも取得していないものに対して、いずれかを取得するまで教育を受けなければならない。

　小学校期を終える12歳になると、教員によって生徒が学力別に査定され、学力の高いものは大学進学準備コース、それ以外は職業教育コースということで、大きく二つのコースに分けて推薦される。職業教育コースの始まりはVMBOと呼ばれる前期中等職業教育で、基礎学力の習得とともに企業体験などが盛り込まれる。そして職業教育が実践的になるのは、MBOという後期中等職業教育学

図表5　オランダの主な教育制度

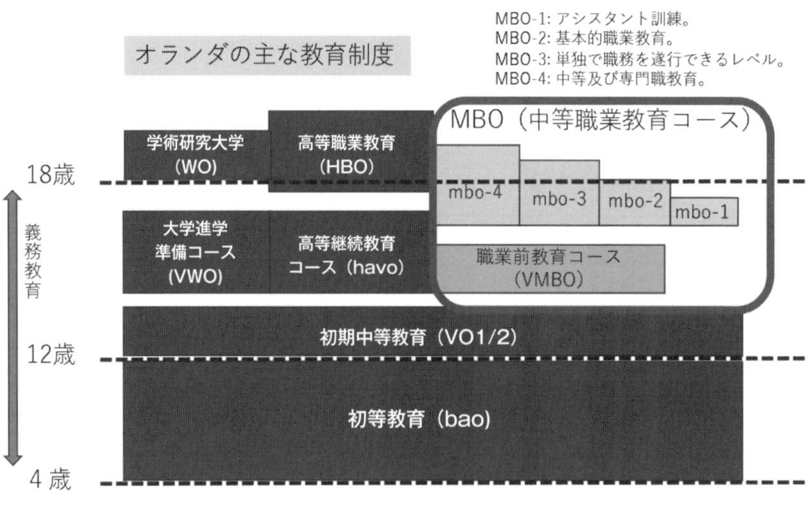

（出所）筆者作成

校である。

2．就労移行期を支える MBO

MBO には生徒の総合力に応じて四つのレベルが用意されており、自分がどの
コースのどのレベルに進学するかを決める。MBO への進学率は50％〜60％を
占めており、MBO の教育システムとしての定着がうかがえる。レベル 1 の生徒
は入門コースとして位置づけられ、修了すれば義務教育修了として認められる
が、基本的にこれだけでは職業に就くことはできず、レベル 2 以上に進むこと
が求められる。MBO のレベル 4 を卒業したものは高等教育課程（大学や、職業
専門の高等技術学校など）に進学することができる。

MBO 教育を提供する教育機関は ROC（地域職業教育訓練センター）と呼ばれ、
所轄する教育科学省からの補助金の他、産業界や SBB（職業教育・訓練・労働
市場間協力機構）からの出資を得ている。また、MBO レベル 1 には移民や経済
的に課題を抱えた生徒らも少なくないため、これらの経済的・心理的フォロー
アップのための活動補助は地方自治体が出資していることもある。

3．入学生徒に合わせた２種類の企業実習

MBO では、企業での実習と座学の組み合わせにより学習カリキュラムが提
供される。この組み合わせ割合により BOL（学習ベーストラック）と BBL（企業
ベーストラック）に分けられる。前者は週 4 日学校内（もしくは連携施設に開設さ
れた学校）にて学習カリキュラムが提供され、残り 1 日が企業での実習となる。
後者は企業と労働契約を結んだ生徒が週に 4 日働いて、残りの 1 日を MBO 提
供の座学を受講する。企業ベース（BBL）は最低賃金以上の報酬が支払われる

図表6　オランダの MBO 制度における学習ベーストラックと企業ベースト
ラックの特徴比較

	学習ベース（BOL）	企業ベース（BBL）
学校内座学	週 4 日	週 1 日
企業実習	週 1 日	週 4 日
顧問契約	なし	あり
報酬	なし（あっても少額）	あり（雇用契約に基づく）

（出所）筆者作成

図表 7 オランダのデュアル実習（MBO の学習ベースコース）の仕組み

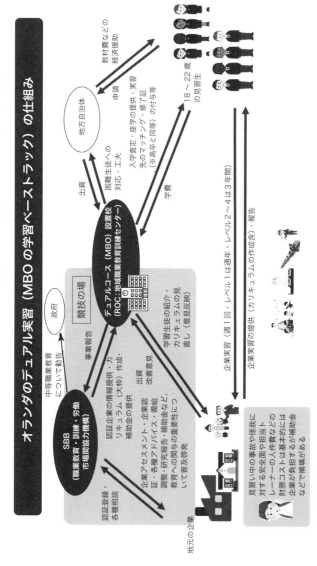

オランダのデュアル実習（MBO の学習ベーストラック）の仕組み

教材費などの
経済援助

18〜22 歳
の見習生

地方自治体

困難生への
対応・工夫

入学査定・座学の提供・実習
先のマッチング・修了証
（※高卒と同等）の付与等

出資

学費

競技の場

政府

中等職業教育
について勧告

デュアルコース（MBO）設置校
（ROC・地域職業教育訓練センター）
の

学習生徒の紹介・
カリキュラムの見
直し（意見反映）

企業実習（週 1 回・レベル 1 は通年・レベル 2〜4 は 3 年間）

企業実習の提供（カリキュラムの作成）・報告

SBB
（職業教育・訓練・労働
市場間協力機構）

認証企業の情報提供・カ
リキュラム（大枠）作成・
補助金の提供

事業報告

出資
改善意見

企業アセスメント・企業認
証・各種アドバイス・需給
調整・研究報告・補助金など
教育への関与の重要性につ
いて普及啓発

認証登録・
各種相談

地元の企業

見習い中の事故や怪我に
対する安全面やトレー
ナーの人件費などの
財務コストは基本的に
企業が負担するが補助金
などで補填がある場合

（出所）筆者作成

が、学習ベース（BOL）の場合は基本的に報酬はないか、場合によっては学費との相殺といった方法でインセンティブが与えられる場合もある。在籍の比率はBBLが3分の1程度、BOLが3分の2、といった状況である。

4．企業に職業教育の重要性を普及する中間支援組織

　MBO生の受入れ企業はSBB（職業教育・訓練・労働市場間協力機構）と呼ばれる労働市場と職場教育をつなぐ機関によって認証を受けることになっている。SBBは職業訓練資格の開発と維持、訓練提供企業に対する助言・認定・指導、生徒への実習先斡旋、職業教育と労働市場との関係を最適化させるための調査研究を行っている。また実践報告をもとに中等職業教育と労働市場の関係性の維持・改善について政府に勧告する権限がある。

　実習の受入れを希望する企業はSBBのWEB上で簡易なアセスメント試験を受け、見習い生を担当する従業員の育成や、活動面での安全性の確保といった分野でアドバイスを受けることができる。また、必要に応じて活動補助金や、教育カリキュラムや実習生徒らの需給調整システムについて調査協力した場合の報酬など、教育文化省やオランダ企業庁の補助金情報をこれらのアドバイスの中に織り込むなどして、企業の職業教育参入に関する様々な障壁の除去に努めている。2014年現在、オランダの企業認証者数は22万3000社、認証事業所数は40万か所に上る[2]。

Ⅳ　アムステルダム市におけるMBO教育の効果と工夫

　本節では　アムステルダム市地域職業教育訓練センター（ROC van Amsterdam）及びアムステルダム市の担当職員へのインタビュー調査のなかから、MBO教育の効果と運用上の工夫を紹介する。

1．産業界と教育界の共同出資により教育のあり方が根本的に変わる

　ROC van Amsterdamは教育文化科学省の予算がSBBを通じて補助金配布されるほか、産業界からも出資を受けている。この資金をもとに教育カリキュラムが考えられているため、出資者のニーズの反映は必須である。ROC van

図表8　オランダ ROC van Amsterdam における学内授業の様子

（出所）筆者撮影

Amsterdam では、より現場に近い意見交換ができるよう、数年前から協議体を作り、産業界との意見交換の場を設けている。アムステルダムのマーケティングやイベント会場にも参加して、民間業界との情報交換や仕組みの中で、企業にとって必要なニーズが教育に反映されるよう学校運営の改善が求められる。

2.　産業界における職業資格と学習カリキュラムの相互関連

　職業資格は SBB（職業教育・訓練・労働市場間協力機構）が細かく統一して規定し、資格ごとに教育カリキュラムを定めているので、どこの ROC で学んだとしても同じ質の教育を受けることができ、ここで得られた資格は国内のどこであっても活用することができる。このカリキュラムが企業のニーズに合わなければ日々更新していく必要があるし、今ある産業も 20 年後には消滅している可能性もあるので、日々カリキュラムの改善が迫られているのだという。また、学生を中心として学校側のイノベーションを考えなければならないという考えが教育のベースにあり、昨今は多様化する学生のニーズに合わせた形での運営改善も求められている。　教員も半分以上が元産業界の専門職であり、MBO 教育に携わるための追加資格を取得して ROC の教員に転職するといった具合に人事的にも産業界との交流が盛んである様子がうかがえた。

3. 入学後のアンマッチを防ぐ入学査定

ROC van Amsterdam に在籍している生徒は16〜22歳で3分の2がBOL（学習ベーストラック）の生徒である。義務教育が18歳までなので、その時期に卒業期を合わせる生徒も多い。3年間、毎年実習があり、2〜3年目の生徒たちは4〜5か月の実習が義務付けられており、実習プログラムの中で生徒たちは職業観を身に着けていくという。

MBO教育では大学と違って入学生徒を拒むことができないため、ROC van Amsterdam では、入学査定という方法をとり、本人の意欲や志向、将来への意識などについて総合評価しながら生徒と対話的にコース選択をすることでアンマッチを防ぎ、中退を予防してすべての生徒が修了証（ディプロマ）を得られるよう工夫している。約150あるコースの中から入学生徒のモチベーションや能力によって修了できるコースを勧めるように働きかけを行っている。

MBOの運営上アンマッチを防ぐことは最大の課題であり、VMBO（前期中等教育）での一日研修では不十分であり、16歳という若さでは生徒らは世の中にある職業をほとんど知らないため、入学時の丁寧な査定は進路選択後のアンマッチを防ぐことにつながる。

4. 困難を有する生徒のフォローアップは地方自治体とともに

在学中に困難を有する生徒（妊娠・障害・精神的な問題・金銭など）がいた場合、各部に1名ずつ配置されたケアコーディネーターが対応している。困難生徒のケアにはアムステルダム市がROC van Amsterdam に出資しているため、学校運営にも工夫が求められるという。アムステルダム市職員によれば、貧困問題は都市部でも重要な課題であり、経済的に家庭に頼れない生徒が交通費や教材費などが障壁となって学校生活を断念することのないよう、すべての若者が修了証（ディプロマ）が獲得できる仕組みづくりが求められており、そういう意味で地方自治体はMBO教育のビジネスパートナーである必要があるということだった。例えば教材を買うことができない生徒がいた場合、生徒はいったん実価格の1割程度を学校に払うことで、学校側が残額を肩代わりし、生徒はその後実価格の3割程度を分割で支払うようなシステムがある。生徒が負担額を支払うことができれば残額はアムステルダム市が補填をするという方法で補助を

行っているということである。

　アムステルダム市の職員も産業界との話し合いには積極的に参加し、ROC に改善が必要なニーズを聞くことがあれば橋渡し的な役割を担うことで調和を導いている。

5.　人材を大切にする企業

　ほとんどの企業は人材不足に陥らないよう、自ら SBB（職業教育・訓練・労働市場間協力機構）に登録申請を行うため、特に学校側からの働きかけは必要ない。大企業も中小企業も登録しており、近くのパン屋などの小規模商店も登録しており、その多くは後継者育成が目的であるという。校内座学により実習前から基礎知識を有していることが、受け入れ企業の信頼にもつながっているということであった。

　また、近年では、大学を卒業して仕事が決まらないより、確実に仕事が決まる MBO の方に価値を見出す親も多くなり、学歴志向からの転向の兆しが見え始めている。労働市場においては、国家の維持に必要な産業分野（警備や介護など）については、人気が下がらないよう住宅優遇などの施策と抱き合わせでキャンペーンするなど工夫し、人材確保につとめており、MBO システムにおける需給調整は主に SBB が担っているということである。

　アムステルダム市職員によれば、「オランダは長年、人（人材）にお金をかけてきた。人材を成長させることで産業も変わる。国を守ることにつながっている」のだという。「学びながら働く」制度は卒業後の社会人にも適用され、転職時には転職前企業と転職後企業とが連携をとり、転職後に必要な技術がある場合には、職業訓練施設で一定期間の研修を受けることが雇用条件となるという。ROC は卒業後の学び直しの訓練校としての機能も有しているということであった。

6.　産学官が連携した実践型キャリア教育

　オランダの MBO システムにおいては、①職業訓練校が高等学校という位置づけではないものの一般高校と同等レベルの卒業資格が担保されている点、②職業訓練校は産業界・教育界・地方自治体の共同出資により運営されている点、

③企業の認証登録や普及啓発、実習に関する各種の助言・調整、政府への意見具申に関して、学校の後方支援を行う中間支援組織が存在している点、において日本の文科省デュアルとは異なる特徴を持つ。これらの仕組みにより、現場では教育カリキュラムが企業と学生双方の多様性に合わせた形で日々更新されていることや、産学が連携した教員の人材交流、困難生徒が放置されない学校体制の充実などの工夫がみられており、落ちこぼれのない工夫が構築されているといえる。

　日本において「連携コーディネーター」というと「人」を想定しがちであるが、オランダを例にとると、「機関」ととらえる方が現実に近い。機関がかかわることにより、職業教育そのものの産業にとっての有益性の発信や、受け入れ企業の覚悟、財務コスト面の補助についての情報発信など多角的なフォロー体制と実践報告の調査研究機能を持つことが可能になる。オランダのように政府に意見具申できる権限を有している場合は、産業界や教育界への新たな気づきを示唆することにつながり、学校と企業の双方向からカリキュラムや職業資格の見直しが可能となり、まさに国の社会システムとして機能するだろう。

　そして、これらが数十年にわたり実施されているオランダ社会では、学歴志向からの転換といった現象も見え始め、実社会との現実的な連携システムとして、MBOシステムが実用的な職業教育カリキュラムになっていることがわかる。

V　高校生デュアルシステムの再構築の可能性

1．布施北高校のデュアルシステム

　筆者は若者と中小企業が抱える課題の双方を解決する具体的施策として、日本版デュアルシステムの再構築と再出発の必要性を感じている。そして、大阪府立布施北高等学校（以下、「布施北高校」とする）が文科省デュアルののちに展開した新しいデュアルシステム（本章での「文科省デュアル」と使い分けるため、以下、「布施北デュアル」とする）に、その可能性を見出している。

　文科省デュアルが職業教育を重んじたことに対し、布施北デュアルはキャリア教育に実践を取り入れる実践型キャリア教育を重んじている。偶然にも布施北高校における実践型キャリア教育としての布施北デュアルは、オランダの職

業学校における学校ベーストラック（BOL、以下「オランダモデル」）と非常に類似しており、産学連携の「地域の中の『学びのネットワーク』」として東大阪地域に定着している。布施北デュアルは、2004 年以降 16 年間の発展を得て、現在では総合学科として全学年において企業実習を体験できるカリキュラムが設置されている。[3]

２．布施北デュアルの概要とオランダモデル

　布施北高校は文科省デュアルの実施校の中で唯一の普通科高校であった。2004 年に文科省デュアル研究校の指定を受け、2005 年に 17 名からスタートしたデュアル実習コースは、徐々に実習生徒の数を倍増させた。モデル事業終了後は、実践型キャリア教育を継続実施することを決め、専門コースの設置やデュアル総合学科の設立を経て、2017 年度からは、より多様な生徒に対応できるよう、学び直しのカリキュラムを加えた「エンパワメントスクール」（総合学科の一つ）[4]となり、「デュアル実習」は、エンパワメントタイムと呼ばれる選択

図表９　オランダモデルと布施北モデルの比較

	文科省デュアル	オランドMBO		布施北デュアル
		企業ベース (BBL)	学習ベース (BOL)	
実施校	高等学校	職業訓練校		高等学校
高卒同等程度の資格の付与	○			
出資	文科省	教育科学省・産業界・地方自治体		文科省
実習頻度	短期集中から週数日まで，実施校による	週4日	週4日	週1日
座学頻度		週1日	週1日	週4日
生徒への報酬	なし	あり（労働契約）	なし	なし
中間支援組織	なし	職業教育・訓練・労働市場間協力機構		なし
主たる実習の目的	職業教育	職業教育	職業教育（ただし座学に普通教育カリキュラムあり）	キャリア教育

（出所）筆者作成

科目の一つとして位置づけられている。

　2018年度は布施北高校が位置する東大阪市域を中心として206事業所の受入れ先事業所に195名の生徒が実習に参加している。現在の布施北デュアルは、高校1年は全員が2日間の「インターンシップ」、高校2年以降は選択制となり、高校2年次に週1回の「デュアル実習」を半期×2ターン（2事業所）、高校3年次には週1回の実習を通年単位で経験する。2・3年ともに事業所実習を選択した場合、最大で4社の事業所と出会うことができる。実習コースは、①製造分野、②販売・サービス分野、③保育・教育分野、④介護・福祉分野の四つに分かれ、生徒らはこの分野を組み合わせながら、様々な事業所と出会うことになる。生徒らの進路選択に役立つ社会経験の幅を広げ、自分の適性に気づき、職種にかかわらず共通する職業観やビジネスマナーを身に着ける。ひいては就職後の離職を防ぐことをめざしている。事業所が実習生を選定することはできないため、教員らはアンマッチを生まないために実習先の選定はかなり慎重になる。この点はオランダモデルにおける入学査定とよく似ている。

　また、布施北デュアルでは、実践現場でのインターンシップやデュアル実習と連動させて「働きながら学ぶ」ことの重要性への実感がより促されるよう、アクティブラーニングを重んじた演習型の授業が用意されている。1年次では全員が「キャリア基礎」と「産業社会と人間」を履修し、2年次・3年次ではデュアル実習を希望する生徒がそれぞれ「デュアル基礎」、「デュアル演習」を履修する（以下、これらの4科目を合わせて「デュアル演習等」、とする）。デュアル演習等では、1年次にはインターン準備や働くための基礎知識の習得、2～3年次にかけて求人票の見方や基本的なビジネスマナー、電話のかけ方や挨拶状の書き方など、具体的な事例と実践を通じて職業イメージの育成をめざす。さらに、社会人力の向上をめざし、実習での出来事をもとに、グループワークを通じて社会生活における葛藤の乗り越え方や自己決定の傾向などへの気づきを促し、文章の作成や発表の場を積極的に設けることによって実践力の向上をめざしている。また資格取得をめざす選択科目も用意され、生徒が希望すれば履修することができる。デュアル実習とデュアル演習等が両輪の授業となっているからこそ、生徒の社会力が向上されるという。

　さらに布施北高校では、公開授業や意見交換などの機会を用いて協力事業所

が、実習生徒の意見や成長を共有できる場を用意し、協力事業所への理解を促している。

3．布施北デュアルに参加する生徒の成長

まず、布施北デュアルの事業報告や発表会での取材から高校生側の成長を整理した。本テーマにおいては、生徒のどのような能力が伸びるかといった教育的視点よりも、就職後の離職防止という観点から、若者らがどのような場面において、心理的障壁が生まれ、ビジネスマナーやコミュニケーションといったことを体得していくのかということに視点を置いている。

実習初期に訪れる「不安」「緊張」の克服として、従業員や利用者からの声掛けが効果を発揮していること、実習生の多くが実習先へ「迷惑をかけていないか」と感じていること、「戸惑いの場面」があった後に他の従業員を見て学び、人に聞くことの大切さを学ぶようになることなど、実習初期から中期にかけて、初期段階の変化が確認できた。また、実習中期からは、できていることを褒めてもらうことで向上心と意欲が助長され、その経験は自分も他者に行いたいと感じること、できることと自己肯定感が段階的に増えたときに向上心と意欲が向上することなどを確認した。これらが繰り返されて、実習中～後期には「やりがい」の気持ちが生まれる。また、実習中の遅刻や欠席などの失敗談、実習先での失敗や事故というネガティブな体験がきっかけとなり、ビジネスマナーの大切さや実習態度の是正を体得していることも明らかとなった。

本章で言いたいのは、生徒の実習中の変化は、新入社員の若者らの心理的変化や成長と重なるということである。入職後初期の不安に寄り添い、励まし、できることをこまやかに褒めるといったことにより実習中期以降にみられる若者の向上心や意欲を引き出す。逆に、入職初期における不安や戸惑いを放置すると、その後に見込まれた「やりがい」や「自己肯定感」といった感情表出を阻害し、離職につながる要因となる。事業所にとっても、若者らが入職後、どのような気持ちの変化があり、何によって意欲が高まっていくのかということを、布施北デュアルを通じて、時間をかけながら理解できるという点でも、本システムが有効であることがわかる。

図表10　布施北高校のデュアルシステムによる生徒の成長

	実習初期		実習中期		実習後期	
A　初期の不安と声掛けによる安心感の獲得						
B　戸惑いの場面と「見て学ぶ」「聞くこと」						
C　想定の範囲が広がることで想定外のことを受容することを学ぶ						
D　従業員などとの対話を通じてコミュニケーションの取り方を学ぶ						
E　実習中の失敗・挫折経験によりビジネスマナーや姿勢を学ぶ						
F　できることが増えると自信がつき、向上心と貢献意識が高まる						
G　褒められる喜びを知り、向上心と意欲が向上する						
H　何度も繰り返すことでやりがいを感じるようになる						
I　実習体験によって学習に対しても意欲的になる						

A	「デュアル実習の日は緊張の連続で、胃が痛くなったり気分が悪くなるほどでした。実習になじめなかった私を（中略）職場の人が、気を使ってくれて、話しかけたり（中略）嬉しかったです。」（2年男子）
B	「お店のピーク中、周りの人のスピードについていけなくなる時がある。迷惑をかけないようにしたい。」（販売営業分野生徒）
C	「お菓子作りは食品を扱う仕事なので、衛生面にはとても気を付けなければなりません。（中略）それに加えて『風邪を引いたりすると実習を遠慮してください』と言われ、実習に行けなくなるので、体調管理もしっかりしないといけません。」（3年女子）
D	「昼休みに社員の方と趣味の話とかできた。人と話すのは楽しいなと感じた。」（製造3年）
E	「ある日、私はコーヒーのコップを割ってしまいました。実習先の方は全く怒っていませんでしたが、このことがあって、『作業をもっと丁寧にしなければ』と思い始めました。」（2年男子）
F	「新しく電話の取り方を教えていただきました。できることが増えるのが嬉しいです。」（販売サービス）
G	「ミスしても何回でも教えてくれたことは、将来自分が教える立場になった時にも自分もそうしたい。」（公開授業発表内容より）
H	「伝票入力の作業が早くできるようになってきた。早くできると、とても楽しい。」（販売営業）
I	「このインターンシップの経験やこれまで授業で学び身に着けたこと、残りの授業で学ぶこと・身に着けることをこれからの生活に活かします。」（1年男子）

（出所）筆者作成

4．デュアルシステムに参加する企業側の変化

　デュアル受け入れ企業のうち、製造業 A 社にインタビュー調査を行った。本調査をアンケート調査ではなくインタビュー調査としたのは、数値的な傾向よりも、「実践場面でどのような事が起こって、それがどのような実感を伴ったのか」といった具体的かつ経過的な回答を得るためである。

1）デュアル参加のいきさつ

　デュアル参加を知ったきっかけは、中小企業家同友会のつながりであった。A 社は「若手人材」の確保や接し方について悩みを抱えており、企業内部の高齢化への課題に直面していた。「デュアル生を直接雇用したい」といった目的ではなく、いずれ迎え入れる新入社員の前にデュアル実習（あるいはインターンシップ）によって従業員も「練習」しておくことを目的としていた。

　　　「……高校で講義をした時、生徒たちが知っている仕事といえば大手飲食
　　店や販売店ばかり。モノづくりを職業として思いつきもしなかったことに
　　衝撃を受けました。老化しない企業であり続けるために若手の雇用は必須
　　だったため、従業員と話し合い、まずは若者にものづくりの魅力を知って
　　もらわなければという想いで布施北高校のデュアルを引き受けることにし
　　ました。」（A 社・社長）

2）デュアル参加による企業内の変化

　この質問は経営者と従業員それぞれに行っている。A ～ H まで 8 つの変化に分析し、具体的にどのような実感を得ているかをまとめた。それぞれの変化は違った時期に発生しているものと推察されるため、最後に時系列としてまとめる。

A 教育力の向上①教える難しさの直面と克服

　インタビューを行ったすべての方に共通して聞かれたのが「教育力」に関するものである。「教えることの難しさ」「わかる仕事を切り出す難しさ」「魅力の伝え方の難しさ」に直面し、それらを乗り越えたことが社員にとっての実感を

ともなう成長につながったことがわかる。

　A社において、社長は企業側も「練習」があったからこそ「本番」に備える力がついたと回答し、従業員は実習プログラムの作成に皆で戸惑っていた様子を語っている。そして、その後、繰り返し受け入れる過程の中で、「教える力」の高まりを得ている。その実感は、週1回の実習を繰り返す中で、段階的に成長していく実習生を目の当たりにしてこそ得られるものであろう。

　　「……工具の名前もカッターの使い方も知らなかった高校生を見て、従業員が当たり前と思っていることを教える必要性に気づいた。その経験は人にわかるように伝える練習になった。知らない間に人を育てる能力が身についてきたと感じました。そして数年後、正職員を雇った時、従業員から『デュアルやってなかったら、いろんな意味で無理でしたわ』と言われてね。デュアルはいい訓練になった。」（A社・社長）

　　「……最初社長に（デュアル実習を受け入れることを）言われたときは、みんな『どないしたらいいんや』となりました。金物屋ということがあって危いし、来るのはいいけど、接するところからわからない。高校生からしたら、（当時一番若手だった）自分すらお父さん世代だったし、どう会話したらいいのかって。」（A社・従業員）

B　教育力の向上②若手職員の資質向上

　また、特に「若手社員」にとって育成の場面となるということである。中小企業にとって、新入社員との出会いは頻繁に起こるものではない。実習生が後輩役となることで、若年従業員に先輩としての自覚と誇りが芽生え、資質が向上していると周囲が実感している様子がうかがえる。そして、デュアル実習受け入れ当時のいきさつを踏まえると、この現象が生まれるのは、経営者が企業実習導入前に感じていた「企業の高齢化」という状況を考えれば、課題を克服する職場づくりがある程度整い、現に採用した若者が離職せずに続いているという現象の中で発生するものであり、企業実習受け入れ中期以降に起こる効果であることがわかる。

「自分は普段、一番若手なんですけど、デュアル生が来たときは教える立場になる。教えるってなったら難しくて。でも（そういうところが）いいと思います。」（A社・従業員）

C　コミュニケーション力・職場内の活性化

　A社では、「実習生の受入れ」が社内で一つの共通話題となったようである。製造を主とする工場業務の中で、控えめだったコミュニケーションが活性化され、個々人のコミュニケーション力（接する力）が向上し、チーム力もついた。企業実習生受け入れの副次的効果として職場内が活性化されたということになる。従業員7名という小規模事業所であるA社では社員すべてが企業実習生と顔の見える関係にあるため、社員チームの中に実習生が溶け込む様子がよくわかる。

　「……（中略）自分たちも一人ひとりに合わせて活躍できる仕事というのが何かというのを毎回学んでます。僕らが若い子と接する場面が家庭以外にないんで、毎年生徒が変わるごとに接し方も学びます。……（中略）自分自身、話すのは苦手だった昔から比べると、すごいしゃべるようになりました。デュアルで若い子や障がいがある子と接する。人と接する機会が増えて、いつのまにかしゃべれてるなと感じることが多くなった。」（A社・従業員）

　「始まった当初は、教え方もつたないもので、みんな『うちに来て何させたらええんやろ』と集まるたびに話していたという感じから始まったんです。数年たって、その子たちをどうしていったら成長するかという話に代わってきた。デュアル生も担当する人も毎回変わります。金物屋を知ってもらうのに、どんな伝え方があるやろうかとみんなが話し合うようになりました。……会社全体としてもコミュニケーションが盛んになってきている。（職員として）若い子も増えて同世代が話をできるようになって、にぎやかになった。」（A社・従業員）

D　若者像の明確化・採用力の向上

　経営者によって副次的な効果として語られた「採用力」については、様々な実習生を見るうちに、自社とマッチングする生徒像に気づいたという。企業実習により、面接だけではわからない、あるいは採用してみないとわからないような中長期的な若者像に触れ、またそれが一人ひとり違うということを知ることによって、「最近の若者は～」といった画一的な表現をすることなく、個別に見極める力がついたということもわかる。また、教員との意見交換の中で、学校での様子やカリキュラムの特徴を知り、若者を取り巻く環境に対する理解が向上することで採用における見極めに力がつく。

E　就業規則・経営課題の見直し

　実習生に教える練習をしていくうちに、みんなで理解する社内のルールなどがわかりやすく共有できているのだろうかと見直すきっかけになったとA社の社長は話す。就業規則や経営課題を、とりあえず作っている状況から皆で理解する段階に発展させるためにも、これらをわかりやすく設定しなおすことは必須であるということに気づいたという。この点もデュアル実習受け入れ当初に予想していたものというよりは、実習受け入れによって気づきを得た副次的効果であろう。また同社では、高校生の実習受け入れ時間に合わせていくうちに自分たちの勤務スタイルについても内省を重ねるようになり、中堅職員のリーダーシップを得て超過勤務の偏りの是正につながったと話している。これらの副次的効果を見れば、「やってみて初めて気づく」ことの多さは生徒だけではなく、企業側にも起こりうることだとわかる。

　　「……高校生が来てから、若者を雇用することについて真剣に考えるようになり、就業規則や職場環境の見直しも行うようになりました。難しい言葉の並ぶ就業規則も、たとえば「有給休暇」は『給料をもらって休みをもらうこと』といったようにわかりやすい表現に変えました。残業も一人に負担が偏らないように仕事の割り振りを工夫するようにしました。経営計画を作ってみると、たった10年後には今8歳の子どもが入社してくることがわかる。キャリア教育はもっと早くから始めても遅くない。毎年違う学

生が来るたびにその生徒にあった実習内容を提供できるようになることが
「人」を活かす経営力のある企業を作ると思って毎年受け入れています。」
（A社・社長）

「……残業を極力しないで定時で上がろうという話になってきた。しな
いで済むならやらんとこう、となった。翌日の集中が全然違うことに気づ
いた。昔は「この仕事は残業しなあかんなぁ」と、仕事が終わるまで9時
や10時が当たり前のときもあったのが、仕事の行程もきっちりするように
なって、今は「終わるまで帰れない」ではなくて「7時には帰ろうな」と
いう雰囲気になった。（社長が変わったのですか？という質問に）いや、それ
も実は僕がやってます（笑）。そういう雰囲気づくりも自分が任されていて、
今は社長には工場のことには口を出さなくてもいけるように、社長は経営
に専念できるようにみんなで回そうという雰囲気になっています。」（A社・
従業員）

F　労働環境の見直し
　労働環境の見直しについては、比較的デュアル実習受け入れ初期の気づきと
なる。危険な工具の置き方や職人だけが知っている機械の管理など、ベテラン
職員だけの職場では気づかない、もしくは気づいても改善意識を培いにくい部
分であり、経営者がその必要性を感じても従業員まで浸透させるのは難しい場
面がある。こういった場合に、体験生が来るという出来事は、従業員に職場内
の環境の見直しを意識させることができる。企業実習の場合、「実際に雇用した
とき」を想定して環境の見直しの予行とすることができる。

「うちは男ばっかりですから女子実習生のときは、みんな明るくなってね。
一方で、トイレも更衣室もない自分たちの労働環境に直面しました。社長
室を使ってもらってなんとかしましたが、長期的にみて溶接なんかに興味
のある女性が働きに来れるようにしなあかんことに気が付きました。今は
思い切って設備投資も進めていこうとしています。」（A社・社長）

G　新たなチャレンジの練習

　障がい者雇用率の拡大や外国人技能実習生の受け入れなど、多様な人材活用は今やどこの企業でも経営課題の一つである。

　Ａ社においては、発達障がいのある社員が人を教える、という経験を「チャレンジ」としてすでに取り入れている。週１回の企業実習だからこそ、そこで起こったトラブルや課題の改善を１週間かけて職場で話し合えるという工夫を可能にする。社員のネガティブ経験や新たなチャレンジは、従業員に負荷をかけることにはなるが、「未経験だが将来的に予測される出来事」を「実践をもって想定内にする」効果を持ち、企業の新たなチャレンジの「練習」としての機能を持つことになる。

　　　「中国人の生徒が来たときは……大変でしたね。自分、しゃべれないんで。ボディランゲージみたいにしたり、片言で伝えたりして。まぁ、できました。」（Ａ社・従業員）

　　　「うちには発達障害（自閉症アスペルガー症候群）の子が働いているんですが、今年の生徒はその子にデュアルを担当させています。今、彼なりに教えている。（２人はいいコンビですか？という質問に）仲いいですね（笑）。彼は一生懸命で、とても生徒のことを気にしているみたいで自分の仕事の手が一切止まるんですよ（笑）デュアルの日は半分も自分の仕事ができない。（仕事としてそれでは）あかんじゃないですか。うちは一人ひとりができることを増やさなあかんので、障がいある子が人を育てる・教えるという練習をデュアルの生徒が実現してくれている。生産性は下がるけど、下げたらあかんことも伝えていきたい。」（Ａ社・従業員）

H　実習生も会社の一員となっている

　従業員からは、実習生がすでにチームの一員となっている報告が聞かれた。実習生が企業にとって負担でしかないとするのは早計である。実習生の多くは週に１度を半年間ないし１年間続ける実習の中で職場環境に慣れ、社員とコミュニケーションをとりながら質問や相談ができるようになり、また先輩職員

らの姿勢を見て真似ながら、徐々にできることが増えるようになっていく。自己肯定感の蓄積は生徒らの自信になり、実習先への貢献意識の高まりやさらなるスキルアップへの意欲の向上といった効果が生まれる。従業員としては、この向上心を活かし、企業の一員として貢献してほしいという意識の芽生えがうかがえる。

　　「……ただ実習しに来ているというだけじゃなくて、自分たちの会社に貢献してくれている部分を増やしていきたいと思っていますね。お互いにとってプラスになるようにしたいと思っています。実際実習生が来るのを期待しているし、力になってくれている場面もよくある。」（A社・従業員）

5．まとめ

今回のヒアリング調査では「若手人材の確保に向けた経営戦略」といった経

図表11　布施北高校のデュアルシステムによる企業の変化

	初期	受け入れ開始期	中期	受け入れ開始から数年	後期	受け入れから5年程度	備考
経営課題例：若手人材の確保に対する経営戦略 （受け入れ企業となるきっかけ）				経営者 →			
A　教育力の向上①教える難しさの直面と克服				経営者・従業員 →			
B　教育力の向上②若手職員の資質向上				従業員 →			
C　コミュニケーション力・職場内の活性化		従業員 →					
D　若者像の明確化・採用力の向上			経営者 →				
E　就業規則・経営課題の見直し				経営者 →			
F　労働環境の見直し	経営者・従業員 →						
G　新たなチャレンジの練習				経営者・従業員 →			
H　実習生も会社の一員となっている			従業員 →				

（出所）インタビュー調査をもとに筆者作成

営課題に端を発したデュアル実習受け入れであった。経営者と従業員から語られたＡ〜Ｈまで8つの効果をその発生時期にまとめると図表11のようになる。デュアルシステム開始初期に起こる効果はＡ従業員らの教育力＝教える力の育成練習としての効果とＦ労働環境の見直しである。その後、デュアル実習生の受入れ方や接し方といったことを考える中でＣ従業員のチーム力やコミュニケーション力の向上がみられ、徐々にＨ実習生は会社の一員となる時期が訪れＤ経営者には若者像の明確化や採用力の強まりを感じはじめるといった、会社内に若者を受容する基盤が整い始める。受け入れから数年たち、実際に若手の雇用が始まれば、Ｂ新入若手社員の「教える力」や先輩職員としての自立心の助長といった資質向上にデュアル実習が寄与するようになり、経営者にとってはＥ就業規則や経営計画の見直しといった雇用環境の見直しといった時期が訪れている。そして実習を繰り返して中後期には、デュアル実習システムを活用して、Ｇ自社の別課題の解決にむけたチャレンジの実践にデュアル実習の場を活用するようになる。

　経営者と従業員に共通して聞かれた企業実習の即効力は「人材育成力（教育力）の向上」と、「労働環境の見直し」である。残りの効果はデュアルの継続によってじわりじわりと実感に変わるが、その途上には、前述のとおり戸惑いや困難な事例への対応も含まれる。それも「練習」と「チャレンジ」の精神で対応していくことになる。企業を構成する経営者と従業員、従業員の間にもまた先輩、後輩といった関係性が存在し、実習生は、これらの関係者をつなぐ潤滑油のような存在となっていることがわかる。これらの体験が、実際に新入社員を迎え入れるための企業側の準備として機能しているが、これらは中長期的に複合的に効果が発生してくるものであり、「職場体験」では得られないものである。

　デュアル実習は、企業経営者・従業員にとっても「教育実習」としての側面をもち、中小企業の経営課題の一つと言われる「人材育成ノウハウの蓄積」という課題に具体的な解決策を示している。そして、二次的効果として、職場内コミュニケーションの活性化や経営課題の見直しといった中長期的視野にかかわる経営課題にも具体的ヒントが与えられている。

Ⅵ　おわりに──まとめと提言

　本テーマでは、日本の若者支援の振り返りを通じて、若者自立挑戦プランに足りなかった省庁横断的な実践型キャリア教育のあり方について、オランダでの取り組み事例にヒントを求め、複合的な出資による高校生デュアルの再構築と中間支援組織による普及啓発機能に着目した。これらの事例を日本に取り入れる可能性について、布施北高校の実習受け入れ企業を調査することにより、産業側から見た実践型キャリア教育についての効果について整理した結果、「人材育成」を中心とする経営者の経営諸課題や「コミュニケーション・チーム力の向上」といった従業員の課題に克服の兆しを見出すことができ、それらの効果は中長期的視点をもって段階的に表出することがわかった。体験生徒側だけでなく、布施北デュアルを経験した企業構成員も成長や変化を感じていることを確認した。調査を通じて、教員らが企業に直々に想いを伝えるからこそ、中小企業の方々が、本気でこのカリキュラムに向き合っているのだと体感した。日本の教員らは、単なる教育者ではなく、生徒の生育環境をも理解し、生活態度や情操教育といった総合的な能力の向上に力を注いできた。生徒を変えたい教員と企業を変えたい経営者が対等に熱をもっていることが、このシステムの原動力になっている。

　そして、新たに期待される高校生デュアルシステムを支える中間支援機能としては、実習受け入れ企業の課題に寄り添い、経営者と従業員の双方への普及啓発、大学生インターンシップなど他の就業体験プログラムなどを包括した情報の一元化、一企業ではできない多企業ネットワークを活用した体験プログラムの提供などが求められる。これらはまさに、地域におけるサスティナビリティと地元課題の包括的解決を担う地方自治体の責務であり、教育・産業・就労・福祉など様々な機能が集結する地方自治体であるからこそ省庁を超えて横断的な運用を可能とする。本テーマではその一つのあり方として、高校生デュアルシステムが日本の若者の移行期施策の一つに包括され本システムを中間的に支援する「就業体験情報センター（仮）」を設置することにより、高校と企業をつなぐ新しい実践型キャリア教育の構築に寄与すると提案する。地方自治体では、地域若者サポートステーションや、就労困難者の就労支援も行ってお

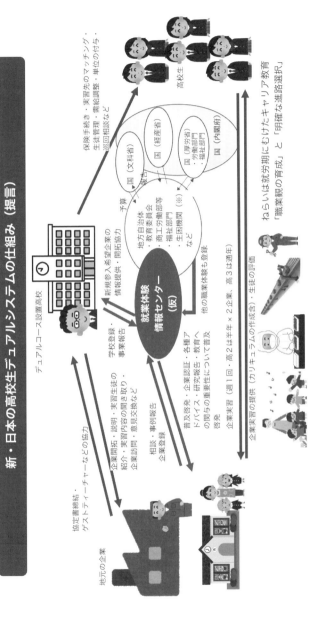

図表 12　新・日本の高校生デュアルシステムの仕組み（提言）

新・日本の高校生デュアルシステムの仕組み（提言）

デュアルコース設置高校

新規参入希望企業の情報提供・開拓協力

就業体験情報センター（仮）

地方自治体
・教育委員会
・商工労働部等
・福祉部門
・生困部門
など

予算

国（文科省）

国（経産省）

国（厚労省）
・労働部門
・福祉部門

国（内閣府）

関係機関（※）

他の職業体験も登録

保険手続き・実習先のマッチング・
生徒管理・需給調整・単位の付与・
巡回相談など

高校生

協定書締結・
ゲストティーチャーなどの協力

企業開拓・説明・実習生の
紹介・実習内容の聞き取り・
企業訪問・意見交換など

学校登録・
事業登録・
事業報告

相談・
事例報告・
企業登録

普及啓発・企業認証・各種ア
ドバイス・研究報告・教育へ
の関与の重要性について普及
啓発

企業実習（週1回・高2は半年×2企業・高3は通年）

企業実習の提供（カリキュラムの作成）・生徒の評価

ねらいは就労期にむけたキャリア教育
と「職業観の育成」と「明確な進路選択」

地元の企業

（出所）筆者作成

り、生活困窮者自立支援事業の推進によって労働・福祉各部門との連携も進みつつあり、これらの事業においても「職場体験」に注目が集まりつつあるため、このセンターには多くのネットワークがつながる可能性がある。地縁のネットワークを広げ、若者・学校・企業・行政が各々に「学びあいネットワーク」を広げながら、経験を自信に代え、若者を円滑に迎え入れる産業社会の構築は、地元における産官学の連携こそが重要な要素となるのである。

注

1 内閣府『令和元年度こども若者白書』によれば、平成 29 年の離職率は全体が 14.9% である中、25 〜 29 歳は 20.9%、20 〜 24 歳は 26.5%、19 歳以下は 41.1% となっている。

2 WIP ジャパン株式会社（内閣府委託調査）(2015)「教育と職業・雇用の連携に係る仕組みに関する国際比較についての調査研究報告書」p.9。

3 2・3 年次は選択制。

4 文部科学省は総合学科の定義として、普通教育を主とする学科である「普通科」、専門教育を主とする学科である「専門学科」に並ぶものとして、導入された。教育の特色としては、「幅広い選択科目の中から生徒が自分で科目を選択し学ぶことが可能であり、生徒の個性を生かした主体的な学習を重視」「将来の職業選択を視野に入れた自己の進路への自覚を深めさせる学習を重視すること」などが挙げられる。文部 科 学 省 https://www.mext.go.jp/a_menu/shotou/kaikaku/seido/04033101.htm（最終閲覧日　2020 年 1 月 27 日）。

おわりに

　各章で提案された内容をまとめると主に三点になる。

　まずは、地域、自治体における連携、協働の重要性である。本書執筆者全員で議論を重ねたところ、SDGs における全 17 指標のうち、各章に共通している課題は「パートナーシップで目標を達成しよう」であったが、これを日本でよく使われる用語で置き換えれば、連携、協働になる。

　子どもに関連した政策や施策は多分野にわたる一方、学校をはじめ、地域の各主体との連携が特に強く求められている（吉住・川口・鈴木　2019）。そのため、行政の縦割りの弊害がとりわけ目につきやすい分野でもある。例えば、就学前で言えば、認定子ども園は内閣府、保育所は厚生労働省、幼稚園は文部科学省とばらばらである。さらに、国の事業、都道府県の事業、政令市であれば市の事業と区の事業が乱立している。

　本書の総論にあたる第 1 章は、この点に焦点をあてた論考であった。子ども貧困への対策として「学校プラットフォーム構想」が提唱され、そのための多職種協働が求められている。しかし、それはすぐに実現できるわけではない。ここでは、解決されるべき課題として、教育関係者と福祉関係者の発想の違い、教育と福祉における「教育」・「学校」の捉え方の違い、学校・教員の「多能化」と「多忙化」等が指摘された。

　障がい者の卒業後をおった第 8 章も、学校と地域との連携の必要性に言及している。障がい者総合支援等の制度化にともない、地域における相談窓口は増えてはきているものの、支援者が亡くなったり、離職をしたりした場合の生活上の危機において、それを自分もしくは家族のなかでのみ解決しようとしている現状が依然として垣間見られた。その改善策としては、特別支援学校が在学中に自治体の担当者と繋いでおくこと、学校が卒業後に使える知識・技能を身に着けさせる努力を一層すること、そして同窓会の活用等が提案された。

　第 9 章は、学校卒業後の就職に向けた支援について、在学中から学校と自治体が密接に連携して仕組みをつくることの必要性を訴えた。高校生デュアルシステムを支える中間支援機能として、実習受入れ企業の課題に寄り添い、経営

者と従業員の双方への普及啓発、大学生インターンシップなど他の就業体験プログラムなどを包括した情報の一元化、一企業ではできない多企業ネットワークを活用した体験プログラムの提供などが求められると言う。本章の執筆者の考えによれば、地域におけるサスティナビリティの維持と地元課題の包括的解決は、自治体の責務である。教育・産業・就労・福祉など様々な機能が集結する地方自治体であるからこそ、省庁を超えて横断的な運用が可能ではないか、というのである。そして、こうした問題意識のもと、高校生デュアルシステムを日本の若者の移行期施策の一つに包括し、本システムを中間的に支援する「就業体験情報センター」の設置が提案された。これにより、高校と企業をつなぐ新しい実践型キャリア教育の構築を目指すと言う。

　また、第7章では、学校外における子ども支援に対しても、自治体だけでなく、地域の多様な主体が連携することの必要性が訴えられた。子どもの貧困を考える上で、生活困窮者自立支援法の枠内では子どもに対しては学習支援事業しか定められていないものの、学習支援以外の親支援も含めた様々なアプローチが必要である。また、行政が保有する要支援者に対する情報を民間が持つ様々な支援手法と組み合わすことができれば、網羅的で効果的な生活困窮者支援が可能になる。ただ、行政内部での連携や情報共有すらも十分ではないといった実態も存在している。特にその傾向は首長部局と教育委員会との間に顕著だと言う。

　次の提案は、子育て・子ども支援、子どもの貧困対策に対する財政措置が不足しているため、優先的に予算を配分することの必要性である。第2章は、財政問題を真正面から論じている。同章によれば、分権化によって地方自治体の裁量性が高まれば、より住民のニーズに対応できる可能性が高まるはずである。しかし、実態としては子どもの貧困問題への対応として考えられる就学援助制度について、必要性が高いと思われる地域でも拡充できていない。この点に関し、第4章は、日本では子どもの分野の支出も家庭全体への支出も諸外国に比較して非常に低く抑えられている現実を指摘している。日本では、多くのOECD諸国と比較して、貧困や格差によって引きおこされる社会的不利や教育の問題を解決するための様々な施策に対する公的支出が極端に少なく、私的負担が大きい。

また、本書の各章では、自治体における子ども支援や子どもの貧困対策に関連した各種サービスの効果が論じられた。第2章によれば、これらを維持、発展させるためには、多様な政策主体とともに地方自治体による現物給付の増大が求められる。そして、そのためには、地方財政の硬直性を低下させるための制度を改正する必要がある。

　第5章は、こうした各種サービスの一つとして、地域子ども・子育て支援事業に焦点を当てているが、やはり財政的な支援の必要性を訴えている。全国津々浦々で生まれた「ひろば」の多くはNPO法人となり、行政の補助金を得て事業を運営しながら、地域福祉やまちづくりに関わる諸団体との関係をつくってきた。その活力を大事にしつつも、社会全体が子育て支援に取り組むためには、地域のボランティア資源に依存するのではなく、必要な費用は税金を投入する財政的な視点が不可欠だと言う。第6章も、子ども食堂は子どもの貧困問題の解決手法としての役割よりも地域の居場所としての役割の要素が強いことを明らかにした上で、「貧困」や「困窮」の支援ではなく、子どもの居場所としての活動に対する助成金へと切り替えていくべきだと論じた。

　三つ目の提案は、これらの施策、事業を担う人材を配置し、育成することに、より積極的に政策的な資源を投入すべきだというものである。これまで、子ども支援、子どもの貧困対策として、サービスばかりでなく（それはしばしば就労支援に偏っている）、所得保障が基本となるべきことは、他の多くの研究で論じられてきた（松本・湯澤　2019、小西・川田　2019、佐々木・鳥山　2019、山野・湯澤　2019）。しかし、所得の面のみに注目しているとひずみが生じる可能性もある。それを指摘したのが第3章で、幼児教育・保育料の無償化のために、保育現場で生じる弊害が指摘された。つまり、子どもを預ける親が増える一方で、保育士の確保がままならない法人が多いというのである。また、第1章でも、「学校プラットフォーム構想」を実現するため、財政的措置により人員を確保することが、そもそもの前提であることが確認された。

　なお、各章におけるデータやデータ分析の方法は、何も特別なものではなく、どの現場でも応用が可能である。第3章における保育所や幼稚園の在園児数、第4章における児童原簿、第5章および第8章におけるアンケート調査、第6章におけるグーグルトレンド等のSNSから得られるビッグデータ、第7章にお

ける行政データ、第8章における関係機関や関係者へのヒアリング等、特別なデータはここでは使われていない。児童原簿のように、職場でよく使うものの中に、実は貴重なデータとして活用可能なものもある。こうした潜在的なデータの存在や内容を知り、また、それにアプローチすることが可能なのは、実は大学の研究者ではなく、現場の職員、支援員であることを、本書の各執筆者は教えてくれている。そして、その活用の目的は、第三者的な立場での事業評価というよりも、現場がより良く動くようにするための知見やアイディアを提供することにあったという点を最後に強調しておきたい。

2020年6月

五石敬路

参考文献

小西祐馬・川田学編著（2019）『遊び・育ち・経験：子どもの世界を守る』（シリーズ子どもの貧困②）明石書店。

佐々木宏・鳥山まどか編著（2019）『教える・学ぶ：教育に何ができるか』（シリーズ子どもの貧困③）明石書店。

松本伊智朗・湯澤直美編著（2019）『生まれ、育つ基盤：子どもの貧困と家族・社会』（シリーズ子どもの貧困①）明石書店。

山野良一・湯澤直美編著（2019）『支える・つながる：地域・自治体・国の役割と社会保障』（シリーズ子どもの貧困⑤）明石書店。

吉住隆弘・川口洋誉・鈴木晶子（2019）『子どもの貧困と地域の連携・協働：〈学校とのつながり〉から考える支援』明石書店。

索　引

編著者・執筆者略歴

【編著者】
五石　敬路（ごいし　のりみち）
大阪市立大学大学院都市経営研究科准教授。1994年東京大学大学院経済学研究科修士課程修了。アジア開発銀行研究所、財団法人東京市政調査会（現　公益財団法人後藤・安田記念東京都市研究所）を経て現職。主な著書に『現代の貧困　ワーキングプア』（日本経済新聞出版社、2011年）、『生活困窮者支援で社会を変える』（法律文化社、2017年）等。

【執筆者】（執筆順）
森　久佳（もり　ひさよし）
大阪市立大学大学院文学研究科准教授。2005年大阪市立大学大学院文学研究科後期博士課程修了。博士（文学）。愛知江南短期大学、龍谷大学短期大学部を経て現職。主な著書に『教師の仕事と求められる力量：新たな時代への対応と教師研究の知見から』（共著、あいり出版、2011年）、『教師と学校のレジリエンス：子どもの学びを支えるチーム力』（共訳、北大路書房、2015年）、『教職概論：理想の教師像を求めて』（共著、大学図書出版、2020年）等。

水上　啓吾（みずかみ　けいご）
大阪市立大学大学院都市経営研究科准教授。2010年東京大学大学院経済学研究科博士課程単位取得退学。とっとり地域連携・総合研究センター、鳥取環境大学を経て現職。主な著書に『ソブリン危機の連鎖』（ナカニシヤ出版、2016年）、『福祉財政』（ミネルヴァ書房、2018年）等。

海老名　ゆりえ（えびな　ゆりえ）
大阪府内小規模保育園園長。関西大学商学部卒業。大阪市立大学大学院創造都市研究科修士課程修了。民間企業で法人営業経験を積んだのち、大阪府泉南市の認定こども園での勤務を経て現職。大学院では保育料無償化による影響を研究。

小田　美奈子（おだ　みなこ）
公立幼保連携型認定こども園勤務。1992年大阪市立大学生活科学部児童学科卒業。在勤中の2015年大阪市立大学大学院創造都市研究科修士課程修了。

岡本　聡子（おかもと　さとこ）
大阪市立高校SSW・大阪大谷大学の非常勤講師。子育て支援NPOふらっとスペース金剛の代表理事として、15年間親子の居場所づくりや児童虐待予防の事業を展開。大阪市立大学大学院で子育て支援事業の効果を検証し、子育てひろば全国連絡協議会のアンケート調査にも参加。著書に『ママたちが支援する。ママたちを支援する。：ふらっとスペース金剛を立ち上げた女性たち』（せせらぎ出版、2018年）。

松本　学（まつもと　まなぶ）
特定非営利活動法人ブレーンヒューマニティー理事長。2018 年大阪市立大学大学院創造都市研究科修士課程修了。TOTO 株式会社、公益社団法人チャンス・フォー・チルドレンを経て現職。現在は、兵庫県西宮市を中心に、青少年の健全育成活動を行う NPO 法人の理事長として活動。

能島　裕介（のじま　ゆうすけ）
尼崎市理事（こども政策担当）・尼崎市教育委員会事務局参与。1998 年関西学院大学法学部卒業。住友銀行（現・三井住友銀行）を経て、特定非営利活動法人ブレーンヒューマニティー設立。青少年を対象とした各種支援事業を実施。2017 年まで同法人理事長を務める。2018 年大阪市立大学大学院創造都市研究科修士課程修了。

川田　和子（かわた　かずこ）
西大和学園大和大学准教授、法務省近畿地方更生保護委員会委員。2018 年 3 月大阪市立大学大学院創造都市研究科修士課程修了。大阪府立中津支援学校長（2017 〜 2019 年度）、高槻支援学校准校長（2014 〜 2016 年度）等を経て現職。『はじめてつくる「個別の教育支援計画」』（明治図書、2008 年）、「障がい者支援における移行期の実態と課題」（大阪市立大学修士論文、2018 年）。

塩川　悠（しおかわ　はるか）
社会福祉士。2020 年大阪市立大学大学院都市経営研究科修士課程修了。生活保護ケースワーカーを経て生活困窮者自立支援法の立ち上げとともに同法に関連する諸事業を福祉行政職として担当。また、同法に基づく高校中退予防事業を契機に、若者の就労支援や社会参加に着眼した地域福祉の推進を実践している。

子ども支援と SDGs
──現場からの実証分析と提言

2020 年 8 月 5 日　初版第 1 刷発行

編著者	五　石　敬　路
発行者	大　江　道　雅
発行所	株式会社 明石書店

〒 101-0021 東京都千代田区外神田 6-9-5
電話　03（5818）1171
電話　03（5818）1174
振替 00100-7-24505
http://www.akashi.co.jp

装　丁	明石書店デザイン室
印刷／製本	日経印刷株式会社

（定価はカバーに表示してあります）　　　ISBN978-4-7503-5056-1

貧困研究

『貧困研究』編集委員会［編集］

Ａ５判／並製／本体価格　各1800円＋税

【年2回刊行】

編集長
松本伊智朗

編集委員
湯澤直美　山田篤裕　岩永理恵　垣田裕介　五石敬路　阿部彩

日本における貧困研究の深化・発展、国内外の研究者の交流、そして貧困問題を様々な人々に認識してもらうことを目的として2007年12月に発足した貧困研究会を母体に発刊された、日本初の貧困研究専門誌。

〈価格は本体価格です〉

子ども食堂をつくろう！　人がつながる地域の居場所づくり
NPO法人豊島子どもWAKUWAKUネットワーク編著　◎1400円

子どもの貧困と教育の無償化　学校現場の実態と財源問題
中村文夫著　◎2700円

子どもの貧困と公教育　義務教育無償化　教育機会の平等に向けて
中村文夫著　◎2800円

子どもの貧困対策と教育支援　より良い政策・連携・協働のために
末冨芳編著　◎2600円

子どもの貧困と教育機会の不平等　就学援助・学校給食・母子家庭をめぐって
鳫咲子著　◎1800円

社会的困難を生きる若者と学習支援　リテラシーを育む基礎教育の保障に向けて
岩槻知也編著　◎2800円

子づれシングルと子どもたち
神原文子著　◎2500円

シングル女性の貧困　非正規職女性の仕事・暮らしと社会的支援
小杉礼子・鈴木晶子・野依智子・横浜市男女共同参画推進協会編著　◎2500円

子どもの貧困　子ども時代のしあわせ平等のために
浅井春夫・松本伊智朗・湯澤直美編　◎2300円

子どもの貧困白書
子どもの貧困白書編集委員会編　◎2800円

子ども虐待と貧困　「忘れられた子ども」のいない社会をめざして
松本伊智朗編著　清水克之・佐藤拓代・峯本耕治・村井美紀・山野良一著　◎1900円

日弁連 子どもの貧困レポート　弁護士が歩いて書いた報告書
日本弁護士連合会第53回人権擁護大会シンポジウム実行委員会編　◎2400円

二極化する若者と自立支援　「若者問題」への接近
宮本みち子・小杉礼子編著　◎1800円

フードバンク　世界と日本の困窮者支援と食品ロス対策
佐藤順子編著　◎2500円

貧困とはなにか　概念・言説・ポリティクス
ルース・リスター著　松本伊智朗監訳　立木勝訳　◎2400円

貧困問題最前線　いま、私たちに何ができるか
大阪弁護士会編　◎2000円

〈価格は本体価格です〉

子ども虐待とスクールソーシャルワーク
チーム学校を基盤とする「育む環境」の創造
西野緑著
◎3500円

エビデンスに基づく効果的なスクールソーシャルワーク
現場で使える教育行政との協働プログラム
山野則子編著
◎2600円

学校現場で役立つ「問題解決型ケース会議」活用ハンドブック
チームで子どもの問題に取り組むために
馬場幸子編著
◎2200円

子ども虐待在宅ケースの家族支援
「家族維持」を目的とした援助の実態分析
畠山由佳子著
◎4600円

ソーシャルワーク　人々をエンパワメントする専門職
ブレンダ・デュボイ、カーラ・K・マイリー著
上田洋介訳
◎20000円

ダイレクト・ソーシャルワークハンドブック　対人支援の理論と技術
ディーン・H・ヘプワース、ロナルド・H・ルーニーほか著
武田信子監修　北島英治、澁谷昌史、平野直己ほか訳
◎25000円

修復的アプローチと子ども虐待ソーシャルワーク
調和的な関係構築への手がかり　山下英三郎著
◎2800円

思春期からの子ども虐待予防教育
保健・福祉・教育専門職が教える、親になる前に知っておいてほしいこと
森岡満恵著
◎2000円

ワークで学ぶ　子ども家庭支援の包括的アセスメント
要保護・要支援・社会的養護児童の適切な支援のために
増沢高著
◎2400円

子どものための里親委託・養子縁組の支援
宮島清、林浩康、米沢普子編著
◎2400円

社会的養護の子どもと措置変更
養育の質とパーマネンシー保障から考える
伊藤嘉余子編著
◎2600円

ソーシャルペダゴジーから考える施設養育の新たな挑戦
マーク・スミス、レオン・フルチャー、ピーター・ドラン著
楢原真也監訳
◎2500円

〈施設養護か里親制度か〉の対立軸を超えて
「新しい社会的養育ビジョン」とこれからの社会的養護を展望する
浅井春夫、黒田邦夫編著
◎2400円

子育て困難家庭のための多職種協働ガイド
地域での専門職連携教育（IPE）の進め方
ジュリー・テイラー、ジュン・ソウバーン編
西郷泰之訳
◎2500円

子どもの権利ガイドブック【第2版】
日本弁護士連合会子どもの権利委員会編著
◎3600円

子どもの虐待防止・法的実務マニュアル【第6版】
日本弁護士連合会子どもの権利委員会編
◎3000円

〈価格は本体価格です〉

シリーズ 子どもの貧困
【全5巻】

松本伊智朗【シリーズ編集代表】

◎A5判／並製／◎各巻 2,500円

① **生まれ、育つ基盤**
子どもの貧困と家族・社会
松本伊智朗・湯澤直美 [編著]

② **遊び・育ち・経験** 子どもの世界を守る
小西祐馬・川田学 [編著]

③ **教える・学ぶ** 教育に何ができるか
佐々木宏・鳥山まどか [編著]

④ **大人になる・社会をつくる**
若者の貧困と学校・労働・家族
杉田真衣・谷口由希子 [編著]

⑤ **支える・つながる**
地域・自治体・国の役割と社会保障
山野良一・湯澤直美 [編著]

〈価格は本体価格です〉